现代汉语语法修辞教程

第四版

池昌海　主　编

ZHEJIANG UNIVERSITY PRESS
浙江大学出版社

编　写

池昌海　　黄晓雪
张　龙　　周　毅

目　　录

上编　现代汉语语法

第一章　现代汉语语法概述

第一节　现代汉语语法特点………………（3）

第二节　语法学体系介绍………………（22）

第三节　语法单位………………………（28）

习　题……………………………………（39）

第二章　词类分析

第一节　词类划分标准…………………（40）

第二节　实词的语法特点………………（45）

第三节　虚词的语法特点………………（55）

第四节　易混词与兼类词………………（64）

习　题……………………………………（69）

第三章　短语分析

第一节　短语组合的限制条件…………（71）

第二节　句法成分………………………（76）

第三节　短语结构特征与功能特征……（86）

第四节　复杂短语与层次分析…………（94）

第五节　短语的语义特点………………（98）

第六节　多义短语………………………（103）

习　题……………………………………（106）

第四章　句子分析
第一节　句型与句类…………………（110）
第二节　复　句…………………………（120）
第三节　句子的变化…………………（128）
习　题……………………………………（132）
第五章　语法病误分析
第一节　语法病误及其修改原则、方法
……………………………………………（135）
第二节　语法病误类型与修改………（141）
习　题……………………………………（148）
第六章　语法研究的新视野
第一节　语法的认知属性与认知研究
……………………………………………（150）
第二节　语法化与语法的发展………（158）
习　题……………………………………（167）
参考文献…………………………………（170）

下编　现代汉语修辞

第七章　现代汉语修辞概述
第一节　修辞及修辞要素……………（175）
第二节　现代汉语修辞的属性………（193）
第三节　修辞原则……………………（199）
习　题……………………………………（205）
第八章　修辞与语言符号要素间的关系分析
第一节　修辞与语音…………………（213）
第二节　修辞与词汇…………………（220）
第三节　修辞与语法…………………（229）

第四节　修辞与汉字……………………（242）
习　题…………………………………（247）
第九章　辞格分析
第一节　辞格的定义与确立依据………（251）
第二节　常用辞格……………………（254）
第三节　辞格辨异……………………（268）
第四节　辞格的综合运用………………（275）
习　题…………………………………（277）
第十章　话语分析
第一节　话语结构……………………（281）
第二节　话语意义……………………（285）
习　题…………………………………（295）
第十一章　语体分析
第一节　语体及其性质………………（299）
第二节　上位语体特征………………（303）
第三节　下位语体特征………………（314）
习　题…………………………………（327）
第十二章　网络语体
第一节　网络语体的产生……………（331）
第二节　网络语体的构成……………（333）
第三节　网络语体的特点……………（340）
第四节　网络语言的规范与前景………（345）
习　题…………………………………（347）
参考文献…………………………………（348）

附　录
一　中华人民共和国国家通用语言文字法
…………………………………………（350）

二 中华人民共和国国家标准《标点符号用法》 …………………………… (355)
三 中华人民共和国国家标准·出版物上数字用法的规定…………………… (394)
四 现代汉语常用字表…………………… (402)

后 记………………………………………… (410)
再版后记………………………………………… (411)
第三版后记……………………………………… (412)
第四版后记……………………………………… (413)
参考答案………………………………………… (414)

上 编

现代汉语语法

第一章　现代汉语语法概述

“现代汉语语法”有两层含义：第一层含义是指**现代汉语系统中组词成句法则的总和**。在这个意义上，现代汉语语法拥有自身鲜明的特点：从历时角度看，现代汉语语法与古代汉语语法有了很多的不同；从共时的角度看，现代汉语语法与其他语言语法也有明显的区别。“现代汉语语法”的另外一层含义，是指**根据特定的目的，运用一定的方法对现代汉语语法规则进行研究而得到的体系，即现代汉语语法学**。本编所述就是为了了解和分析现代汉语语法规律，运用现代语言学方法对现代汉语语法进行研究所得到的教学体系。本章首先就现代汉语语法的一些基本问题作简要的介绍。

第一节　现代汉语语法特点

一、语法的基本属性

1. 抽象性

语法是语言结构的规则系统，它是将各种语法单位连接起来以组成一个更大的符号序列的手段。它虽然最终落实在具体的词语以及由词语组合而成的符号序列中，但具体的词语形体和意义，对语言规则来说并不是最重要的。换句话说，**语法规则是对无限数量的语言事实中存在的语法单位、结构以及内在关系、功能等的**

类的概括，具有高度抽象的特征。对每个使用者来说，语言符号是一个数量庞大的系统，各种语言单位也同样有惊人的数量，甚至是无限的，如短语、句子。但将语法基本单位组织起来并产生各种结构的规则却是有限的，语法就是通过其自身的抽象性解决表达单位的无限性与规则的有限性这一基本矛盾的。我们先来看下面这样一个事例。

现代汉语中可以组织成这样的句子：

李冰把花瓶打破了。

猫把老鼠赶跑了。

小妹把衣服弄脏了。

老师把作业本发下来了。

他们把侵略者打败了。

太阳将花儿晒蔫了。

……

类似的句子我们还可以造下去，数量是难以估量的。但这类结构内在的规则却只有一个，那就是：

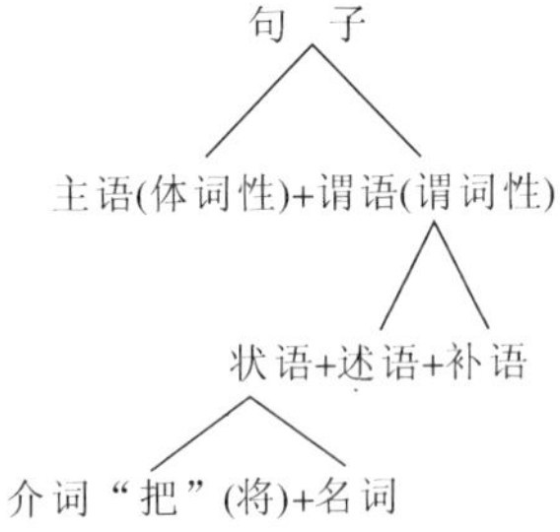

从上面这一事例中，我们可以在两个层面上看到语法规则抽象性的具体表现：一是语法单位具有抽象性。能置入结构中“主语”位置上的可以有很多词语，无论其实际对象和意义如何，但它们在下面这样几个方面是具有相同点的，即它们都能受数量词修

饰，都能与介词构成介词短语，能够作主语或宾语，一般可以是动作的施事或受事等等。能够置入其中“名词”位置上的词语也同样具有上述特征。但能置入其中“述语”位置上的词语则完全不同了，无论其动作类型和意义如何，这样几个特点则是必须具有的：能受状语的修饰或限制，能够重叠，能够陈述施事或支配受事等等。很显然，从词语角度上看，能够进入以上三个成分位置上的词是很多的，可以分别归并为三个数量巨大的聚合体。但从语法特征上看，我们只需将它们分别归纳成两个类别就可以了，即我们熟知的名词和动词。二是语法关系具有抽象性。上述数量无限、表达力丰富的具体结构体从形体和表达作用来看，都是各有千秋、不可替代的，但将词语组织起来的结构手段和关系则只有一个，那就是上面结构关系图所显示的。

语法的抽象性是任何一种语言都同样存在的特点。它的存在首先将语言中复杂而繁多的单位纳入到相应的结构点上并由此构成关系简练、功能强大的结构网络。同时正由于语法规则的抽象性，使得学习者能够由简驭繁，只需掌握有限的结构关系，便能从容地驾驭复杂的语言及表达。也正因为语法的抽象性，决定了我们在对语法现象进行研究时，不必过多地考虑结构成分个体的差异、特征，而可以更多地将注意力放在语法规则的共同性和抽象的语法格式上。语法的抽象性就像象棋走法一样，规则虽然不多，但运用这些有限法则却能走出千变万化、奥妙无穷的棋局。

2. 递归性

“递归性”原为一个数学概念，是指同一个规则可以在不同的数学运算过程中不断重复的属性。这一特性同样存在于语言系统中，这就是：**同一个语法规则可以在一个结构体里反复使用，从而满足人们的表达需要，从理论上说，可以构造出长度无限、数量无穷的语法结构来。语法规则的这一属性就叫语法的递归性。**语法的递归性实际上是语法抽象性在语法组合层面的另一个具体表现。从上面的讨论可知,任何一种语言里,语法规则的数量都是有限的,而实际表达内容却是丰富复杂的,我们不可能在表达任何一个句子时都运用不同的语法结构,也不可能经常性地增加新的语法关系(另见后述的“稳定性”)。这就要求每一种语法关系都必须具有能够重复使用、不断嵌套的能力,因此,语法规则的递归性使得人们运用数量有限的规则创造出变化无穷、形式多样的表达形式有了可能。如:“电影真好看”的基础结构是:主语+谓语。我们可以运用这一规则组装出很多复杂的单位:

小芳说电影真好看

小敏知道小芳说电影真好看

我听说小敏知道了小芳说电影真好看

老师不相信我听说过小敏知道了小芳说电影真好看

……

递归性并不神秘,它虽然是语法规则的潜在特性,更多的时候隐性地制约着语言单位的组合、变化,但生活中我们也会直接自觉地利用这一属性学习语言、运用语言。一些儿歌就经常运用这一手法来拼合句子,用同一个或相类的结构串联出几个小句,用来训练语言、增加游戏乐趣。如:

[1]鸦鹊鹊,肚下白,打下请老伯,老伯耳朵聋;请裁缝,裁缝手脚慢;请老板,老板心肠黑;请菩萨,菩萨心眼偏;请神仙,神仙要猜拳;请和尚,和尚不睁眼……

[2]懒汉懒,织毛毯。毛毯织不齐,就去学编篱。编篱编不紧,就去学磨粉。磨粉磨不细,就去学唱戏。唱戏不入调,就去学抬轿。抬轿走得慢,只好吃白饭。白饭吃不成,只好苦一生。

3. 层次性

语法的层次性表现在两个方面:语法单位的层次性和语法关系的层次性。语法单位主要是由语素、词、短语和句子构成的,它们分别由底层逐渐向高层叠加,构成层级关系。语法关系的层次性则表现为由三个以上的语法单位组合成的句法结构之间所具有的先后层次属性。两个词的组合，其内部关系是简单的，只有一层关系，但三个以上的词语或其他语法单位的组合，其结构关系就不像表面上所显示的那样，只是一种平面的线条性关系。语法规则也并不是完全依照时间先后或空间前后关系组接的，往往在结构连接时语法成分有内在的先后选择，并产生了一层包含另一层的关系，**这种语法单位之间因为组合次序的先后选择而造成层层包容的关系，我们称作语法的层次性。**如下面的结构：

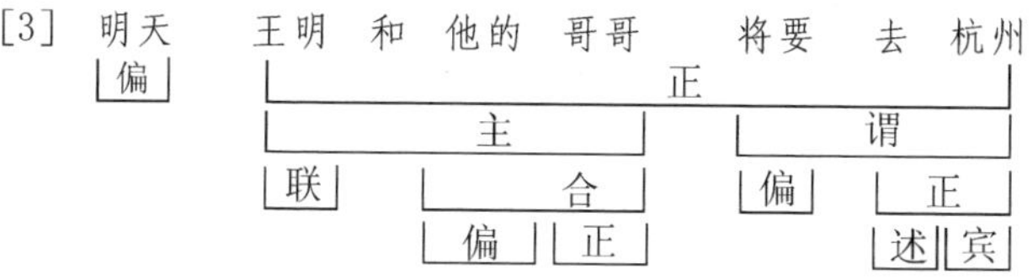

这个长结构内部关系复杂。首先，从前面看，“明天”虽然与“王明”紧挨在一起，但两者间并没有语法关系。实际上，“明天”是对后面整个结构成分进行修饰，构成偏正关系；同理，“王明”虽然与“他”紧挨着，但两者间也没有直接关系，而是“他(的)”与“哥哥”先组合成偏正关系，然后才与“王明”形成联合关系；其次，谓语部分，“将要”与“去”相连，但“将要”并不是直接修饰“去”，而是与“去杭州”这一个述宾短语构成偏正关系。最后，从整个结构来看，与“将要去杭州”构成主谓关系的并不是紧邻着它的“哥哥”，而是“王明和他的哥哥”。从这一个结构的内部组合关系的分析可以知道，语法规则在组合时并不是按先后次序简单排列的，而是依据其内部的结构联系有先后地进行选择、组接的。

简单的短语、句子结构是这样组合的，复杂的句子，其内部成分(小句)之间的组接关系也同样具有上述属性。如下面这样一个复合句：

[4]a 如果这种猜想有点道理，b 那么，任何语言学家，不管他的理论以临摹为理据，以抽象为指导，c 还是两者兼顾，d 都写不出

全盘地、穷尽性地描写一种语言的语法，e 因为如同叶斯柏森确切地指出的那样，语言总是处在变迁之中。

这个长长的复句，由五个小句构成，其内部的关系是复杂的，并不是如表面所呈现的这样从前到后逐个一次性关联的。实际上，这五个小句之间的关系是：a 句是整个句子的假设条件，后面四个小句都是相对于它而言的，因此，该句最基本的关系是假设关系，是由 a 与 b、c、d、e 构成；第二层由 b、c、d、e 四个小句构成的复句结构仍然是复杂的，从关系上看，它是由 e 与 b、c、d 三个小句构成因果关联；第三层则是由 d 与 b、c 构成条件关联；最后第四层由 b、c 两个小句组合成并列关系。下面就是对该复句内在层次关系的分析：

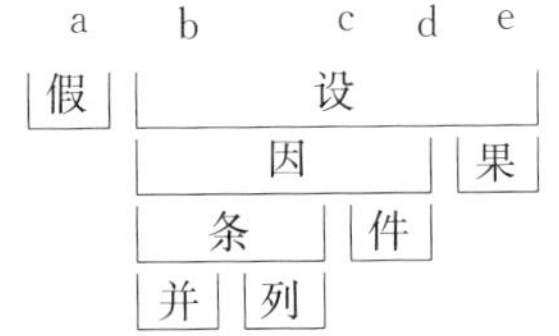

用传统的竖线法则可表示为下面的图示：

a/(假设)b ////(并列) c///(条件) d//(因果) e

可见，从内在结构关系上看，上面这个复句就是这样一层一层套叠而成的，而不是平面的线条性关系。

4. 稳定性

语法是将语言单位组合起来的规则系统，从而使得语言能够合“逻辑”地运用，成为维持和促进社会发展不可缺少的交际工具，那么，由于其交际功能的需要以及自身性质等原因，语法相对于语音、词汇、语义等与地域、社会发展联系更为密切的语言要素来说，它有更明显和更强大的稳定性。从既有的语言发展史来看，语法规则具有很强的生命力，一般与社会生产、生活的联系较小，我们很难从语法规则本身看到社会历史的更迭、新事物的产生、新观念的出现等现象。构成一种语言的基本语法规则往往具有悠久的历史，因此，现代人阅读古代文献，最大的困难不在语法，更多的拦路虎是词汇及其意义构成。如下面几段上古汉语句子，语法上与现在没有太大的不同：

[5]关关雎鸠，在河之洲。窈窕淑女，君子好逑。
参差荇菜，左右流之。窈窕淑女，寤寐求之。

（《诗经·国风·周南·关雎》第一、二章）

译文：

一对雎鸠鸟在和唱，在那河中的小沙洲上。
美丽贤德的女子，是小伙子理想的对象。
长短不齐的荇菜，被方向不定的流水摇来摆去。
美丽贤德的女子，小伙子日夜都想见到你。

[6]学而时习之，不亦说乎？有朋自远方来，不亦乐乎？人不知而不愠，不亦君子乎？

（《论语·学而》）

译文：

学了，然后按一定的时间去实习它，不也是高兴吗？有志同道合的人从远处来，不快乐吗？别人不了解我，我却不怨恨，不也是君子吗？

（据杨伯峻译文）

当然，稳定性是语法的基本特点，但从长远的历史角度看，由于语言自身的发展以及与其他语言的接触等原因，语法规则也会发生微调。这一点，我们将在下一部分讨论。

二、现代汉语语法的主要特点

现代汉语语法的主要特点，指现代汉语语法所独有的特点，也包括在现代汉语中体现得更为主要的那些特征。这些特征是将现代汉语语法与其比较对象区别出来的关键之处。为了更清晰和准确地了解现代汉语语法特征，我们将从它与古代汉语语法以及与英语语法的比较这样两个方面来作简要分析。

(一)与古代汉语语法相比

古代汉语(这里侧重于古代书面语言)是现代汉语的源头。**过去的数千年间，汉语语法在保持主要属性基本稳定的前提下，在构词、语序等方面出现了不少变化。**这些变化虽然没有从根本上改变汉语语法的主要属性，但它们构成了古代汉语与现代汉语不同的重要因素。这也就是**语法的时代性**特点。

1. 构词形态方面

所谓构词形态是指一种语言系统作为具有固定的语音形式、代表一定的意义、能够独立运用的词语的构成方式。它可以从两个侧面来看：一是词形与构成要素的关系特点；二是词语构成方式特征。

首先，我们来看看古今汉语在词语外在形式与其构成要素的关系方面的特征。以前的学习告诉我们，古汉语词语，尤其是书面语言(即文言文)中，除了少量的联绵词外，大多数的词语都是单音节的，也就是说它们大多数是由一个音节构成的单纯词，这一点在上古汉语中表现得非常明显。如上面所引的《论语·学而》一段文字，共有30个音节，除去"君子"这一个双音节词外，实际有28个单音节词(含重复的)，翻译成现代汉语多数需要用双音节词才能清晰地表达出原来的意思。在这一时期，合成词还很少出现，词缀也几乎没有。虽然到了中古时期，双音节词开始增多，但单音节为主的特点也仍然很清晰，如：

[1]潘岳(注：潘安仁)妙有姿容，好神情。少时挟弹出洛阳道，妇人遇者，莫不连手共萦之。左太冲(注：即左思，晋时诗赋家)绝丑，亦复效岳游遨，于是群妪齐共乱唾之，委顿而返。

(《世说新语·容止第十四·妍媸迥殊》)

自晚唐五代以后，汉语进入近代汉语时期，也即现代汉语开始萌芽和形成时期，双音节词语已经较为丰富，但是单音节为主的特征仍然很明显。如下面这段话就很能说明问题：

[2]昔有一人，其妇端正，惟其鼻丑。其人外出，见他妇女，面貌端正，其鼻甚好。便作念言："我今宁可截其鼻，著我妇面上，不亦好乎？"即截他妇鼻，持来归家，急唤其妇："汝速出来，与汝好鼻！"其妇出来，即割其鼻，寻以他鼻著妇面上，既不相著，复失其鼻，唐（注：义为"空"）使其妇受大痛苦。世间愚人亦复如是。

（《百喻经·为妇贸鼻喻》）

但到了近代汉语的后期（即现代汉语的直接源头），在口头语言和白话文学中，双音节词汇大量出现，并逐渐增加，最后取代了古汉语词语以单音节为主的特点。我们从下面这段文字即可见一斑：

[3]次日早，奉圣旨："哈铭，你知道？"铭叩首回奏："不知道。""你昨夜一只手压在我胸前，我不曾推下你的去，直待你醒了翻身抬下去。是你为我辛苦困了，不知道。汉时光武皇帝与严子陵同宿，严子陵脚压在光武皇帝身上，也只等他自翻身抬下去。你到比他一般！"

（《丛书集成初编·记录汇编》卷一九）

这段文字记录的是明英宗在土木堡被蒙古兵所俘一事，用的是白话。其中词语使用已经与现代汉语无大的区别，这一点我们从其他近代文学作品如《西游记》《水浒传》等小说及戏曲文本中也同样可见。

其次，构词方式有差异。**所谓构词方式，在这里是指一种语言中词语是由哪些比它更小的成分运用什么方法构成的。**同样是汉语，古代汉语与现代汉语在构词的方式上有明显的区别：

第一，从构成成分上看，古汉语的词语总体上讲是由单音节的语素所构成的单纯词，而现代汉语的词语占大多数的却是由两个或两个以上的语素通过一定的方式组合而成的合成词。这一特点，我们从上面的讨论中已经可见端倪。

第二，从构成方式看，古汉语的词语主要是单纯词，现代汉语的词语则不同了，由两个语素构成的合成词占了大多数，这些词就有丰富多样的构词方式。如：

词根融合式：土地、火车、澄清、车辆、司令、性急、爷爷

附加构词式：老师、第一、阿姨、弹性、记者、绿化、桌子

轻声构词式：地道：dìdào（名）— dìdao（形）、自然：zìrán（名）— zìran（形）

儿化构词式：盖—盖儿　信—信儿　尖—尖儿

叠音构词式：太太、猩猩、蝈蝈、蛐蛐、奶奶、匆匆、侃侃

2. 结构成分

词语是最小的结构成分，其最终价值在于根据语法规则和特定的目的组合成句子，以满足表达的需要。因此，我们认为，结构成分应该主要指这方面的内容：构成句子的词类成分。在这方面，古、今汉语有不小的区别。

从词类成分来看，现代汉语与古代汉语的不同之处，比较突出的表现在类别上——至少增加了两种词类：动量词和区别词；同时，语法形式有所增加。

第一，我们先看看词类成分的增加。这里我们主要介绍两类词。

首先，量词尤其是动量词完备且功能确定化。这可以从两个方面看：一是名量词成为必要中介词。现代汉语中，数词与名词组合时，其间必需一个名量词作中介，如：一本书、一个人、一位先生等等，但在古汉语中，情况就比较复杂，可有三种形式——

最常见的是数词加名词式，如：

[4]人皆有七窍，以视、听、食、息。

（《庄子·应帝王》）

[5]方士有言黄帝时为五城十二楼，以候神人于执期。

（《汉书·郊祀志》）

少见的是名前数后式，如：

[6]齐为卫故，伐晋冠氏，丧车五百。

（《左传·哀公十五年》）

也较少见的是名前数后式，带量词，如：

[7]不稼不穑，胡取禾三百廛兮。

（《诗经·魏风·伐檀》）

从整个汉语史发展看，量词的丰富与位置确定应该是从汉代开始，直到中古时，名量词的使用才最后普遍起来，如：

[8]一张纸，两张纸，容量小儿作天子。

（《北史·隋宗室诸王庶人谅传》）

二是动量词语序改变。现代汉语中，不仅数词与名词组合时需要量词作中介，动词与数词组合时，也需要量词，用以表示动词活动的单位量。只是在结构中的位置稍有不同，与数词结合后放在述语后面，作补语。如：看一眼、买一回、说一遍等等。但在上古和中古汉语中，类似于现代汉语用法的动量词未见，而是直接将数词加在动词的前面，如：

[9]子三困我于朝，吾惧，不敢不见。

（《左传·襄公二十二年》）

[10]凡六出奇计。

（《史记·陈丞相世家》）

直到唐代以后动量词才开始出现，如：

[11]一日踏春一百回。

（孟郊诗）

[12]贾客停非久，鱼翁转几遭？

（僧可朋诗）

其次，区别词类聚系统形成。根据我们对区别词的分析（详见第二章)可知,区别词主要是源于对事物、行为进行分类而产生的词,其语法功能是作定语,其语用功能是对中心语的类别属性进行限定。而事物或行为种类的复杂更多地反映了现代社会生活的特点,如"黑白""彩色""初级""中级""特级""无记名""多年生"等。到上个世纪末,语法学家将这类词从形容词中独立出来,成为实词中的一个小类。可以想象,随着社会的发展,以后还会增加其他的新词类。

第二,从语法形式来说,古今也有变化,这里我们介绍两个方面。

首先是"体"标记形式的产生。我们当然不能说现代人比古代人更注重动态范畴的表达,而是说比较而言,现代汉语更注重用抽象的形式来表达某些语法意义,而古汉语则更倾向于用具体的词汇意义或时空转换描述等手段去完成这一任务。如:

[13](庄公)遂置姜氏于城颍,而誓之曰:"不及黄泉,无相见也。"既而悔之。颍考叔为颍谷封人,闻之,有献于公。

(《左传·隐公元年》)

从动态表达要求来看,"置""誓""闻"等动作,在本处描写中应该都为完成体,但文中并无一个动态助词,然而我们却能理解其意义。原因就在于文章或通过词汇意义或通过对事实的描述而表达出这些意义,凭借的是内容和读者的语感:"闻"则是"听到"的意思,它们的词汇意义就已经表达出动作的动态情形。另外几个动词,虽然本身并无动态属性,但从对事件记述的整段文字看,其描述的先后就显示了动作的状态。一直到了唐以后才出现"着""了""过",用来表示动作状态变化,并经过长时间的功能虚化而成为严格意义的"体"标记。汉语史上较早作为这一用法的语例如:

"着":

[14]冯妈妈他老人家,我央及他厨下使着手哩。

(《金瓶梅》第三十八回)

"了":

[15]如今都教坏了学生，个个都不肯读书。

（《朱子语类·四纂》卷一）

“过”：

[16]婆云：“水不妨饮，婆有一问，须先问过。”

（《瑞州洞山良价禅师语录》）

在现代汉语中，表示动作、行为进行的状态和阶段意义就有固定的形式标志即“着”“了”“过”等词，一般将它们称作动态助词。如下面这段话中动态助词的使用就颇能说明问题：

[17]张局长读过报告便对看着他的王平、陈芳说：“你们可先让分管局长看一下，待他签了意见，再送到我这里来，到时候我们再细谈吧，可以吗？”

很显然，句中动词“读”“看”“签”等如果没有相应的助词，我们就很难将动作状态显示清楚，甚至连句子都无法组织连贯，而这种情形在宋元以前是难以想象的。这类实词在语言发展过程中失去独立运用的能力，虚化为一种依附成分而成为语法手段的现象，被功能语言学称作词语的语法化。①

其次，内部曲折手段的消失。上古汉语有些词语性质的改变主要依靠声母或韵母的变化完成，到了中古则依靠声调的变化来完成，但到了现代汉语这些手段似乎都消失了。②

第三，词性转类现象的差异。转类，也称活用，是指词语因临时需要在具体语句中改变原有的词类属性，使其具有另外一类词语的功能，如：

[18]这一切等等，确是十分堂·吉诃德的了。

上例中的“堂·吉诃德”，本属名词，但句中它前面有副词修

① 参见石毓智、李讷：《汉语语法化的历程——形态句法学发展的动因和机制》，北京大学出版社2001年版。

② 参见王力：《汉语史稿》（中），中华书局1980年版，第212页。

饰，使得它暂时具有了类似形容词的属性。但一般认为这种超常组合的出现其直接原因还是出于修辞表达的需要，为了实现表达者所欲体现的含蓄、幽默乃至简洁等效果而采用的临时变异，以使语言表达更加鲜活、引人注目，属修辞范畴（详见第八章第三节）。

古汉语里，词性转变现象更加丰富，其中以名词、动词、形容词这三类实词为多。由于其作用不在于实现修辞价值，而在于结构组合，因此，有人将它看作兼类现象。如：

名词转类：

[19]吾见申叔，夫子所谓生死而肉骨也。

（《左传・襄公二十二年》）

[使动：使……重生，使……长肉]

[20]孔子之作《春秋》也，诸侯用夷礼，则夷之；进于中国，则中国之。

（韩愈《原道》）

[意动：把……当夷人；将……当作中国人]

动词转类：

[21]庄公寤生，惊姜氏。

（《左传・隐公元年》）

[使动：使……吃惊]

[22]沛公旦日从百余骑来见项王。

（《史记・项羽本纪》）

[使动：使……跟从]

形容词转类：

[23]楚左尹项伯者，素善留侯张良。

（《史记・项羽本纪》）

[善：与……友好]

[24]必将富之贵之，敬之誉之。

（《墨子・尚贤》）

[使用:使……富,使……贵]

很显然,古汉语中的转类,涉及词类多,而且使用频率也高,与现代汉语中的词类活用有很大的区别,如果我们也视其为修辞现象是不合适的,应该被看作一种比较常见的语法现象。

3. 组词手段

所谓组词手段,就是指将词语组合起来所运用的方法、形式。经过考察,我们发现,古今汉语在这一方面的区别主要表现为结构衔接成分的增加。

首先,名量词更加丰富,动量词产生并定位。如上面介绍的,在上古汉语里,数词与名词的组合至少有三种形式,但以直接组合式为主,直到中古以后,这种方式变化为中间需有名量词为中介的形式了,并最终以后起方式为唯一的结构形式;动量词则是在汉以后才开始出现,但到了近代以后却逐渐成为表示动作行为数量不可缺少的成分。

其次,结构助词"的""地""得"等在词语组合中成为必要的手段。

在现代汉语中,"的"在一些名词性偏正短语中是不可缺少的,"地"则是一些谓词性偏正短语中不可缺少的成分,"得"是一些动补短语中不可缺少的成分。但在古汉语里,情况远非这样明了。在上古汉语中,这三个词均未出现,经语法史专家的研究,"的""地""得"的出现和使用应始于唐宋,并在元明之际其功能才稳定下来。下面以"的"为例作一说明。

"的"的这一功能形成,当在元明之际。此前古汉语中曾经出现过"之""者""底"等三个结构助词,但总的来说,直到10世纪,汉语的名词性偏正短语中各类修饰语与中心语之间结构并无强制性,常常是零标记,如:

[25]仲弓为季氏宰,问政。

(《论语·子路》)

[26]未闻孔雀是夫子家禽。

（《世说新语·言语》）

[27]向高高山顶立，向深深海底行。

（五代《祖堂集·药山和尚》）

但自9世纪前后出现“的”起，名词性短语结构中“的”的使用逐渐增多，用法也渐趋严密，到了15世纪后，“的”的标记作用最终确立。

4. 语序差异

所谓语序就是指能将词语按照顺序组合起来并在组合过程中产生语法意义的一种重要的手段，它是汉语区别于其他语言的重要表现（详见下面的讨论）。一般而论，汉语语序在过去的几千年里并没有发生大的变化，仍然保持着“主语＋述语＋宾语”的结构顺序。但具体说来，其间也有一些微小的改变。这里我们仅就两个较为明显的表现来作简单介绍。

（1）宾语的位置　在现代汉语中，宾语无论其充当成分的词类性质以及语义类型如何，总是处在动词之后，作为动词的支配对象。但在古代汉语尤其是在近代汉语以前，宾语的位置情况较为复杂。根据王力先生的观点，在先秦时代，当宾语是疑问代词、名词宾语有指示代词复指时，都要提前：

[28]吾谁欺？欺天乎！

（《论语·子罕》）

[29]今吴是惧而城于郢，守己小矣。

（《左传·昭公二十三年》）

当宾语是人称代词或指示代词等情况时，或在某些凝固的格式中有残存，或可前可后。直到南北朝时，宾语位置逐渐确定在动词后面。当然，此后在一些古文中我们还可看到宾语前置的情况，但那已经是出于仿古而产生的书面语言了，不再反映口语事实。

（2）复句中偏正关系的顺序　现代汉语中表偏正关系的复句，

其小句顺序一般是偏前正后，这是传统顺序的保留，但我们也可以经常听到、看到相反的顺序，如：

[30]我想我们还是可以做，只要我们准备得更充分一些。

应该说这种语序安排是汉语在20世纪开始广泛地与西方接触，在频繁的语言交往过程中受西方语言的影响而产生的结果。

（二）与其他语言（以英语、德语等形态语言为例）相比

现代汉语作为世界上诸多语言中的一种，以其自身独有的特点区别于其他语言。语法方面的区别是很重要的一部分。下面我们就比较重要的差异作一些简单的介绍。

1. 语法手段差异

所谓语法手段就是指造词以及将词语组织起来并在组织过程中产生语法意义的形式。语言不同，其手段也往往有差异，这里我们仅将汉语与大家熟悉的英语进行比较。

首先让我们看看构词法上的差异。

英语在由音素构成的单词基础上再造词，主要的方式是由词根与词缀合成的附加词。当然，也有词根融合等另外一些方式，如：

able—enable、ability、unable

work—worker、workable

blackboard step-parent firecracker deadline

而现代汉语在单音节基础上再造词，主要的方式则是词根融合，其次是附加式，另外还有重叠、轻声、儿化等多种方法（见前文举例）。

其次，我们再看看句法方面的差异。比较下面两段英汉对比的文字：

[31] Beginning in the late 1950s, a wave of social change swept through American life. Almost every American family was affected. Historians say the American family has changed more

rapidly in the last thirty years than in any other time period. But they say these changes in family are not really new. These changes have been growing in America for more than one-hundred years.

译文：

自20世纪50年代开始，一股社会变革的浪潮席卷了美国人的生活。几乎每个美国家庭都受到了冲击。历史学家们说，近30年来，美国家庭的变化比任何时候都快。不过，他们说家庭里的这些变化其实并不新鲜，它们已在美国孕育了100年。

通过上述两段文字比较，我们即可发现两种语言在将词语组成句子时有这样一些不同：

英语更注重语法意义的形式化表现，并运用一定的手段将各个词语纳入这一框架中。就上面句子而论，我们看到：

a. 主语与谓语（或表语）必须在“数”上保持一致，如 every American family 是单数，其后接表语形式就是：was(affected)。主语 historians 是复数，故其谓语动词就是 say。

b. 句子中动词（或系词）一定要随着动作时间状态的不同而具有不同的形式特征，动词（或系词）的变化有的是通过附加手段实现，如：Almost every American family was affected 中的“affect”因为是过去发生的，因此句中的形式是(was)affected；有的则是通过内部曲折的手段来实现，如 a wave of social change swept through American life 中的“swept”就是由 sweep 变化而得。

c. 数词与名词的组合不需要量词作中介，如 a( ) wave 和 every( ) American family 两个短语中的括号位置就无需量词。

d. 有形态化的“格”表现，如句子 But they say these changes in family are not really new 中 they 就指主格，如果是宾格，则一定为 them 的形式。

e. 定中关系有两种形式：当定语数量较少时，英语可以有两种结构顺序——前置与后置，前者如：American life，后者如：a wave of social change；当修饰成分复杂时，多使用定语从句来表达。

相比而言，汉语在词语组合时手段和形式就完全不同了：

a. 动词可以直接充当主语、宾语，而不需要任何形式的变化，如第二句中的“冲击”直接作宾语。

b. 主语与谓语之间没有“数”范畴的制约，无论主语是单数还是复数，动词、形容词总是保持原来的形体，如“席卷”“受到”“说”“快”“新鲜”“孕育”。

c. 如果有“体”范畴的存在，汉语也不是通过动词等的形式附加或内部曲折等手段来表达，而是用“虚词”这一手段来完成，如“席卷＋了”“受到＋了”“孕育＋了”等；

d. 数词(或数量代词)与名词的组合，中间一定需要量词中介，如“一＋股＋浪潮”“每＋个＋家庭”。

e. 没有“格”标志，“他们”的语法身份取决于其在句中的位置即“语序”：如果在动词前是动作的发出者，是施事主语，如：他们看望了小王；如果在动词后则是受事宾语，如：小王看望了他们。

f. 定中关系只有一种，即修饰语在前，如：一股社会变革的浪潮、每个美国家庭。

2. 语法范畴的数量与表达形式不同

语法范畴是指词语在组织过程中通过一定的形式实现的语法意义类型。如英语中有数、格、时、体等语法范畴(见前文分析)，在形态更加完整的语言(如德语、俄语等)中，还有“性”范畴。所谓“性”范畴，是指名词、代词等具有的语法“性别”意义的一种范畴，它决定了词语在组合中的语法变化形式。就德语来说，der Gast(客人)是阳性名词，das Buch(书)是中性名词，die Karte(卡片)是阴性名词，而这些不同性别的词在组合时会对相关词产生连带反应。如在这样一个句子结构中(意义为：我有＋……)：

[32]Ich habe {einen Gast.（一位客人）
ein Buch.（一本书）
eine Karte.（一张卡片）}

很显然，名词前面不定冠词的区别主要是因为后面名词“性”的不同而造成的。

在传统的语法范畴中，现代汉语中只有“体”，其他范畴还不典型。而且即便有“体”的范畴，其表达手段仍与西方语言有别：不是以词形变化如附加、内部曲折来表达，而是借助于虚词来实现，如上面所分析的表示已然体的“了”即是手段之一。

概括地说，与形态语言相比，现代汉语语法的主要特点是：词类成分与句法（子）成分没有严格的对应关系；形态不是语法范畴表达的主要形式，语序与虚词是两个主要的语法手段；短语与句子的基本结构关系有一致性。

第二节　语法学体系介绍

“现代汉语语法”还含有另外一个意义，即根据一定的理论和方法对现代汉语语法规律进行研究而得到的体系。研究体系的构成取决于该研究所遵循的研究理论和方法。汉语语法学意识应该说自先秦就开始萌芽，但直到 19 世纪末，它一直带有传统的语文学色彩。1898 年出版的《马氏文通》（马建忠著）标志着汉语现代语法学的开始。一百多年来，我国现代汉语语法学在及时引入西方语言学理论的基础上，根据汉语自身特点，已经逐步建立起有民族特色的语法研究体系。本节主要介绍现代汉语语法学的基本流派及其理论和观点。

一、传统语法学

传统语法学（Traditional Grammar）理论源自对拉丁语法的

研究，特别指18和19世纪欧洲语法学派的观点，直到现在还在一定范围内使用。该理论将语法看作一套具有规范价值的规则系统，研究语法的目的在于指导人们如何说话、写作，在于纠正言语实践中的错误，强调规范性、纯语主义、文学至上等观点，采用拉丁语模型，注重对书面语的研究。因此有人称这种语法为规范语法。传统语法学的主要内容有：

1. 突出形态与范畴的关系，强调形态的重要性，并根据形态归纳语法范畴

如认为名词就是有格的变化、数的变形等特点的词，并在此基础上认为词类与句子成分有对应的关系。如名词是用来充当主语的，而主语也只能是由名词性成分充当，如果是动词作主语，也要在形体上有所变化，如变成动名词或动词不定式。很显然这种方法适合用来分析西方形态特征明显的语言。但早期的汉语语法研究也引入和使用了这一方法，如汉语动词作主语时，本身没有形体的变化，我们就认为该动词“名物化”了。

2. 采用中心词分析法(也叫成分分析法)

传统语法学在分析短语和句子时，将句(法)子成分分为主要成分和次要成分(也称附加成分)，分析结构时采取“抓主干”的方法，即找中心词的方法。下面的句子，采用该方法就会得到这样的分析结果：

(错误)的观念//[总]能找到(它)的(藏身)之处。

定语　主语　状语　谓语　定语　定语　宾语

从上面分析可以知道，这种划分只是给每个成分贴上了不同的标签，至少在两个方面存在不足：首先，没有真正地揭示出词语之间的结构关系，而是将所有的词放在同一个平面上考察。其实整个句子的主语并不仅是“观念”，而是“错误的观念”；而与其搭配的谓语也不是“找到”，而是“总能找到它的藏身之处”；宾语也不是

“处”，而是“藏身之处”。而且这个宾语与主语并不是在一个层面上，而是与动词成分“找到”构成述宾关系充当谓语后才与主语构成主谓关系的。其次，从意义上讲，这种分析也不一定符合原来的句义：主干成分“观念”+“找到”+“处”能够完整正确地表达原句的主要意思吗？显然是不能的。

3. 按意义标准划分词类

西方的传统语法在分析词类时依据形态标准，但因为汉语词并没有丰富的表达语法意义的形态特征，因此，早期的人们在给汉语词进行分类时多以词汇(类别)意义为标准。如最早的语法学著作《马氏文通·正名卷之一》就是这样理解实词和虚词的：“凡字有事理可解者，曰实字”，“无解而惟以助实字之情态者，曰虚字。”这一划分词类的标准一直到20世纪80年代前还是很常用的。我们试以《汉语知识》为例进行说明。这本书初版于1959年，于1979年修改后再版，发行100多万册。该书在说明划分词类的依据时强调了意义的重要：“不同的意义和不同的特点。”在具体分析词类时，则完全是从意义上给每一类词下定义的。如名词是“表示人或者事物的名称的词”，动词是“表示人或者事物的动作、行为、发展变化的词”等等。显然，现在看来，这一划分标准是不够严密的，因为意义本身就很复杂，所谓虚实难以界定。而现有的定义对外也没有排他性，如“加以”“禁止”“予以”等词，从意义上看，显然没有任何动作、行为成分，那么它们该归哪种词类呢？从另外一个方面看，意义标准不能将词语自身的语法属性揭示出来，我们看不出其“词类”特征所在。

正因为上述等原因，传统语法学方法在我国20世纪运用了半个多世纪后，在研究界基本不用了。但因为其悠久的历史，加上其操作上的简便易行，以及强调规范价值等原因，传统语法在归纳句型、修改病句等方面仍有一定的作用，在中小学语文教学中也有一定的使用范围。

二、结构主义语法学

结构主义语法学(Structralism Grammar)是以瑞士语言学家索绪尔(F. De Saussure 1857—1913)语言理论为背景而兴起于20世纪30年代的语言学流派。该派在世界上形成了四个研究中心，即伦敦学派、布拉格学派、哥本哈根学派和美国描写语言学派，并最终形成以美国描写语言学为代表的结构主义流派，因此，又称描写语言(法)学，以美国的语言学家布龙菲尔德(L. Bloomfield, 1887—1949)为代表。该理论认为语言研究的对象是脱离具体环境的语言符号体系，而不是言语体系；强调共时特征的价值，而轻视历时的意义。这种语法方法从20世纪50年代引入中国，60年代出版的《现代汉语语法讲话》(丁声树著)就是代表。80年代后成为我国现代汉语语法研究的主要方法。这一语法学的方法主要有四种：

1. 替换法

用某一语言要素去替换某一语言结构体中的一个单位，如果替换前后该语言结构体都符合语言事实，那么，替换前后的语言要素就是语言中的同类现象或单位的变体，或者表明它们是具有同一功能的结构单位。这种分析方法就是替换法。替换法可用来分析音素、语素、词等多种语言单位。

2. 分布分析法

语法学中，分布指一个单位所出现的全部环境的总和，即这个单位的所有(不同)位置(或者出现的场合)的总和。根据一个单位的分布，我们可以得出该单位的功能和特点。现代汉语中词类的功能划分标准实质上就是词语的分布特征的反映。

3. 变换分析法

也称对比分析法，是根据语言结构如短语、句子等之间的相互关系，通过对比或变换的方法来考察彼此之间的特征。如汉语的把字句与被字句、被动句与主动句、祈使句与陈述句等之间的关系。有些形式相同但结构关系或语义关系有区别的单位之间，也可以通过变换的方式来解释。

4. 直接成分分析法

在结构主义语法学看来，一个较大的语法结构一般是由两个直接成分构成的，并由这一方式层层包容构成更大的句法结构，因此，逐层地将结构的直接成分之间的句法关系解析出来的方法，称作直接成分分析法，又叫层次分析法。因为“直接成分”的英文写法为 Immediate Constituent，该方法又简称 IC 分析法。

三、转换生成语法学

结构主义语法其宗旨在于静态地描写语言的结构关系与功能，认识人类语言行为的形式特征，而转换生成语法(Transformational and Generative Grammar)则以研究人类的语言能力为任务，解释语言终端形式产生的过程，探索语言从深层结构到表层结构的转化规则，寻找人类语言的“普遍语法”(Universal Grammar)。该学派由美国语言学家乔姆斯基(N. Chomsky，1928－　)在 20 世纪 50 年代创立，并在后来的几十年里不断修正和发展自己的理论，如 60 年代提出标准理论，70 年代后又发展出扩充式标准理论、踪迹理论、生成语义学以及管辖和约束理论等。这一语法理论的出现标志着人类对语言符号内在生成原理认识方面前进了一大步。该流派在学科性质和研究方法上同以往的语言学有本质区别，与自然科学更为接近，所以在西方被称作“乔姆斯基革命”。转换生成语法的主要特点有：第一，研究对象不是语言终端形式，而是内在性的语言及人脑对语言结构的认识；第二，关注人的语言能力，而不研究语言的使用、话语的意义、语境和功能等；第三，研究目的是描写语法结构规律并解释其中的原因；第四，运用复杂的符号、公式来描写语法，解释规则。

由于该理论本身的抽象和复杂，在对自然语言的分析中，并未广为运用，特别是在语法教学中，很难应用。但该理论对计算机人工智能的开发等方面，具有重大的方法论意义和重要的实践价值。

四、功能语法学

功能语法学(Functional Grammar)是强调语言或其中某个方面功能的语言流派的合称，不是单一的语言学体系的指称。作为结构主义语言学的一个分支，由布拉格学派在20世纪20年代后创立，后产生了各有自己研究方向的理论，如等式语法(Equational Grammar)、蒙塔古语法(Montague Grammar)、词汇功能语法(Lexical-functional Grammar)、范畴语法(Categorial Grammar)等。这里主要对欧洲功能主义语法学理论作简单介绍。

与只强调形式化描写的结构主义不同，该流派认为，语言结构是人类交际工具的体现形式，因此，语言研究不应该把焦点放在自然语言的形式特征的刻画上，应该以“功能”为依据，解释语言形式所具有的信息传递功能。强调将语言内部的功能关系与外部功能作用统一起来并将语言的表意性置入功能框架中，强调语境在语言研究中的重要性，将语言的功能划分为观念、话语和交际三种。上述观点的代表人物主要有(法)马尔丁内(A. Martinet，1908—　)、(英)弗斯(J. R. Firth，1890—1960)、韩礼德(M. A. K. Halliday，1925—2018)。上述理论自上个世纪70年代引入我国后，陆续产生了不少成果。到上个世纪末，国内外汉语功能语法研究主要在语用分析、话语分析、认知语法、语义分析和功能句法等方面展开。

相对而言，功能语法比强调形式的结构主义语法更进一步，从着眼于句法结构形式特征的描写进入解释句法结构成立和传播信息的语义、认知以及语境层面的内在机制。如按结构主义语法，对句子“她坐公共汽车到这儿。”的认识只能是：(1)这是一个连动句；(2)几个动词之间有方式与目的的关系。至于为什么采用这个语序,以及它与英语同义句子(She came here by bus)顺序不同的原因是什么等,就不再关心了。而功能语法研究者认为,汉语较英语有更强的临摹性,这种临摹性的一个表现就是时间顺序原则。所谓时间顺序原则,意思是"两个句法单位的相对顺序决定于它们所表示的概念世界里的状态的时间先后"[①]。很显然,这种从认知层面解释句法结构关系的努力是选择了另一个角度对语法内在机制进行探索和认识的一种有效尝试。

总的看来,汉语语法学界作为基本研究方法体系的仍然是结构主义研究方法。本书在分析现代汉语语法现象时,也将主要采用结构主义分析方法,同时,也将适当地介绍一些最新的研究观念。

第三节 语法单位

现代汉语语法结构是由一个层级体系所组合而成的,而这一层级体系则是由一个个结构单位通过复杂的组合规则构成的。下面我们将简单地对现代汉语的结构单位作一些介绍。

一、语素

语素是语言中最小的音义结合体,也是最小的语法单位。语素是英语词"morpheme"的意译,曾译作"形素""词素"。但相对来说,"形素"或"词素"等术语更切合印欧等西方语言,语素这一术语更符合汉语的实际。"形素"适合那种有大量词缀作为构词成分、词尾作为表达语法意义的形态要素的语言,如英语中 in-、un-、im-

---

① Tai, James H-Y(戴浩一)1985, Temporal Sequence and Chinese Word Order, Iconicity in Syntax, edited by John Haiman, p. 50. Amsterdam: John Benjamins Publishing Company.

和-s、-ing、-ed 等成分用形素去概括确实管用。但汉语中除了少量的词缀(如老～、阿～、～子、～头等)外,并没有其他词尾成分,形素显然不适用于汉语。“词素”的使用也是有一定的条件的,那就是:必须先分析词,才能得到词的构成要素——词素。这就产生了两个问题:一是从逻辑上讲,这显然颠倒了先后顺序;其次,必须将词的各种结构、特点揭示清楚,但汉语里词的划分和分析还有不少未解决的问题,这势必使词素的分析钻入一个死结。而语素则不存在上述麻烦,因此,国内语言学界更多的人接受和使用了这一术语。

1. 语素的判定方法

现代汉语里的词有双音节化的趋势,但其源头却大多数是单音节的形式,因此,从最小的音义结合体来看,现代汉语语素大多数也是单音节形式的。如有能单独成词的:人、马、走、说、好、的等;也有不能单独成词的:币、休、净、察、然等等。但由于一些联绵词的传承以及不少音译外来词的存在和产生,现代汉语语素形式也并不都是很单纯的,这就需要一个适当的判定方法,以便我们能准确、科学地认识语素这一语言单位。

到目前为止,较为有效和通行的方法是替换法。所谓替换法就是在一个较大的语言结构如词或短语 XY 中,对其中的每一个最小成分 X 或 Y 进行替换,如果该结构中成分能够被同类形式 X′或 Y′替换,在新的组合 XY′或 X′Y 中遗留成分 Y 或 X 仍保持原来的意义,那么,被替换的成分 X 或 Y 就应该是一个语素。根据汉语音义特征,用来替换的成分一般应自单音节(如果需要也可以是双音节等形式)的音义结合体开始。如:

[1]青菜:青草、青色、青天……

白菜、花菜、韭菜……

通过上述替换,我们可以判定,“青”“菜”都可以以原有的形式和意义与其他成分组合,且皆保有原来的音义,因此,“青”“菜”应该算两个语素。

如果一个结构体中某个成分可以被替换，而另外一个不能被替换，或替换后已失去原义，那么，整个结构体只能算一个语素。汉语的半译意半译音词就属此类情形。如：

[2]卡片：? 卡车、? 卡通

纸片、尿片、影片……

在“卡片”结构体里，“片”这一成分可以被替换并与其他音义形式在保持原义的条件下组合，但“卡”却没有这一功能，因为它只是一个记音符号，是音译英语 card 一词的结果，因此，我们应将“卡片”算作一个语素。

不过，我们这样理解是有条件的，那就是它（如“卡”）只是一个记音符号。但如果它在长期使用过程中独立活动能力增强，并逐渐成为有意义的成分，它就可能有资格成为一个语素。如与上面意同的“卡”在现在生活中使用频率越来越高，如：饭卡、电话卡、磁卡、医疗卡……它还可以单独出现在句子中，如：“我的卡丢了”“今天他没来刷卡”等等，因此我们不能否定以后会出现这样的组合：卡面、卡背、卡色……如果发展到这一步，“卡”当然有资格成为一个语素了。

2. 语素的特征分析

从音节形式上看，现代汉语的语素大多数是单音节的，如：电、国、快、稀、走等；但也有两个或三个以上音节的，如：秋千、葡萄、巧克力等。

从构词能力强弱上看，语素可以分为成词语素和不成词语素，前者如：书、说、好、很等；后者又称黏着语素，如：息、影、视、～子、老～等。

从构词特点和意义上看，语素可以分为词根语素和词缀语素，前者如：师、虎、桌、房、尖等；后者如：（桌）子、（尖）儿、老（师）、阿（姨）等。

3. 语素分析的意义

从理论上讲，了解、掌握语素的特点有助于认识汉语基本单位的基本性质，也是进一步进行更高一级语法单位分析的前提，同时还能给我们的语言运用和理解带来一定的帮助。

因为现代汉语双音节词语的构成成分大多在古代是能单独表意的词，我们在适当的时候（如报章或其他书面语言中）可以分而用之，灵活拆装。如：

[3]××国总统昨安抵北京

该新闻标题没有使用“昨日”“安全”“抵达”，而拆用了“昨”“安”“抵”语素，有效地节约了版面，也使表达显得更加庄重。

我们还可以充分利用汉语语素的这一特点，故意将不能单用的语素拆解开来使用，以加强表达力量。如：

[4]李书福说，这些裁判太有意思了……还有什么比赛监督啊，在比赛中既不监又不督！

[5]这笔钱花得不明不白不情不愿

（新闻标题）

[6]澳大利亚爆发人蝠大战

（新闻标题）

例[4]中将“监督”拆解开，例[5]中则将“明白”和“情愿”都拆解开了。我们注意到拆解前后的效果显然有很大区别。例[6]更是别致：为了音节节奏的谐调，竟然将联绵语素“蝙蝠”拆解开来使用，这显然同语素与汉字之间的相对关系相关，也与上下文的照应有关。

当然，我们还可以故意歪曲词语的语素成分特征，完全取其形体意义来搭配，以获得幽默等效果。如：

[7]如今的沙市，是只有沙而没有市了。

二、词

词是由语素构成的，具有固定的语音形式，表达特定的意义，能够独立运用的最小结构单位。

1. 一般特点

和其他许多语言一样，现代汉语的词有这样几个特点：

首先，具有固定的语音形式。指在一个语言系统中，每一个词都有一个相对稳定的语音特征，如“书”，读音为 shū。当然，这个读音的单位类型会因为不同的语言而不同。

其次，表达特定的意义。指每一个词都有明确的意义，它实际上是人们对客观世界和主观世界认识结果的记录，如“书”，其意义即为：装订成册的著作。当然，这里的意义除了上面的词汇意义外，还包括有些主要起语法作用的词语所表达的关系意义。如助词“的”，其意义是用在定语与中心语之间，构成偏正关系，例如：“她买的衣服”中的“的”。

最后，它是能够独立运用的最小的结构单位。在语言运用中，我们一般以句子为最小的表达单位，而这一表达单位是以词为最基本单位直接构成的，词是其中句法成分的最小充当者。如：

[1]勇敢　的　人们　走　了　过来。

其中“勇敢”为定语，“人们”为中心语，“走”为述语，“过来”为补语。

“能够独立运用”是相对于语素而言的，虽然语素是音义结合体，但它只是词语的构成单位，不能直接进入句子，如句中的“勇”“敢”就是这样的；除非是成词语素，可以直接进入句子，但此时它已经成为词了，如例中的“走”“了”等就是代表。

“最小的结构单位”是相对于短语来说的，因为短语也可以直接充当句法成分，但其自身仍然可以解剖，它仍然是由词组合而来的。如句中的“勇敢的人们”是句子的主语，但它本身是由“勇敢”

“的”与“人们”三个词构成的。

2. 与西方其他很多语言不同，现代汉语的词在以下几个方面有自己的特点

首先，词语双音节化。和西方语言的词语形式不同，现代汉语词语从语音特征上看，70%以上的是双音节形式，因此，现代汉语词语有双音节化的趋势。词语双音节化决定了现代汉语中最小、最基本的“标准音步”①为双音节音步的特点。这一特点又给汉语词语组合在音节上带来了相对的限定。如较长的词语、短语，也常常被紧缩成双音节词，如“人民代表大会”紧缩成“人大”，“讲学习、讲政治、讲正气”被缩略成“三讲”等。有些词语即使其结构节奏（用|标示）为 1+3 或 3+1，其实际韵律（以/标示）也会变为 2+2，如“狐|假/虎威”“幸福/之|旅”等。下面这则新闻标题在音节节奏的协调上就处理得不好，如果在“初”后加上“次”就更顺畅了：

[2]春运体验系列之一：

胆战心惊的初体验

（新闻标题）

其次，同音词数量大。据统计，现代汉语的有效音节形式为 410 多个，加上声调也只有 1200 多个，而要依靠这些音节组成数十万条词，势必会产生数量较大的同音词。有人作过统计，现代汉语中的同音词约占词语总数的 10%。②

最后，构成方式丰富。现代汉语中除了少数单音节词语外，绝大多数是由两个或两个以上的语素组合而成的，组合方式主要有词根融合、附加、重叠、轻声、儿化等，具体详见前文分析。

3. 语素与词的区别

两者的不同表现在下面两个方面：

---

① 音步为韵律学概念，相当于平常说的“节拍”。

② 详见本书第 218 页。

(1)性质上　语素是最小的音义结合体，它是语言系统中最基本的音义单位，也是更高一级单位——词的构成材料，它总是属于构词层面。某些单音节成词语素可以以本来的形式出现在短语或句子中，但那已经成为词了。词则是最小的能够独立运用的语法单位，是直接构成短语和句子的材料。

(2)意义上　语素的意义多是不明确的，如“文雅”，由两个语素构成，但“文”与“雅”的意义却并不容易界定清楚，正因此，至今尚无一部“语素典”产生。而词就不同，无论是意义实在的，还是意义虚泛的，一般都能给以比较明确的界定。

三、短语

短语是由词和词构成的句法单位，相当于英语的 phrase，但范围和英语里的 phrase 稍异：

英语里的 phrase 主要指相对固定的习语(idiom)，如 out of question，pay attention to 等。但汉语的短语则专指临时组配的大于词小于句子的单位，而成语(即 idiom)等固定结构则归属于词汇范围。现代汉语中的短语如：学习文化、衣服漂亮、倒茶喝、让你去吃饭、关于科学等等。短语这一语法单位几十年来一直是研究的重点，以前曾被称为仂语、字群、词群、兼词、扩词、词组、结构等等。在现在的语法研究界，“短语”已经为多数人所接受。

1. 短语成为重要的语法单位的原因

一般认为有三个原因使得短语在汉语语法研究上占据重要的地位：

首先，因为汉语的非形态化特点，使有的词语可以在非句子单位内相互组合。以“书已买到”短语为例，如在英语中，则不可能出现这种组合：book already buy。要么是词，要么进入句子结构(The book has been bought already 或 Books have been bought already)：“书”(book)是单数还是复数？“买”(buy)的时态以及与

“书”保持怎样的“数”形态关系？但汉语既可以将“书已买到”看作一个材料单位，加上语气因素，又可能直接成为一个运用单位——句子。

其次，汉语中存在着这样一些结构形式，如：x＋的（如：说的比唱的好听）、关于＋x（如：关于电脑，他很内行）、所＋x（如：要想人民之所想）等等，将它们归入熟语等词汇范围，似乎难以解释，可它们又不是句子，只能将它们看作一种比词大的材料单位。

最后，是因为短语的结构关系与句子的内部结构关系基本一致，因此，很多短语只要加上语气，放在具体语境中，就可以直接成为句子。

2. 短语与词的区别

两者的不同表现在三个方面：

首先，意义上，词义具有整体性、抽象性，如：火车≠火＋车，雪白≠雪＋白，眉目≠眉毛＋眼睛，海带≠海里的带子。像成语、惯用语等熟语也同样具有这一特点。但短语则不同，其意义基本等于构成成分意义的总和，如：高级电脑、雪很白、让她去工作、对祖国等等。

其次，是在语音上，词是停顿的最小界限，构成词的语素之间一般不能停顿（强调停顿例外）。但短语的构成成分之间可以停顿。

最后，在结构上，词的构成成分之间结构紧密，不能随意扩展，如：“祖国”虽是偏正结构，但并不能扩展成“祖宗（辈）的国”，“学习”也不能扩展为“学和习”。而短语因为是临时组合的，因此其构成成分之间结构松散，可以扩展，如“大河”就可扩展为“大的河”，“调查研究”可以扩展为“调查并（和）研究”等等。另外，从其句法作用上看，词是最小的语法单位，可以直接充当句法成分，而短语则是由词构成的高一级单位，其内部还可以再切分成更小的单位——词。

当然，上面所述是就现代汉语中的一般情况而言的，由于历史发展及实际语用中的复杂情况，现代汉语中也确实存在着少数难以决然断定的成分，这一部分单位从意义上看，常常是作为一个概念或结合体使用的，表示一个现象或描写一个动作了，如“羊毛”“鸡蛋”“洗澡”“理发”“有理”“有趣”“革命”“出差”“讲情”“睡觉”“提问”等等，但有时候又可以拆开使用，这一类成分被称作“离合词”。该类现象，已经引起了研究界的注意，但对它们存在的情况、内部的机理、在词汇系统中的定位以及未来的前途等等，都尚需要进一步的研究，现在可以看到的一本研究该问题的专著是《汉语离合词研究——汉语语素、词、短语的特殊性》(周上之，上海外语教育出版社，2006 年)。该著对现代汉语中的离合词现象作了较为详细和深入的梳理，并结合教学实践和理论，进行了可贵的探索，提出了一些富有启发性的观点。

四、句子

1. 什么是句子

在口头和书面表达行为中，往往**以词语或短语为材料组成更大的单位，通过这个单位表达一个完整的意思，并且伴有特定的语调和语气，这个单位就是句子。**句子是语法链条中的更上层单位，也是言语交际活动中最基本的表达单位，用来形成话语或篇章。

2. 构成句子应该具备以下几个条件

第一，它必须以词或短语为结构材料，并通过一定的语法规则组合起来。从这个方面看，句子可以由完整的主谓短语构成，如：“山上的树变绿了。”也可以由非主谓短语构成，如：“又下雨啦！”还可以由一个词构成，如：(女儿喊)“妈——”(妈妈应)“哎！”等等。

第二，它必须表达一个相对完整的意思，能完成明确的交际任务。从内容上看，每一个句子都是在一定语境中产生的，因此，无论形式完整与否，它应该都能表达一个相对清楚的意思，从而完成交际。如下面这段对话，句子形式虽不都完整，但意思无疑都是自足的：

[1]这五天来，我天天跟她在一起。

你天天？跟这疯女人？

是的。……我们天天去那儿。

那儿？那儿是什么地方？

牌坊。

牌坊？

牌坊。

（陈洁《牌坊》）

第三，它必须含有一个特定的语调或语气。语调是贯穿整个句子，用来表达思想内容或情感的抑扬曲折的声音形式，一般将语调分为平直、曲折、降抑和高升等四种类型。每一个句子都有相对的语调特征。在口语中，语调通常可以通过停顿、轻重、升降以及语气词等手段来表现，在书面上，则主要通过语气词和标点符号来表达。如下面这段对话的语调及其变化就很典型。

[2]鲍其宏已经从隔壁房间过来，和侯四高坐在一起喝茶，鲍太太推门进来了。

鲍其宏说："唉，你怎么进来了，有什么事儿？"

鲍太太说："你刚才哪儿去了？"

鲍其宏说："我呀，我陪客人在餐厅里。"

鲍太太冷笑："什么时候开始撒谎了？"

鲍其宏说："哎，你这是什么话！"

（陈闯《策划幸福》）

第四，它只能存在于一个具体的语境中。句子是交际需要的产物，因此，句子的形式和作用，必须依赖于特定的语境才能完成和解释。如"你真好"这个短语，在表达时可以是直接陈述，表示肯定和感激；但也可以用来表达讽刺、挖苦，实际意义与字面意义恰好相反。

句子与词或短语的区别：

第一，性质不同：词或短语是句子的基础材料，是脱离具体语境的静态单位。句子则是由词、短语构成的表达单位,它必须依托于具体的语境。

第二,词、短语没有特定的语调或语气,而句子一定有具体的语调或语气。因此,即便从句法上看,一个句子可能是由一个短语构成的,但两者在表达功能、意义上仍然会有本质的不同。如例[3]“王明去上海”这个短语,从句法关系上看,是一个主谓短语,谓语又由一个述宾关系的短语构成,意义只有一个。但在具体的语境中加上语气,句法上虽没有变化,但至少可以有这样四种言语意义,满足四种交际目的(如果考虑重音和停顿,意义变化形式就更多了):

[3]陈述语气,语调平缓,用于陈述事实:王明去上海(了)。

祈使语气,语气下抑,用于发出指令:王明去上海!

疑问语气,语调上扬,用于提出疑问:王明去上海(啦)?

反问语气,语调曲折,用于怀疑事实:王明去上海?

当然,并非任何一个词或短语加上适当的语调都能成为句子,这除了结构上的完整性外,还取决于语音、语义和修辞等方面的条件。

第三,词、短语没有临时插入的特殊成分以及感叹词等,但句子可以有,如:

[4]总之,我们的计划是详尽而周密的。

[5]你说的那本书,我已经把它买来了。

[6]唉,如果准备得充分点,他们可能干得比你们还要好!

第四,词或短语不会出现省略、倒装等现象。句子由于语用的作用,可以出现成分的省略或倒装,尤其是在口语中。如:

[7]问:(你)去哪儿? 答:(我)去书店。

[8]多么及时呀,这场雨!

第五,因为脱离具体的语境,词、短语的表意是明确的,其意义可以直接从表层形式得到。但句子则不同,因为句子与语境各种因素(如话题、时地、交际者等)紧密相关,因此,一个句子的形式意义不一定就是其实际言语意义。就是说,句子常常有言外之意。如:

[9]女儿(对父亲说):"爸爸,今天是星期天啦!"

这个句子,除掉称呼成分,主干部分就是一个主谓结构,表示判断:对"今天"的日期进行陈述。但在具体的语境中,女儿也许是提醒他爸爸曾经给她的许诺:星期天带她去动物园、去外婆家,或者是给她买一件礼物……诸多意义中的某一个也许才是女儿说这句话的真正意义、意图。而这类言外之意只能在具体的语境中产生,也只能结合具体的语境才能理解。

【习　题】

1. 请用具体材料说明现代汉语语法的抽象性、层次性。

2. 请用具体材料说明现代汉语与古代汉语在语法手段上的差异。

3. 请以"好当官""当官好""当好官""官当好""官好当"为例说明汉语语序变化的特点和作用。

4. 请分析下面英汉对比的文字,并从中归纳出现代汉语语法的民族性表现。

The hero resistance of the democratic nations of the world to the onslaught and imposition of barbarous fascism gave World War II its fundamental character of a just war.

直译:世界民主国家对野蛮的法西斯主义进攻和奴役的英勇抵抗,赋予了第二次世界大战以正义的基本性质。

5. 下列语言单位中有词与短语,请用适当的方法将它们区别开来:

海带——海浪　老师——老车　出尔反尔——廉价商品

6. 举例说明短语与句子的区别。

7. 请结合自己的生活经验,找出课本中所举以外的离合词20个,并根据它们的情况进行适当的分析,解释它们存在的合理性。

第二章　词类分析

第一节　词类划分标准

词是语言结构的基本单位，从表层形式看，每一个结构组合都是两个以上的词拼合而成的，但从语法上看，其中的每一个都代表着某一类具有相同特征的词语。因此，在这里我们不能也不需要对具体词语的语法特征进行分析，而是要求**从类的角度对词在语言结构中的功能特征进行分析**，并由此**将词划分成不同的类，这就是**我们平时所说的**词类。**

词类是语言中存在的客观事实，我们客观而科学地加以分析既是全面认识词语语法特点的需要，是语法研究的基础工作；同时，划分词类也有利于进一步揭示由词构成的更高级语言单位如短语和句子的内部结构特点及功能。

从语法学史上看，对现代汉语词语进行语法类别的划分，迄今采用的标准主要有三种。它们是：

一、意义标准

这一标准是传统主义语法学在分析词类时所采用的。最初时就直接将词汇（类别）意义当作了划分词类的依据，如前面所举的《马氏文通》对实词和虚词的理解。王力先生早期也是这样理解词类的，如他曾说："实词之中，每一个词都有它的理解，它们都能给予咱们一种实在的印象，所以实词也可以称为理解成分”[①]，而虚词“对于实物实质实情都无所指”，虚词被称为“语法成分”[②]。现在看来，这种理解是不能很好地解决问题的。因为有些词，如果从意义上看，意义的虚实很难判断，如“予以、加以”等动词，“如何、某、什么”等代词以及副词等等。照此标准，只能将它们划归到虚词里，但它们在结构中的地位和作用显然与连词、介词等有很大区别。因此，将词汇意义的虚实作为判断依据，不能很好地解释事实、解决问题。

当然，如果将意义理解为一类词所具有的能反映其成员共性的类别意义，我们认为，意义标准还是有一定的合理性的。词语的具体意义可以千差万别，但某一类词的成员之间在其反映客观对象的过程中，应该具有相同或相似的属性，如“走”“说”“笑”“教学”“制造”“战斗”“养育”等词，都是描写人或其他动物动作的，而“美丽”“大方”“小”“长”“雪白”等都是描写人或事物的属性与状态的，等等。词语的这种属性既是语言对客观事实的忠实反映，也表现了人在认识客观世界时的一种逻辑需要。但词类是语法层面的特点的反映，它更侧重于结构的需要，所以有时候意义相同（近）的词，在功能上有很大的不同。如“突然”与“忽然”，它们意义可以说完全相同，但在结构中的特点却有很大区别，如将两者归为一类，就不能完整地揭示词语本身的语法属性。而且，所谓词语的类别意义也同样存在界限难以划清的问题，如“很”“非常”“极”等词与“难道”“究竟”“莫非”等词，现在都将它们归为副词，但其类别意义是什么呢？在意义上有什么共同性吗？因此，词语的类别或概括意义也不能成为主要依据，但可以为我们划分词类提供有益的参考。

---

① 王力：《中国现代语法》，商务印书馆 1985 年版，第 13 页。
② 王力：《中国现代语法》，商务印书馆 1985 年版，第 14 页。

二、形态标准

形态就是能表达某种语法意义的形式手段。 依据形态划分词类，就是指按照能够体现某种语法意义和价值的形式特征来划分词的语法类别。这种标准产生于对西方形态特征比较明显的印欧语言的词类分析。如在英语中归纳名词时，可以这样确定其特征：有“数”的变化形式。无论规则与否，任何名词在语言结构中一定有数的变化形式，或单数，或复数，我们仅据此便可将所有名词从众多的词中剥离出来。又如动词，一定有“时”的形态变化。任何一个动词，只要进入句子，它一定处于某个“时”的状态，或现在时，或过去时，或将来时等，因此，完全可以根据句中词语外形的变化类型来辨认词语及其类别。在现代汉语中形态标准有没有作用呢？经过考察，我们发现，这一标准也有一定的意义：

词缀形式就是一种可以用来鉴定某些词类的外在特征。如一般来说，以“老”作前缀构成的词，都是名词，像老师、老虎、老鹰、老鼠、老板、老婆、老表……；以“子”作后缀构成的词，也都是名词，如桌子、椅子、帘子、扇子、瓶子、粽子……；以“化”作后缀构成的词，一般为动词，如绿化、风化、火化、沙化、恶化、城市化……；以“气”作后缀的词，一般为形容词，如神气、阔气、洋气、土气……

我们也可以通过词语的重叠形式特征来确定一部分词的类别。如单音节行为动词和形容词都可以重叠成AA′式，如走走、说说与大大、瘦瘦(的)。但如果A′和A的声调相同，则A一定为形容词，如果A′读轻声，那么A一定为动词。又如双音节动词有ABA′B′式，如“学习”重叠成“学习学习”。而能够重叠成AABB形式的一般为形容词，如“热闹”重叠成“热热闹闹”。当然，形容词也可以有重叠形式ABA′B′，但语音特征与动词重叠形式并不相同，那就是A′、B′读轻声的应为动词，如上面的“学习学习”例中后一个“学习”应为轻声，读原来声调的应为形容词，如“乌黑乌黑”中后一个“乌黑”一定是原来的声调。

通过上面的分析可以知道，形态标准也有一定的适用性。但是，如果将形态标准确立为主要的依据，显然是不合适的。因为有些形态的普遍性不强，如以“化”为词缀的词不一定都是动词，像“僵化”就是形容词；以“气”作后缀的词也可以是名词，如：傻气、呆气等等。其次，现代汉语词语中更多的是没有特殊形态标志的成分，该如何判定其词类呢？可见，形态标准对现代汉语的词类划分来说，也只能作为辅助依据。

三、功能标准

这里的功能是指语法功能，**所谓语法功能是指词语在语言结构中表现出来的所有语法特点的总和。**实际上，功能标准就是词语在结构中分布的语法作用特点，所以也叫分布分析。如“电脑”类的词语，可以受数量词修饰，不受副词修饰，能跟介词组合，还能作主语、宾语和定语……我们可以依据词语有没有以上这几个主要功能将“电脑”这一类的词语从词语库中剥离出来。具体地说，功能标准可以从两个方面去看：

1. 词语是否具有独立充当句法成分的能力

有些词能够单独充当句法成分，如“课桌”可以单独作主语、宾语，“漂亮”可以单独作谓语、定语，“非常”可以单独作状语；但有些词则不能单独充当句法成分，如“关于”“的”等类的词就必须附着在其他词前或后，共同充当句法成分。根据这一标准，我们可以将现代汉语的词分为两大类：能单独充当句法成分的词——实词和不能单独充当句法成分的词——虚词。

2. 词语具有何种组合能力

所谓组合能力，就是指词语在与其他词语组合时所表现出来的搭配反应特点。不同的词语具有不同的意义，但同时在搭配反应上也有不同的表现，这也就是为什么说句子并不是任何几个词语随便排列在一起就可以构成的道理。如“高级”可以修饰“轿车”类词语，可以受“非常”类词语修饰，还可以放在“主意”后对它进行陈述；“高等”虽然在意义上与“高级”接近，但它却只有其中的一个特点，即能修饰“学校”“法院”类词语。从这些组合特点来看，我们便可判断“高级”与“高等”应该分属不同的词类。根据这一标准，我们可以对实词进行下位划分，从而得到名词、动词、形容词、区别词、数词、量词、副词、代词等次类；将虚词划分为连词、介词、助词、语气词等次类；叹词和拟声词因为独具特点而略显特殊：叹词能独立成句，如出现在句中，则不与其他成分构成直接语法关系；拟声词也具有叹词的上述特点，但不同的是，它还能在句中充当语法成分（各类具体特点见下一节详述）。

词类划分图示：

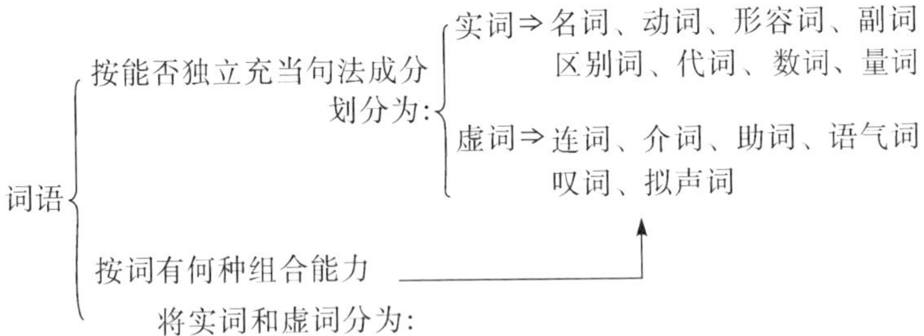

通过对三种划分标准的分析，我们觉得对现代汉语而言，语法功能标准是最具有解释力的，也能较为彻底地对汉语词性进行穷尽而科学地分析和归纳。因为现代汉语的词语属性少有外在形态表现，我们只能将它们所执行的职能作为分析的依据，就像对社会上的人进行职业的分类一样。由于并不是所有人都有特定的职业服装，我们就不能按照着装形式进行分类，但每个人都应该有他的职责或功能，这就是我们分类的最可靠的依据。当然，如果某些职业有它的特定着装，我们也不妨将这一形式作为依据，这样可以提高工作效率，就像划分词类时，我们也可以凭借上面所分析的词缀形式与重叠形式特征对词语所属类别进行归纳。而意义则可以为我们划分词类提供逻辑上的导引，因为对大多数同类词语来说，其意义也具有共同的类别属性。

因此，总的来说，我们认为，功能标准是最重要、最客观的依据，按照它完全可以将现代汉语的词进行语法上的分类。而形态和意义标准也并不一定要完全抛弃，它们在需要的时候可以作为辅助标准。

需要说明的是，词的语法功能类聚对多数词语来说，是可以界限分明地进行分类或归类的，但是由于词语本身产生过程的特点以及在应用过程中所具有的复杂性，也必然存在着词类属性的典型相对性特点，即词类之间常常可以出现特征或属性的渐变或过渡状态。就某一类词而言，其中的成分也会体现出典型性成员或非典型性成员，属性接近的成员之间会因为接近关系的远近而构成不同的家族，这就是所谓的“词类范畴的家族象似性”。也就说，接近家族核心的词是该类词最具有严格标准的，然后典型性依次减弱。①

第二节 实词的语法特点

实词的语法特点是，能够独立地充当句法成分，绝大部分实词在结构组合中，位置也相对灵活。实词能单独充当句法成分，但具体到各种词，它们在充当句法成分的能力上也是有很大差别的，有的主要作主语、宾语，这样的实词称体词，如名词、数词和名量词等；有的则主要作谓语，经常受副词修饰，这样的词称谓词，包括动

① 具体的论述可以参看《词类范畴的家族象似性》（袁毓林，《中国社会科学》1995年第1期）、《现代汉语词类研究》（郭锐，商务印书馆，2004年）等论著。

词、形容词等；有的则只能作修饰成分，这些词称作加词，包括区别词和副词。

下面我们将简略地介绍现代汉语中实词的语法特点。

（一）名词

1. 从意义上看

名词一般都是记录、反映人、事物、现象的名称的词。根据逻辑上的差异，名词可以有个体与集体、具体与抽象等的区别。如：房子、国家（个体）；车辆、人民（集体）；脑袋、电灯（具体）；意识、精神（抽象）等。

2. 从语法功能上看

名词主要有以下特点：

（1）可以受数量短语修饰。但集体名词例外，因为它们本身就包含了总和的意义，因此，可以说“一辆车”，不说“一部车辆”。另外，指人名词可以加“们”表示约数，如“同学们”“女人们”等，其他名词在特殊语体中也可加“们”表约数，如“别了，可爱的小草和小树们！”但无论哪种情形的名词，在加了“们”后，前面就不再受表确定数目的数量词修饰了。

（2）不能受副词修饰。但有以下几种例外：第一，在一些固定格式中，名词可以受副词修饰，如“人不人，鬼不鬼”，“上不上，下不下”等。此类情况一般有这样几个特点：必须处于“A 不 A′，B 不 B′”对称格式中，且“不”前后也呈对称状；在 A′、B′前可以加上“像”或“是”之类的动词；整句的意义表示类比。第二，在方位名词、处所名词前，可以有副词，如“最上面”“最左边”“最前线”等。这是因为，这些名词所表示的方位、处所是相对的，具有一定的空间伸缩性，也就是说在意义上含有空间程度弹性，因此，虽然它们接受副词修饰在词性上有违法则，但意义上却可以接受。第三，修辞语境中，名词可以违规受副词修饰，并产生超常的表达效果，如“你太阿 Q 了！”“我直觉地认定鲁迅是非常中国的现象，非常中国

的人物，非常中国的英雄。”（王蒙《大师小议》，《南方周末》2001 年 1 月 18 日）

（3）可以置于介词后，构成介词短语。如“对于小说，几十年来他始终喜欢看”“在祖国，很多地方都留下了他的脚印”等等。

（4）可以作主语、宾语，有时也可以作定语。

（5）有些名词如时间、处所名词等可以直接作判断句里的谓语。如“今天星期一”“他祖籍浙江”等。

（6）其中时间、方位、处所类名词还可以直接修饰动词，作状语。如“我们明天去吧”“小王里外都找了个遍”“欢迎北京来的朋友”等。

3. 从形态上看

部分名词有这样的特征：

（1）有词缀一子、一头、老一等。

（2）有些单音节名词可重叠，表示“每（个）x”，强调数量多，如：“年年都是大丰收”“人人都很快乐”等等。

（二）动词

1. 从意义上看

动词一般都是表示行为、动作或变化等意义的词，因此，动词又可以分为：

（1）动作、变化动词：走、来、上、运输、命令、消失、出现、发展等。

（2）心理动词：思念、喜爱、憎恨等。

（3）判断动词：是。

（4）能愿动词：应（该）、能（够）、可以、愿（意）等。

（5）类比动词：像、似、如、仿佛等。

（6）称述动词：姓、称、认为等。

（7）形式动词：予以、加以、给以等。

2. 从功能上看

动词主要的特点有：

(1)可以受不同副词修饰。如含有动作意味的词，可以受“不”和“没(有)”的修饰，如“不(没有)来”等；但判断、类比、能愿、称述等类动词多能受“不”修饰，极少受“没有”修饰，如“不是(像、能、姓)”等；心理及部分类比动词可直接受“很”或“非常”修饰，如“很想”“非常思念”等，其他类动词则没有这一能力。

(2)可以作谓语或述语。

(3)有些动词能带宾语，称为及物动词；有些则不能带宾语，称为不及物动词。有些及物动词只能带名词作宾语，如“姓张”“卖书”；有些及物动词可以直接带动词作宾语，如“禁止吸烟”“加以打击”；有的及物动词则两可，如“喜欢小说”“喜欢看书”等。有的动词只能带单个宾语，如“吃”“玩”“喜欢”等；有的则能带双宾语，如“给、送”类动词。

值得注意的是，现代汉语中的不及物动词，一般不能带受事成分(动作支配的对象)作宾语，但却可以带施事成分(动作发出者)，如“他三岁时死了爷爷”“台上坐着主席团”等；另外，有些不及物动词在后附介词性成分的情况下，则可以带处所名词作宾语，如“躺在桌上”“开向西安”等等。

(4)带有趋向意味的动词，还可以置于其他动词后充当补语，表示前面动词行为的趋向，如“太阳爬上来”，或表示动作的状态，如“咱们干起来吧”。

(5)能愿动词还可以置于其他动词前，作状语，如“应该去”。

(6)形式动词只能带动词作宾语，虽然它们没有任何动作意义，但却可以用在行为动词前加强行为的处置意味，强化表达语气，多用于带有政府或团体指令性色彩的表述中。如“执法部门将对这类丑恶现象予以坚决打击”“对不符合时代需要的条条框框，我们都要加以改革”等。

3. 从形态上看

以下两点是要注意的：

(1)行为类动词(含心理动词)可以重叠，形式为 AA′、AA′B、ABA′B′等，重叠的作用是表示动作的尝试、短时态，重叠成分(如 A′、A′B′)轻读，如：走走、唱唱歌、写写文章、讨论讨论。但重叠形式 AA′BB′则表示既 A 又 B，有强调意味，如：打打闹闹、蹦蹦跳跳、吵吵闹闹等，但其中的 A′B′不轻读。

(2)很多动词后面可跟"着""了""过"等助词表示动作的时间状态，如：看着书、吃过饭、洗了衣服、想过孩子、跟他姓了章等。

(三)形容词

1. 从意义上看

形容词是用来表示人、事物的属性与状态的，因此，它可以分为：

(1)性质形容词，如：肥、软、酸、勇敢、美丽等。

(2)状态形容词，如：雪白、漆黑、羞答答、黑不溜秋等。

2. 从功能上看

形容词有这样几个特点：

(1)绝大多数形容词可以受"不""很"等副词修饰，但状态形容词中已含有极致程度或状态明确意味的词不可以受程度副词修饰，如"雪白""乌黑""碧绿""草绿""花白"等类词。

(2)形容词可以作定语、状语、谓语。如"伟大的历史""快说""景色美丽"等。性质形容词还能带补语，如"勇敢极了""漂亮得很"，但不能带宾语。至于像"勇敢了一个小时""(脸)红了一个晚上"等中的"勇敢""红"应该看作动词。状态形容词可以作定语、谓语；状态形容词不能带补语。

(3)状态形容词作定语时，一般要后附助词"的"，如"高兴的心情""雪白的墙壁""碧绿的菠菜"等，但性质形容词作定语时，不必借助于助词"的"，如"伟大(的)祖国""友好(的)国家"等等。

正因为状态形容词与性质形容词之间有不少区别，有人主张将前者独立出来成为一类，叫状态词。

3. 从形态上看

形容词的特点主要有：

(1)可以重叠，形式主要有AA′、AA′BB′、ABA′B′三种，少数可以重叠成A里A′B形式。

(2)重叠后在语音上重叠成分有些声调发生变化：如AA′儿式的A′一般念阴平，如“慢慢儿”(读作：mànmānr)；如果重叠但没有儿化，多念本调，如“甜甜(的)”应读为tiántián；AA′BB′式中的A′，念轻声，如“漂漂亮亮”中的第二个“漂”就念“piao”，“亮亮”读“liangliang”；A里A′B式中的第二个音节即“里”念轻声；ABA′B′式里的A′B′则保持不变。

(3)重叠后的形容词有这样几个作用：表示程度加深，突出喜爱色彩，且有协调音节的作用，比较：“小手胖”与“小手胖胖的”“鼻子小”与“鼻子小小的”“天蓝”与“天蓝蓝的”“蓝(的)天空”与“蓝蓝的天空”“慢(地)说话”与“慢慢地说话”“雪白”与“雪白雪白”等；有的则有加强贬斥、厌恶的色彩，比较：“土气”与“土里土气”“邋遢”与“邋里邋遢”等。

(四)区别词

1. 从意义上看

区别词是表示事物属性并用来给事物分类的词。因此，区别词往往成对地出现。如：男—女、正—副、单—双、西式—中式、国营—民(私)营、高等—中等—初等。

2. 从功能上看

区别词的主要特征有：

(1)不受绝大多数副词修饰，否定时受否定副词“非”修饰。

(2)主要作定语，少量的可以作状语，如“长期努力”“局部完成”。作定语时，区别词与名词中心语之间一般不需要“的”。特殊情况下(如对举)可以作主语,如"电视机嘛,黑白不如彩色好""男女都一样",等等。

3. 从形态上看

与形容词不同,区别词极少重叠。

(五)数词

1. 从意义上看

数词是用来表示数目或顺次的词,根据其内部不同,又可下分为:

(1)基数词:一、二、三……

(2)序数词:第一……　初一……初十

另外还有倍数、概数等类型。

2. 从功能上看

数词的语法特点有:

(1)能够与量词组合成数量短语。

(2)经常以数量短语的形式作定语或补语,也可作谓语,如"白菜一斤""书一本"。在书面色彩浓厚的语境中(如新闻标题等),数词可以直接作定语,如"又一(次)特大交通事故,死八(个)人,伤十五(个)人"等,这是古汉语数词使用法的遗留。

3. 从形态上看

数词的特征是:

常常与量词一起构成重叠。分析见量词部分。

(六)量词

1. 从意义上看

量词是用来计量事物或动作单位的词,可以分为两类:

(1)名量词:位(个)、本、颗、条、把等。

(2)动量词:趟、回、次、下、遍、阵、遭等。

除了上述专用量词外,一些表范围的名词和行为动词还可以成为临时量词,如:一桌子菜、一汽车乘客、一挑柴禾等等。

现代汉语中量词丰富且具有独特的功能和很强的运用价值，是汉语特色之一。

2. 从功能上看

量词的特点有：

(1)一般情况下，它是数词与名词组合时必须要有的中介成分，而且在语义上量词与名词存在关联性，如“树”“棍子”“竹子”等长条形事物名词，量词是“根”；薄平的物体名词，量词用“面”或“片”；“位”与“个”相比，前者更具有褒赞色彩，如可说“一位先生(小姐、同志)”，但“小偷”却只能说“一个”等等。

(2)名量词与数词组成数量短语，作作定语、谓语，如：一位先生，酒一壶。

(3)大多数数量短语中的数词不受限制，如“一本”中的“一”，可以换成“二”“三”等，但当所修饰中心词具有某些特点时，其中的数词是受限的，如只能说“一片爱心”、“吓了他一大跳”等。

(4)动量词与数词组成数量短语，可以置于动词前作定语、状语，如：一次打击、一下推开；但置于动词后作补语更常见，如：电影他看过一次。

(5)重叠量词还可以作主语或状语，如：个个都很棒，回回都落空。在特定语体(如文艺作品等)中，有的重叠量词还可以作谓语，如：鲜花朵朵、歌声阵阵等。

3. 从形态上看

量词的特点是：

大多数单音节量词可以重叠，而且形式和作用多样。如：

(1)量词单独重叠，成AA′式，表示“许多”“逐一”的意义，如：小伙子个个厉害、他次次都有收获。

(2)与数词一起构成重叠形式：一A一A，或一AA，也可表示“数量多”“逐一”的意义，如：一队一队的战士立在场上；学生们一个个走过来。

(七)副词

1. 从意义上看

副词是表示程度、范围、时间等意义,对动作或属性进行限制、修饰的词。常常将副词分为下面几类:

(1)表示程度:很、非常、十分、万分、极(其)、格外、略微、更等。

(2)表示范围:都、总共、一起、仅仅、唯独、各自、一概等。

(3)表示时间:曾(经)、已(经)、就、刚刚、立刻、将要、接着等。

(4)表示肯定:肯定、必定、确实、准保、一定等。

(5)表示否定:不、没(有)、别、甭、未(必)、勿等。

(6)表示情态:果然、忽然、居然、仍然、照样、幸亏、渐渐、特意等。

(7)表示语气:或许、索性、难道、无非、竟然、简直、到底、偏等。

2. 从功能上看

副词的特点有:

(1)有些能够修饰动词,如程度、范围、时间、情态、语气副词等;有些还能修饰形容词,如程度、肯定、否定副词等。

(2)绝大多数只可以作状语,只有少数几个程度副词还可以作补语,如:好得很、热极了、高兴万分、热闹非常。

(3)副词一般置于主谓结构的谓语或述语前,但也有少量语气副词还可以置于主谓结构前,如:难道她就不能来吗?

(4)有些副词单用或连用时,还可充当关联词,如:她(一)来了,我就走。

(5)副词不互相修饰,但可以连用。不过,此时副词是分层次修饰谓词性中心成分的。如:我们从来就没有奢望过得到奖金。其中“从来”“就”“没有”虽连用,但并不在一个层次上。

(八)代词

1. 从意义上看

代词是用来起称代、指示或问询作用的词语。根据指称关系,代词分为：

（1）人称代词：我（们）、你（们）、他（们）、她（们）、它（们）、大家、咱（们）、大伙儿、自己、别人等。

（2）指示代词：这（个）、那（个）、本、各、某、另、其余（他）等。

（3）疑问代词：谁、什么、哪儿、哪里、怎样、几（时）、多少等。

2. 从功能上看

由于代词在使用时主要用来指代客观对象、行为或数量等，因此，从被指代成分的词性上看，有的是名词性的，如：小王明天来，他会把材料带给你的。有的是动词或形容词性的，如：你最近身体怎样？他怎么你啦？因此，代词的主要功能就是其代替功能。具体地说，代词的语法特点表现为下面两点：

（1）体词性代词一般不受其他词修饰，但近年来人称代词前经常可以有定语修饰。如：生活困窘的他又回到了故乡。指代谓词性成分时则可以受状语修饰，如：他没有把我怎么样！

（2）代词根据其指代的成分性质而充当不同的句法成分，可以作主语、宾语、定语；也可以作谓语，如：你身体怎么样啦？可以作状语，如：大家各说一句话。有的还可以作补语，如：文章写得如何（怎么样）？

（3）代词在具体语句中有两种指称类型：实指和虚指。代词有确定的指称对象，就是代词的实指用法，如"王平去北京了，他明天回来"中的"他""你看见什么啦？快告诉我"中的"什么"等代词。代词没有确定的对象，而是指一定范围中的某个对象或所有对象，就是代词的虚指用法，如"班上同学，你出一点，我出一点，钱就够了"中的"你""我"和"你说什么，我也不能给你"中的"什么"等词。

第三节　虚词的语法特点

虚词是指意义虚泛，不能单独充当句法成分的词。从数量上看，虚词有相对的封闭性，因此总数较实词少得多，但它们却有强大的组合功能，也有很高的使用频率。因此，对虚词而言，我们将着重分析其语法特点。从整体上说，不同的虚词有这样两个不同的语法属性：

1. 连接性

有些虚词主要用来将两个以上的词或短语连接起来，组合成一个更大的句法成分。具有这类特性的词是连词。

2. 附着性

有些词则主要依附于其他实词或短语甚至句子，起组成句法结构和完成语气的作用。具有这类特性的词有介词、助词、语气词等。

以下对连词、介词、助词、语气词等虚词及叹词、拟声词等特殊词类的语法特点作简单分析。

（一）连词

1. 用来连接词、短语或句子的词叫连词。

按照连词所连接的单位类型，连词可以分为：

（1）主要连接词、短语的：和、同、跟、与、及、并（且）、或、而（且）等。

（2）主要连接句子的：然而、但是、不仅、即使、如果、那么、虽然、但是、因为、既然、纵然等。

2. 连词的语法特点

（1）连接词或短语的连词一般处于两个或多个成分之间，起中介作用。如果连接的成分之间是并列关系，前后成分可以互换位置，如：

[1] 妈妈和爸爸去外婆家了。

但如果连接成分有主次等差之别，就不能互换位置了，如：

[2] 告诉了张处长、王科长及其他相关人员。（主次）

[3]讨论并通过了这项决议。（先后）

[4]我们将聚而歼之。（承接）

（2）连词在连接词或短语时，与不同的词性相关："和""同""跟""与""及"等主要连接体词性成分；"并（且）、而（且）"等主要连接谓词性成分。

（3）连接句子的连词，不要求前后都有成分，仅仅置于句首，表示某种逻辑关系，如：

[5]如果明天天气不好，（那）郊游只能延期了。

（二）介词

1. 依附在实词前，用以引入时间、处所、方式、工具、对象等成分的词叫介词。

根据其依附的成分类型，介词分为：

（1）引入时间：自、打、从、于、在、当、随着、到等。

（2）引入处所、方向：朝、向、往、沿（着）、顺（着）、从等。

（3）引入对象、范围：比、与、同、跟、和、把、被、叫、连、除了、关于等。

（4）引入方式、手段：按、以、用、经（过）、通过、依照、根据等。

（5）引入原因、目的：因（为）、由于、为（了）、为着等。

2. 介词的语法功能

（1）绝大多数介词能放在体词性成分前，构成介词短语，作状语或定语（后加"的"）。但也有少数介词可以放在动词前，表示方式、手段，如：

[1]通过讨论，我们双方终于达成了一致的意见。

[2]经过艰苦奋斗，往日贫苦的小山村村民也过上了富裕的生活。

(2)大多数介词是从古汉语的动词演变过来的,因此,它们常常兼有动词的属性,如:

[3] 朝:朝老师挥手——门朝南面。

[4] 通过:通过他的关系,我们把材料递上去了——会议通过了一项决议。

(3)由介词成分构成的"x ＋ p(介)＋ n(名)"结构,可以分析为两种情形:

第一,如 x 是形容词性成分,那么,"xp"已凝结为一个动词,结构关系为述宾短语。如:

[5]勇于改革、善于思考、忠于祖国

第二,如果 x 是动词性成分,那么,xp 可以视作一个临时复合动词,结构关系同上。如:

[6]住在学校、开向北京、送到家里、放在桌上、毕业于浙江大学

理由是:(1)此类短语中的 p 都读轻声,与它处于介词结构中时的读音不同,试比较:"在学校住"与"住在学校"。(2)该类短语中间停顿应该在 p 后,而不是在 x 后,这说明从结构关系上说,相对于 n 来说,p 与 x 关系更紧密些。(3)如果有动态变化,可以在 p 后插入动态助词,而不能将动态助词插在 x 后,如:住在了学校(? 住了在学校)、开向了北京(? 开了向北京)……这说明此类短语中 p 不可能是一个独立的介词,因为介词是没有这一组合功能的,p 只能是与前面的 x 结合成了一个动词性整体。

(三)助词

1. 定义与分类

主要依附于实词或短语后边(也有依附于前面的,如"所"),用来表示结构关系或体等语法意义的词。助词在句中一般念轻声。根据其语法作用,将助词分为:

(1)表示结构:的、地、得、所、之、等。

(2)表示动态:着、了、过。

(3)表示比况:一般、一样、似的。

(4)表示数量:来、把、们等。

2. 助词的功能

共同的能力是依附,但具体作用各小类又有不同。

2-1　结构助词

依附于某个实词或短语,帮助它与另外的成分构成语法结构。

(1)"的"的基本功能是,先与实词性成分结合,构成"x 的"结构,再与"y"组合形成体词性偏正短语"x 的 y"。因此,"的"是定语的标志,也是体词性偏正短语的标志,如:漂亮的衣服、狐狸的狡猾、他的大方(是出了名的)等。

"的"的另外一个功能是构成"的"字短语,即**与体词或谓词性成分构成结构"x 的",并不再有一个中心成分"y",使"x 的"短语直接成为一个体词性成分,充当主语或宾语。**有时候可以将"的"字短语理解为省略了中心词;但有时候却不能作这样的理解。(详见本书第 89 页。)

(2)"地"的功能是,先与谓词性成分结合,构成"x 地"结构,再与"y"组合成谓词性偏正短语"x 地 y"。"地"是状语的标志,如:飞快地跑了。

(3)"得"的功能是,先与谓词性成分结合,构成"x 得"结构,再与"y"组合成述补短语"x 得 y"。助词"得"是某些补语的标志,如:

[1]脸红得像关公、走得飞快

需要注意的是,在短语或句子中,"得"并不总是补语的标志。如下面的短语,就都是述宾短语:

[2]懂得这个道理、值得学习、觉得他好

原因在于,在这些短语中,"得"并不是一个助词,而是作为一个语素与前面的动作语素构成合成词,充当述语,带后面的成分(以谓词性成分居多)作宾语。

(4)“所”的功能是与谓词性成分构成“所 x”结构，以体词性成分充当句法成分，其中 x 多为单音节词。如：

[3]各取所需

[4]将你在现场所见全都说出来吧。

“所”的另外一个常见的功能是与“被”“为”等介词组合成“被(为)……所 x”格式，表示被动，具有浓厚的书面色彩，这时候 x 多为双音节词。如：

[5]镇上的人们被(为)她的勇敢精神所感动，纷纷前往探望。

[6]他们的那些违法行径，早就被我们所觉察，只是为了钓大鱼而暂时没有惊动他们。

(5)“之”是古代汉语遗留下来的一个结构助词，功能近似于“的”的基本用法。与古汉语中的“之”不同的是，现代汉语的“之”多用于书面色彩的表达中，而且中心成分多为单音节的。如：

[7]艺术之花、工作之余、无耻之徒

(6)“等”一般用在一项以上的列举单位后，表示列举未尽，但其余项或因为地位差异，或因为受篇幅限制等原因而可以省略不列。如：

[8]在主席台就坐的有江泽民、朱镕基等国家领导人。

但“等”也可用在完全列举后，作为列举结束的标志出现在数量总计之前。如：

[9]上个月，我们看过《尖锋时刻Ⅰ》《喜宴》《美国女人》等三部电影。

2-2 动态助词

总体上说，动态助词附着于动词后面，表示动作所处的状态。

(1)“着”表示动作处于持续状态，如：

[1]她正吃着西瓜、小狗叫着跑过来。

(2)“了”表示动作已经发生，强调动作的时间属性，但动作可以是已经发生的，如例[2]；也可以是将来要发生的，如例[3]。

[2]他去了杭州。

[3]你吃了饭(再)来吧。

(3)“过”表示动作已经完成、实现,强调动作的状态特征,但可以是过去完成的,如例[4];也可以是将来完成的,如例[5]:

[4]他吃过饭了。

[5]等你和老李商量过,再告诉我。

2-3　比况助词

依附于体词性成分后,构成比况短语,表示类比。可以单用,如:

[1]花骨朵似的小姑娘、狐狸一样的女人、塔一般的壮汉

也可以和动词“像”“似”“如”等连用。

从充当句法成分的能力来看,比况短语可以作定语,如上举诸例,也可以作状语,如:

[2]他蛇一样地游了过来。

还可以作谓语,如:

[3]心里明镜似的。

2-4　数量助词

用在数量短语之间,表示一定量的概数:

(1)“来”用在“十”以上位数和名、动量词之间,表约数,可以用来强调多,如:

[1]他已经招了十来个人呢。

[2]车他已经骑了十来次了。

也可以强调少,如:

[3]十来个人,能跟我们比吗?

(2)“把”用在“百”以上位数和指物量词之间,表约数,多用以强调数量小,如:

[4]百把条枪,照样打胜仗。

(3)“把”也可用在“斤”“尺”“里”“丈”等量词后,表约数,限制

后面的形容词。如：

[5]这条鱼有斤把重呢。

[6]竹子已经长到丈把高了。

（四）语气词

1.定义与分类

依附于句末或句中（在句子成分倒装时），有成句作用，表示某种语气的词，称为语气词。有丰富的语气词是现代汉语的一个重要语法特征。根据语气词的作用，一般可分为这样几类：

（1）陈述语气：的、了、啊、罢了等。

（2）疑问语气：吗（么）、呢、吧等。

（3）祈使语气：吧、啊等。

（4）感叹语气：啊等。

上面的分类需要说明两点：首先，上列词是就语气词的基本形式来说的，在具体的语境中，会因为语音条件的变化而产生一些变体，如“呀”“啦”“那”“哇”等；其次，分类是相对的，有的语气词可以表达多种语气，如：“他是谁啊？”其中“啊”表疑问；“你快去啊！”“啊”又表祈使语气；“这里的风景真美啊！”其中“啊”又表感叹。

2.语气词的语法功能

（1）主要依附于整个句子，从语法上说，不与前面的句法成分构成任何关系。如下面两句，句子的末尾都用“的”，但例[1]中的“的”针对的是“他确实说过这句话”（整个部分）的，实现的是对陈述的肯定；而例[2]中的“的”是针对“小王”这个句法成分的，与“小王”构成了“的”字短语：

[1]他确实说过这句话的。

[2]书确实是小王的。

因此，例[1]中的“的”是语气词，而例[2]中的“的”是结构助词。

（2）语气词有成句的作用。有些感叹句，没有语气词是无法

“说”的，如：“天气多么好哇！”有的祈使句，没有语气词的帮助，特有的语气就无法表达，如：“你快点去吧！”与“你快点去！”两个句子实际意义就有区别。

(3)语气词除了在句末表示语气外，还可以在句中起其他作用。如表列举：“什么电影啊，电视啊，还有唱歌啊，他都很喜欢。”还可以表示停顿，以突出焦点，如：“书呢，我给你买回来了，还不快谢我！”

(4)语气词还可以连用，多为“的＋x”与“了＋x”。但连用成分并不在一个层次上，其中“的”和“了”是对句子的基本结构起作用的，而“x”则是对“……的(了)”整体结构起作用。如：“他以前也是这样躺着看书的吗?”句中“吗”应该是对“他以前也是这样躺着看书的”这个事实进行询问。另外，后一个语气词完全可以省略，通过语调就可以表达。这也说明“吗”与“的(了)”是不同的。

(五)叹词

1. 定义与分类

在句中用以应答或表示某种情绪、语态的词叫叹词。如：

(1)表应答的：哎、啊、嗯、噢、哦等。

(2)表情绪的：唉、咦、啊、哇、哼、呸、哎呀、喔唷等。

2. 叹词的语法功能

(1)多数情况下，用在句中，表示话语过程中出现的各种应答、情绪、语态，但不与其他成分产生语法关系。这时候叹词就成了句子中的特殊成分(独立成分)。如：

[1]哎，你还不快点过来?

[2]呸！什么东西！

[3]哇，下大雪啦！

[4]哈哈，怎么样，我没说错吧?

值得注意的是，现代汉语中，叹词还可以转用，出现在句子中充当述语或其他成分。这时候，临时具有了动词或拟声词的功能。如：

[5]他不屑地“呸”了一声，头也不抬地走过去了。

[6]站在泰山顶上，只听他“哇，哇”地叫了几声，惊叹得什么话也说不出来了。

(2)也可以独立完成应答，一个叹词就单独成句。

(六)拟声词

1. 定义与分类

用来模拟各种动作、行为的声音的词叫拟声词。如：轰、砰、啪、哗啦、叮咚、滴答、轰隆隆、叽叽喳喳等等。

说明：那些通过拟声方式造出的事物名词，不应归入“拟声词”，它们已经成为一般名词了。如：乒乓、布谷等词，就属此类情况。

2. 拟声词的语法功能

(1)用于描写声音，可以独立成句。如：

[1]哗啦！哗啦！哗啦啦！她们在湖面上划着船。“砰”！远处传来了枪声。

[2]吧嗒！他听到有人在外面轻轻地打开了门上的铁锁。

(2)可以出现在句中，用于描写某物动作的状态或方式。这时候，拟声词可以看作充当了状语，但都必须有“地”作标记，如：

[3]他“啪”地狠狠地打了她一记耳光。

[4]墙上的旧式钟还在滴答滴答地走着，似乎一点也不在乎主人痛苦的心情。

在下面句子中，拟声词还可以作定语、谓语等：

[5]夜半时分，窗外传来了沙沙的声音，让她浑身都紧张起来。

[6]鼓声咚咚，红旗唰唰，月台上欢送的气氛达到了高潮。

在下面句子中，拟声词不与其他成分构成直接语法关系，而充当特殊成分(独立成分)。如：

[7]一道闪电过后，咔嚓！紧接着是如注的暴雨。

第四节　易混词与兼类词

一、易混词类的区别

由于汉语词类的形态特征较为缺乏，有些词是意义相近但类别不同，有些词功能有同有异，有的则仅仅是形式和出现位置相同而词性不同，但其间的词性特征都不容易分辨。这给我们的学习和分析带来很多疑惑。这里以一些较为典型的词为代表，将一些易混的词类作对比性分析，运用分布分析的方法来区别它们，以帮助我们掌握分析的方法，更进一步深入了解词类的特征。[①]

（一）障碍——阻碍

区别：	障碍	阻碍
1. 受数量词修饰	＋	－
2. 受副词“没有（不）”修饰	－	＋
3. 作主语	＋	－
4. 带宾语	－	＋

根据上面语法特征的分析，可以判定：“障碍”是名词，“阻碍”是动词。

（二）勇气——勇敢

区别：	勇气	勇敢
1. 受数量词修饰	＋	－
2. 受“不”“很”修饰	－	＋
3. 作谓语	－	＋
4. 作主语、宾语	＋	－

① 在下面的辨析过程中，“＋”表示具有某一特征，“－”则表示不具有这一特征。

根据以上分析，可以判定："勇气"是名词，"勇敢"是形容词。

（三）延长——漫长

区别：	延长	漫长
1. 受"很"等程度副词修饰	－	＋
2. 后附动态助词"了"	＋	－
3. 有重叠形式 ABA′B′	＋	－
4. 带宾语	＋	－
5. 作定语	－	＋

根据以上分析，可以判定："延长"为动词，"漫长"为形容词。

（四）刚才——刚刚

	刚才	刚刚
同：　作状语	＋	＋
异：1. 与介词组合	＋（在刚才）	－（？在刚刚）
2. 修饰形容词	－	＋（刚刚合适）
3. 作主语	＋（刚才是 5 点。被陈述）	－（刚刚是 5 点。修饰）
4. 作定语	＋（刚才的话）	－（？刚刚的话）

根据上述分析，可以断定："刚才"是名词，"刚刚"是副词。

（五）突然——忽然

	突然	忽然
同：　作状语	＋	＋
异：1. 受副词修饰	＋	－
2. 作定语	＋	－
3. 作谓语	＋	－
4. 作补语	＋	－

根据上述分析，可以断定："突然"是形容词，"忽然"只能为副词。

（六）家务——医务

	家务	医务
同： 作定语	+	+
异：1. 受数量词修饰	+（一次家务）	−
2. 与介词组合	+（对家务很在行）	−
3. 作主语或宾语	+	−

根据上面的分析，可以断定："家务"为名词，"医务"为区别词。

（七）高级——高等

	高级	高等
同： 作定语	+	+
异：1. 受副词"很"等修饰	+	−
2. 受副词"不"修饰	+	−（非高等 x）
3. 作谓语	+	−

根据上述分析，可以断定："高级"为形容词，"高等"为区别词。

（八）的$_1$——的$_2$

	的$_1$	的$_2$
同： 出现于句子最后	+（书是小王的）	+（她是来过的）
异：1. 依附于前面的词	+	−
2. 除去后不影响意义	−	+（她是来过）

根据上面的分析，可以断定：的$_1$ 是结构助词，而的$_2$ 是语气词。

二、词的兼类现象

从理想的意义上讲，一个词应该只属于一种词类。但事实上，由于词义的演变，以及汉语形态特征不明显等原因，也有一些词常常在不同的结构中实现了不同类词的功能。这种**一个词在不同的结构条件下实现不同类词的功能的现象，就是词的兼类**。如"丰富”一词，它可以受副词修饰，能够作谓语，能够作定语，如：很丰富、生活丰富、丰富的材料等，显然它具备了形容词的特征；但它也可以带宾语，如“丰富群众生活”，也有了及物动词的特征，而且这两个状态是该词常有的，并非偶然，因此，“丰富”应该兼有形容词与动词两类词的特点。

但词的兼类应该是少数词才有的，能被称为兼类词也应有其特有的条件。如：

（一）意义上有相关性

换句话说，成为兼类的基本条件就是具有不同功能的词，应该是一个词，如上面所举的“丰富”一词就是代表。如果仅仅是同音词，或者是同形词，就不能被视作兼类词。如：

1. 花

可以有名词的功能：花真好看、漂亮的花等。（$花_1$）

还可以有动词的功能：花了半天时间、花了十块钱等。（$花_2$）

但“花”在实现这两类词的功能时，表达的意义没有联系，也就是说，它们实际上是两个不同的词：$花_{名}$和$花_{动}$，因此“$花_1$”“$花_2$”应该看作同音词。

2. 和

可以有连词的功能：连接两个以上成分，成分间可以换位，如：他和我来过了。

也可以有介词的功能：依附于实词，构成介词短语，充当定语（加的）或状语，如：他和我说过这话，但我不相信。

但“和”在实现这两类词的功能时，语法意义也不同，作连词的“和”前后成分构成并列关系，而作介词的“和”，虽然其前也可有名词，但与前面的名词并无关系，而是与后面的名词构成介词结构，因此，“和”也是两个词：$和_{连}$、$和_{介}$。

如果两个形式只是形体相同，连声音都不同，那就只能是同形词，与兼类无关。如：

3. 长

有形容词的功能:很长、长布条等;也有动词的功能:地里长着菜、他又长高了不少等。

但"长"在实现两类词的功能时,读音并不同,分别为:cháng与 zhǎng,因此,它们只是同形的两个词。

另外,有的词在古汉语里可能属兼类词,但由于意义演变的关系,使原本意义有关联的词,逐渐走远,到现代汉语里已经成为没有关系的词了,我们也不将它们看作兼类词。如:

4. 刻

古汉语里它兼属动词和名词,前者如:刻碑、刻字;后者如:午时三刻等。因为作为时间计量单位的"刻"本来就来源于沙漏中在木板上的刻条,两者是相关的。但到了现代,以钟表记时,其中"刻"表 15 分钟,在内容和形体上都与原来的"刻"没有关系了,因此,两个"刻"应该属同音词。

(二)功能上有排斥性

兼类词的不同功能必须是分别在不同的结构条件下实现的,如果某个词在同一个结构条件下能兼备两种功能,那它一定属于某个特殊的小类。如:

1. 思念

有形容词的功能:很思念等。

有动词的功能:思念亲人等。

但这两个功能可以在一个句法结构中同时兼备:很思念亲人。因此,"思念"不能算兼类词。实际上,它是心理活动动词,与行为动词稍有区别(后者不受程度副词修饰)。

(三)功能上有稳定性

所谓稳定性是指兼类词兼有的两个词类的属性,应该是经常性的、稳定的,而不是临时的;它应是一种语法特征,而不能是具有个人风格的修辞行为。因此,"转类"或"活用"就不属兼类。如:

2. 科长

有名词的功能：科长来了、欢迎科长等。

似乎有动词的功能：我已经“科长”了十三年，这个官没法再做下去了！

我们认为，“$科长_1$”反映了它的真正特征，为名词，而“$科长_2$”则是为了使语言表达更加生动、幽默而临时改变词的基本特征所运用的修辞手法，属词语的活用或转类。

【习　题】

1. 请用功能分析法确定下列词的语法类别。

学习、特等、特别、兴奋、亲自、腐败、英雄、莫非、因为、对于、共同、弹性、女性、本来

2. 请用分布分析法说明下列句中加线词的区别：

(1)做这个工作不需要受过<u>高等</u>教育。——她应该算是个<u>高级</u>人才了吧？

(2)汽车是隔壁王家<u>的</u>——叔叔是去过北京<u>的</u>。

(3)衣服昨天<u>给</u>弟弟了——房子早就<u>给</u>收拾干净了。

3. 下列两组词，有相同的重叠形式：ABA′B′，但应归为不同的词类。为什么？

(1)漆黑、通红、雪白

(2)研究、讨论、分析

4. 现代汉语中，量词与名词的搭配在语义上有相对的固定性。请在下列数词与名词之间填上适当的量词，并对量词与名词搭配的语义关联作简要的总结。

一(　)报纸　一(　)拐杖　一(　)白云　一(　)秋水

一(　)红日　一(　)弦月　一(　)大戏　一(　)失误

5. 普通话中，“我们”与“咱们”在使用中有没有区别？请在明清白话小说和现代文学作品中各找出两例加以说明。

6. 下面三句中划线的词都是兼类词吗？为什么？

(1)爸爸，这是我们的秘密。——他们正在做一件非常秘密的研究。

(2)路边上站着一个女人。——他比女人还女人。

(3)我只剩一张纸了。——狮子张开了它那血盆大口。

7. 在短语“连小孩子都知道这件事情”中的“连”一词，有人认为是介词，有人认为是助词。你怎么看？你能用适当方法证明你自己的结论吗？

8. 根据词类理论，看看下面句子中哪些词犯了词类误用的毛病。

(1)请勿影像。(某饭店堂内标语)

(2)女子举重运动一直是我们很优势的项目。

(3)她渐渐对人生失去了希望，生活也渐渐变得灰色了。

(4)她看到这位异国青年不但热情善良，而且很进取创新，终于答应了他的求婚。

(5) 今年年初美英两国曾集结了令人威慑的军事力量，使海湾地区一度战云密布。

(6)有一家出版社的负责人，一年竟主编或副主编了 100 余种图书。

(7)于无足轻重的东西中见出更高度的深刻意义。

(8)小李经常利用休息时间，帮忙阿华整理货架，一忙就是一整天。

(9)这件衣服和你的那件衣服价格悬殊近一倍。

(10)教会本身招致困难的原因，主要是由于一些传教的中西人士太保守，太狭义。

第三章　短语分析

第一节　短语组合的限制条件

两个或更多的词搭配在一起需要一定的限制条件，并不是随意可以组配的。具体因素很多，但归结起来，主要有以下三个方面：

一、结构条件

所谓**结构条件是指词语具有的语法特征对词语组合所产生的限制条件**。正如上面第二章所讨论过的，每类词语都有自己独特的语法特征，这一特征决定了它在与其他词组合时所需要的相应的条件。如“空气”是不可数名词，它不应受副词的修饰，因此，“很空气”的说法是违反语法规则的。又如，数词与名词组合，中间必须有量词作中介，所以，一般场合里，“制造了轰动全国爆炸案的一罪犯昨天落入法网”就不如“一个罪犯”恰当。同样，下面的病句也是因为违反语法结构规则而造成的：

[1]经过半年多的学习，她已经非常熟练客车的驾驶技术。

[2]在所有制问题上仍然存在着的种种疑虑，束缚着人们的手脚，障碍着改革的深入。

例[1]中“熟练”是形容词，不能带宾语。例[2]中的“障碍”则是名词，也不能带宾语。

二、语义条件

符合语法结构规则的搭配不一定就是成功的组合，成功的组合还必须符合词语本身所具有的语义条件。**词语组合的语义条件就是指词语内容上所具有的逻辑事理或关系特征对词语组合所产生的限制条件。**具体表现为，每个词语意义中都含有制约其与其他词组合能力的区别性特征。如普通话里“吃”这个动词，其语义特征是：将食物放在嘴里经过咀嚼吞咽下去。因此，它所能支配的对象应该具有这样的特点：［＋食物］［＋咀嚼］。像“饭”“面包”等词就可受其支配，因为它们的语义特征是［食物］［＋咀嚼］；但“汤”“酒”等虽属食物，可不具备“吃”的对象的要求，因为它们的语义特征是［＋食物］［－咀嚼］，因此不能作其宾语。又如下面的搭配也同样因为这类原因而不符合我们的语言习惯：

［3］晚会开始了，一时间金鼓齐鸣，乐器悠扬，整个舞台五彩缤纷。

［4］虽然工作很忙，但他还是挑起了半年内做完这门新学科课件的任务。

例［3］中的“乐器悠扬”从语法上看，符合“名词＋形容词”构成主谓关系的要求，但语感告诉我们这一个组合不妥。原因在于“乐器”是物件，对它进行描写或陈述只能从其外在形状、内在特征甚或价格贵贱等方面进行。而“悠扬”则是一种声音特性，其语义特征是：“［＋乐曲或歌声］［＋时高时低］［＋和谐动听］”，可见，它所描写的对象显然不能是发出音乐的乐器，因此，须将“乐器”改为“歌声”，组合才合乎要求。例［4］中的动词“挑”与名词“任务”的搭配，从结构上看也是符合要求的，但违反了“挑”的语义特征：“在扁担等工具两头挂上东西，用肩膀托起搬运”，可见“挑”的受事成分应该是：［＋具体物件］，如“担子”等，而抽象名词“任务”等是不合适作它的支配对象的。因此，"挑"与"任务"的搭配是违反语义限制条件的，须将"任务"改为"重担"等词。

有时候，语义条件限制还包括纯粹逻辑事理的关系制约，就是说词语组合时必须符合逻辑分类上的层次关系。否则就会产生分类混乱这种常见的病句。如：

[5]本药能够治疗眼、耳、手、足和高血压等多方面的疾病。

本例的错误是：将本身就是一种病的高血压与并不是同类概念的"眼、耳、手、足"混同在一起了。

需要说明的是，我们这里说的语义条件限制是就词语语义搭配的一般状况而言的，是语义的基本特征，而不包括语用层面的搭配限制。如"肥"一般用来描写动物，但当我们带有贬斥意味地说某个胖人，或想使言语表达多一分诙谐时，也可以用它来描写人，如："你那么肥，还想穿这件衣服？省点钱吧，老公！"此时的违规在语用层面上是允许的。

三、语用条件

所谓语用条件就是指因为特定的语言环境和文化条件而产生的制约语句使用合理性的因素。在现代汉语语境里，有不少的句子从结构或语义上看，是完整且符合规则的，但就是不能很顺畅地进入实际表达。例如下面两组句子，实际语用中，说话人或听话人都倾向于乙组：

	甲	乙
[1]	对落后的制度要加以改（或"革"）	对落后的制度要加以改革
[2]	老师，您胡说！我没偷看。	老师，您说错了！我没偷看。

第[1]句的甲、乙说法在语法与语义上应该说是相同的，但其中的甲句就很难被接受，虽然"改"与"革"意义相同，它们也与"改革"义同，但因为现代汉语双音节音步的特点，在这个句子中，动词"加以"要求后接的动词也必须是双音节的，否则说出来的话从语

音上不容易被接受。第[2]句则不同，其中的“胡说”，意义解释为：瞎说。[①]显然，两个句子在句法和语义上也都可以接受，但在现实生活中，除非师生关系已经决裂（但也不会再用“您”），否则，一般会使用第二句。

另外，鉴于语言本身所具有的人文特点，有时候词语之间的搭配并不能在上面三个条件上找到支持，而是直接来自于习惯。有的可以解释，有的则可能是习非成是。不过，有一点是共同的，即它们都不具备一般语法关系的抽象性和递归性，不具备可类推性。如：

打扫卫生：从语法结构上看，其间的述宾关系就无法与其意义吻合，与“打扫房间”“打扫街道”等短语不同，我们也不能仿照这一结构关系造出“打扫清洁”“打扫漂亮”等短语。当然，该短语也并非没有一点可接受性：当我们将其意义关系理解为“打扫而使其卫生”的意义时，或许能理解其被传用的理由。

恢复疲劳：从语义条件上看，“恢复”的支配对象应该是正常或良好的秩序或状态，如“恢复生产”“恢复健康”等，因此，“疲劳”是不能作其宾语的。但该短语生命力极强，可见其结构关系并不是表面的述宾，而是可理解为省略了“于”而产生的结构：恢复于疲劳。

需要说明的是，我们强调了词语组合的两个限制条件和一个习惯原则，这是就语法规则的一般特性而言的，在语言实践中，同时也存在与上面情况相对立的情形。

第一，语法在具有稳定性的同时，也有可变性。稳定性是语言工具性的必然要求，而可变性则是语言适应时代需要的一种正常反映。正因此，有些新产生的组合在开始时可能不易为表达者所

---

① 中国社会科学院语言研究所词典编辑室：《现代汉语词典》，商务印书馆2012年第6版，第548页。

接受，但随着使用的频繁和范围的扩大，也有可能作为新的规范而被接受。如20世纪前期，“为……而……”结构还被认为是欧化的表达，但几十年过去了，这一格式已成为非常寻常的表达方式了。可见，严格地说，规范是相对的，应该在稳定的前提下允许而且需要适度地变动。

第二，语法规则是就一般表达规范层面而言的，因此，我们也应该看到并支持一定条件下的超规范表达，即在一定的语境中，为了取得特定的修辞效果，人们可以故意违反这两个条件进行词语的超常组合（详见下编第七章）。结构限制条件保证了语言系统的抽象性与递归性，保证了语言工具功能的实现，而对结构限制条件的突破则使语言实践具有了灵活性和生动性，为人们语言活动的个性化表达创造了前提。因此，下面的组合就不能说是错误的，相反，这些超规范组合，有的体现出作者富有智慧的联想能力，有的通过这类超常搭配产生了新颖的语言审美效果，都不失为修辞佳作：

[6]饱满的谷穗谦逊地低着头，似乎承受不了人们的夸赞。

[7]曾经快乐着你的快乐，悲伤着你的悲伤。

（歌词）

[8]吃了么？好了么？老栓，就是运气了你！你运气，要不是……

（鲁迅《药》）

有些“违规”使用，也许并不是运用了特殊的修辞手法，但如果适应了特定的表达环境（如广告、新闻标题等），能产生经济、简洁等效果，有一定的社会接受心理基础，我们可能应该在“从俗”的原则下接受这种情况。随着其使用频率的提高和时间的延伸，说不定它们还能成为另一个时代的“规范”表达呢。下面几例就很典型：

[9]保灵孕宝，健康两代人

（营养液广告词）

[10]模范教师代表作客中南海

（《光明日报》）

[11]农民手抓化肥喊冤人代会

（《报刊文摘》）

[12]搜狐现场直播联想签约北京

（搜狐新闻网）

第二节　句法成分

所谓句法成分就是指构成句法结构的成分，它们是词语在句法结构关系中体现相对功能的句法形式单位。由于现代汉语里短语与句子在句法关系上的一致性，句法成分在短语分析中可称作短语成分，在句子分析中也可以称作句子成分。根据对现代汉语句法结构的分析，共可以得到八个主要的句法成分：主语、谓语、述语、宾语、补语、定语、状语、中心语。

一、主语、谓语

在现代汉语句法成分中，主语与谓语是一对相对而不可分离的两个重要成分，彼此互为依赖、互相合作，共同完成一个表述或命题。但这两个成分在汉语里，又有自己的特点。

（一）主语

主语是被谓语所陈述或描写的对象，一般处于谓语之前。在现代汉语中，主语与谓语之间没有任何的形态上的相关标志。从主语与词性及主语与语义关系上看，汉语里的主语也有自己的特点。

1. 从主语的词性特征上看

(1)体词性成分可以作主语：

[1]花儿开放

[2]她明天来

[3]海豚的聪明让人惊讶

[4]塑料做的便宜

如果有两个以上的体词成分在谓语前，而彼此间又不是并列关系，不应是两个或多个成分同时作主语，而是依能力强弱选择一个被谓语陈述的成分充当。充当主语的级次为：普通名词或代词＞处所名词＞时间名词。如：

[5]昨天晚上桥上躺着一个人

[6]她今天心里难受得不得了

[7]明天是国庆节

(2)谓词性成分也可以直接作主语：

[8]写不好(说好)

[9]他去上海不行

两类主语除了词性特点不同外，在对谓语的要求上也是有区别的：

体词性主语对谓语没有特殊要求，谓语可以由各类词性成分充当；而谓词性主语要求谓语是表示判断的动词“是”或描写类形容词等成分充当。如：

[10]长期坚持练毛笔字是一种修身养性的好办法

[11]走比留下好

[12]站在那儿危险

[13]讲实话真不容易

2. 从主语的语义特征上看

(1)由施事成分充当，即主语是谓语动词行为的发出者。如：

[14]我今天去西安

(2)由受事成分充当，这类主语一般是指定的，整个短语含有被动意义，谓语部分不能是单个的动词。如：

[15]书扔给他

[16]衣服被雨淋湿了

(3)由关涉成分充当,这类关系中的谓语一般不是行为类动词,即使是行为动词,其动作也不能由主语控制。如:

[17]他的名字叫王平

[18]书是我的

[19]两斤太少

(二)谓语

谓语就是指对主语进行陈述或描写的成分。因此,一个结构中如果有主语,那么其余成分就构成了谓语。由一个词构成的谓语称简单谓语。如:

[1]你走

由两个以上的词构成的谓语称复杂谓语。如:

[2]桌子卖给他

谓语一般由谓词性成分充当,也可以由体词性成分直接充当。但无论哪种成分充当谓语,它与主语之间都没有任何形态上的相关标志。例如:

[3]他后天来我家

[4]老师让我们明天把作业交上去

[5]糖果一斤

[6]明天阴天

二、述语、宾语、补语

(一)述语

述语是谓词性复杂谓语中与宾语或补语相对的句法成分。绝大多数的述语是由动词性成分充当的,但也有少数的情况(如后有补语),可由形容词充当。如:

[1] 他将要去上海

[2] 对贩毒行为进行打击

[3] 小狗跑得很快

［4］电影精彩极了

（二）宾语

宾语是谓词性谓语结构中动词性成分支配或涉及的对象。与英语等西方语言相比，现代汉语中宾语的特征较为复杂，这表现在宾语充当者的词性特点和语义特征两个方面。

1. 从词性上看，宾语由

（1）名词性成分充当，如：

［1］买书、种了三种稀有的花、（书）买过两本

（2）动词性成分充当，如：

［2］加以改革、值得效仿、鼓励学英语

（3）少量的形容词充当，如：

［3］有点儿凉、加点儿热

2. 从语义上看，宾语可以是

（1）受事宾语，如：

［4］砍树、收到一封信、歌唱了一首

（2）施事宾语，如：

［5］台阶上坐着一个人、跑了一条狗

（3）关涉宾语，如：

［6］他是我哥哥、《药》的作者为鲁迅、坐在凳子上、写黑板、唱美声

3. 从数量上看，宾语有直接宾语（远宾语）和间接宾语（近宾语）的不同

［7］给他一本书

［8］叫他解放军

（三）补语

补语是谓词性谓语结构中用来对述语造成的结果、行为的程度或数量等方面进行补充说明的成分，经常由谓词性成分如形容词、动词以及动量词等充当。汉语中补语的特征也较为复杂，我们

可以从两个方面来看。

1. 从形式特征上看，补语有三种情况

(1)必须带“得”的：

[1]走得匆忙、写得很苦、笑得直不起腰来

(2)不能带“得”的：

[2]住了一年、看了一回、可爱极了

(3)可带可不带“得”的：

[3]走(得)累了、说清楚(表结果)/说得清楚(表结果、可能)

2. 从意义特征上看，补语的情况更加复杂，主要有

(1)结果补语：饭已经吃完、做好准备、走得累死了

(2)程度补语：热得透不过气、天气坏了不少

(3)趋向补语：太阳升起来、把书递过来

(4)数量补语：去过北京一次、这篇文章写了一个月

(5)可能补语：跨得过去、这篇文章写不出来

(6)情状补语：跳得手舞足蹈、说得眉飞色舞

不过，为更好地理解补语，需要注意这样几个问题：

第一，从语法上看，补语都是直接补充说明述语的(如“太阳升起来”中“起来”是说明“升”的趋向，“去过北京一次”中“一次”是说明“去”发生的数量)，但在语义上，补语并不都是指向述语的。它可以与其他成分如主语等相关，如“饭已经吃完”，补语“完”虽然是由“吃”造成的，但它是指向“饭”的；“走得累死了”中的“累死了”是因“走”而导致的，但却是指向省略掉的主语的。

第二，很多的补语没有特别的标记形式(零标记)，有些补语可以有“得”作标记。但“得”不是作结构助词时，它就不能被当作补语的标记。如“值得研究”“懂得这个道理”等就应该是述宾短语。

第三，宾语与补语都处在述语的后面，但两者有很大的不同。不同主要表现在：

首先，性质不同。宾语是述语支配或关涉的对象；而补语则是

对述语所导致的结果或发生的次数等进行补充说明的。

其次，充当材料不同。宾语多由体词成分充当，但也可由谓词性成分充当；而补语则只能由谓词性成分充当。

最后，形式不同。宾语没有任何形式上的标记；而补语则很多可有助词“得”作标记。

三、定语、状语、中心语

(一)定语

定语是体词性偏正短语中的修饰成分，一般由形容词、名词等充当。

1. 从形式上看

定语一般是用“的”来标记的，如：

[1]王平的笔、雪白的衣服、红彤彤的太阳、看的书

但定语并非一定有这一标记，如：

[2]英语等级考试、电脑知识大全、那一件衣服

定语标记“的”的有无，不仅取决于结构类型，还和定中成分的词性、音节数量及修辞表达需要等相关。这里介绍几种常见的情况：

第一，修饰语是动词性成分，尤其是当修饰语易与中心成分构成述宾关系时，必须用“的”，如：看的书、出售的家电、访问的国家、接受的任务等。否则可不用“的”，如：与会代表、传播媒体、创新意识等。

第二，修饰语是名词性成分时，与音节多少有一定关系：单音节名词与单音节名词中心语组合时，一般不用“的”，如：海滩、山边、木床、煤车、菜价等；但如果领属性不明显，可以加“的”，如：(你没听)哥的话、娘的心(早操碎了)等。单音节名词修饰双音节中心语时，一般需要加“的”，这样可以使音节节奏和谐，也可以强调领属关系，如：书的内容、铁的比重、人的内心、蛇的长度、海的女儿

等,但如果修饰语与中心语搭配指称特定对象,或中心语为方位词时,多可以不用“的”,如:布书包、铁水桶、路两边、国内外、河中间等。双音节修饰语与单音节中心成分搭配时,如限制关系明显,且常固定使用时,可以不用“的”,如:葡萄架、电脑桌、公路上、电话线、小说史等;如果需强调领属关系时,常用“的”,如:孩子的心、妈妈的鞋、姐姐的手、青春之歌等,但该类组合处于句首时,有的可以因焦点强调的变化而不用“的”,如“孩子心早就飞到外面去了”“妈妈鞋丢了”等。双音节修饰语与双音节中心语组合时,一般情况下,如果领属或修饰关系明确,不需用“的”,如:玻璃台板、电脑硬件、学校围墙、木头房屋、香港朋友等;如果领属关系不明确,或需要强调时,要用“的”,如:妈妈的爸爸、生物的历史、香港的朋友等。

第三,修饰语是性质形容词时,如果修饰语与中心成分都是单音节的,一般不用“的”,如:大河,小树、红布、坏碗、好书、快人快语等。单音节形容词修饰中心词时,如果不特别强调时,也可以不用“的”,如:红气球、好性格、小动物、大飞机等。如果双音节形容词修饰单音节名词,则常用“的”,如:虚伪的人、伟大的心等。双音节形容词修饰双音节名词时,可根据对修饰关系的强调需要来决定用不用“的”,如:虚伪(的)人格、潇洒(的)人生、勇敢(的)精神等。如果修饰语是状态形容词时,一般需要加“的”,如:雪白的墙壁、血红的衣衫、静悄悄的夜晚、水灵灵的人儿、大大方方的态度、干干净净的地面等。

第四,修饰语是代词时,情况也较复杂,既与代词的类型有关,也与所构成的偏正短语在句中的位置有关。如果单音节人称代词修饰单音节名词时,整个偏正短语在谓词性成分前面时,用不用“的”都可以,只是语用焦点不同,如:“我的书丢了”与“我书丢了”。如果修饰语与中心词都是双音节的,同上,如能说“他们的想法很好”,也能说“他们想法很好”。偏正短语在谓词性成分后面时,一般需用“的”,尤其有强调的意图时:如能说“那是我的书”,不说“那是我书”;能说“不要理睬他们的想法”,不说“不要理睬他们想法”。

第五,修饰语是区别词时,一般不用“的”,如:彩色电视机、国有企业、初等教育等等。

第六,中心语是谓词性成分,前面有定语时,必须用“的”作标记。如:狐狸的狡猾、孩子的聪明、妈妈的辛苦、朋友们的到来、她的哭诉等等。

2. 从定语所修饰的中心成分来看

常见的是体词性成分,如上列诸例。但也可以是非体词性成分。如:

[3]蝎子的毒辣、股市的崩溃、敌人的进攻

因此,我们判断一个修饰语是否为定语,不能仅仅看其自身的性质,也不能仅仅看其所修饰成分的性质,而要看整个偏正短语的功能特征。

3. 多重定语的位序

体词性偏正短语里的定语往往不止一个,这时候就会产生一个定语的顺序问题,这就是所谓的多重定语的位序。多重定语的位序是复杂的,有些时候是两可的。不过不同位序的结构,其语用焦点是不同的,如:

[4] 一张小王的照片

也可以说成:

[5]小王的一张照片

因此,一般来说,多重定语的位序与定语同中心语属性关系的远近成正比:与中心语属性越密切的定语,在距离上离中心语越近。下面这个结构就很典型:

我去年在北京买的/	那件 /	藏青色的 /	涤棉/	风衣
领属	数量	属性	质料	中心语

(二)状语

状语是谓词性偏正短语中的修饰成分,一般由副词、形容词或

介词短语充当,但也可以由时间名词、处所名词等充当,用以限制谓词性中心成分的状态、属性等。

1. 从形式上看

状语一般用“地”作标记,如:

[1]运动员飞快地跑到了终点

[2]糊涂地签了字

但更多的是没有这一标记,如:

[3]天气渐渐(地)暖和起来

[4]快过来看电视

[5]下个月 上海见

状语有没有“地”作标记,情况也较复杂。这里简单介绍以下几种情形:

第一,单音节形容词或副词状语修饰中心词时,一般不用“地”,如:大呼小叫、快跑、全来了、都走了、很快、极高、上窜下跳、左冲右突等等。

第二,特殊名词、助动词、介词短语作状语时,一般不用“地”,如:北京来的客人、现在起床、应该去、在上海做生意、对邻居友好等等。

第三,双音节副词作状语时,绝大多数不带“地”,如:非常客气、稍微说了几句、特别热、总共来了两回、仅仅笑了一下、渐渐退了下去、重新站起来、没有走、难道来了吗、肆意践踏人权等等。当然,其中有的情态副词,为突出情态属性,或获得节奏的特别效果,可以带“地”,如:他特意地来看望您、他们公然地叫嚣要发展军事装备等。

第四,复音形容词(含形容词重叠形式、以形容词为中心带副词作状语的偏正短语等)作状语时,一般需要带“地”,如:虚伪地说了很多话、拘谨地唱了一首歌、轻盈地扭了扭腰、笔直地画了一条线、热热地吃了顿饭、很慢地走了回来等。不过,有些复音形容词作状语时，不一定必须带“地”，可以根据音节协调、语境适应等表达的需要而定，如：热烈欢迎、真诚批评我的缺点、勇敢面对困难等。

第五，数量短语直接作状语时，一般不带“地”，如：一次买了两本书等。但数量短语的重叠形式作状语时，可带可不带“地”，如果带“地”可以使语气更和缓、音节节奏更加协调。如：同学们一个一个（地）走进教室、麦子一片一片（地）倒了下去、她一次次（地）央求儿子等。但如果中心词是单音节的，则必须带“地”，如：老师一遍一遍地教，孩子一口一口地吃等等。

第六，状语是复杂短语尤其是谓词性短语时，必须带“地”，以突出动作的情态，如：有风度地挥了挥手、他冷静而迅速地制服了歹徒、他确实很幸运地得到了这个机会等等。

2. 从状语所修饰的中心成分来看

都是由谓词性成分充当的。但在口语中也可直接出现体词性成分作中心语的，后者我们可视作为简洁而在状语后省略了动词。如：

[6]欢欢喜喜过春节

[7]很好、非常美丽

[8]今天就两个菜、这支笔仅一块钱

3. 多重状语的位序

同定语有多重的一样，状语也可以有多个分别从不同的方面修饰限制谓词性中心语的，而这几个状语也同样存在着排列顺序问题，这便是多重状语的位序。相对来讲，状语的位序比定语的位序有更多的强制性，也就是说，多重状语成分之间很难改换顺序。如：

[9]她对人很热情

其中“对人”“很”就不能换位。一般情况下，多重状语的位序与状语同动词状态关联的远近成正比，就是说，与行为动作状态关联越紧的成分，与中心语距离越近。如：

[10]旗帜慢慢地 / 一点一点地 / 向杆顶 / 升去
　　状态（概括）　状态（具体）　方向

从整个行为来看,“升”的最核心状态是“向杆顶”这一方向,然后才是速度;在速度上,基本状态是“一点一点”,而后才能是对这一状态的概括“慢慢地”。

如果成分更多,其位序一般是:

[11]她 昨天 / 在我家 / 又 / 很 / 快乐地 /同我 / 谈到了你

时间　地点　频度　程度　状态　对象(方向)

(三)中心语

中心语就是在偏正短语中被修饰成分修饰限制的部分。它在语义上是偏正短语的指向目标,在句法上常常是整个短语语法功能的承担者。

1. 从充当成分的功能上看,中心语一般有这样几种情况

(1)体词性成分:伟大的祖国、高兴的她、下午的时候

(2)谓词性成分:快说、索性赖掉、兔子般的敏捷

2. 从形式上看,中心语的功能类别常有特定的标记

(1)体词性中心语,一般由“的”作标记,如上面(1)中的例子。

(2)谓词性中心语,一般可由“地”作标记,如上面(2)中前两个例子。

但是,因为整个偏正短语的功能特征并不完全取决于中心语的特点,因此,我们不能仅仅依靠中心语的类型来确定其形式标记,而必须根据整个短语的功能作选择。如“兔子般的敏捷”,“敏捷”虽为形容词,但由于该短语的整体功能是体词性的短语,因而其标记是“的”而非“地”。

第三节　短语结构特征与功能特征

一、短语的结构关系

短语是由两个以上的词组合而成的,现代汉语里不同类型的

成分组合而成的短语,其间的内部关系和整体功能都有不同的特点,因此,我们将从下面两个角度来分析短语的结构关系。由实词和实词为主要成分构成的短语,其间可以归纳出十种结构关系[①]。由虚词黏着于实词而构成的短语,成分间无法拆分出结构关系,它们不能像第一类短语那样独立成句,但它们可以独立充当句法成分,有的书称它们为"x结构",而称前五种为"词组"。

(一)"实词+实词"型短语

1. 主谓短语

两个成分之间具有陈述与被陈述、描写与被描写的关系,前后成分合起来完成一个命题,陈述一个事实,或表达一个判断,前一个成分称主语,后一个成分称作谓语,由这样两个成分构成的短语叫主谓短语。如:

汽车/开过来　小孩/很聪明　她/20岁　不吃饭/不行

2. 述宾短语

两个成分之间有动作与动作的支配(关涉)对象关系,前一成分称作述语,后一个成分称作宾语,这就是述宾短语。述语可以是行为动词,也可以是形式动词;宾语可以是完整的事物,也可以是省略了中心词的数量短语,还可以是一个动作动词。如:

买/电脑　讨厌/抽烟　来了/一辆汽车　(笔)要/一支　予以/惩罚

3. 述补短语

两个成分中前一个成分为动词或形容词,后一个成分则对前

---

① 值得注意的是,结构关系是就成分之间在句法功能层面上的联系而言的,与成分之间的语义关系不同。一般来说,在句法功能上有直接结构关系的成分,在语义上也有直接关联,如:"她买了一件漂亮的风衣。"其中"漂亮"是修饰成分,作"风衣"的定语,在语义上,前者也确实描写后者。但也有结构关系和语义关系不相一致的情况,汉语中的定语、状语和补语成分中就有不少。如:"他终于吃了顿饱饭。"其中,"饱"修饰"饭"充当定语,但从语义上看,"饱"只能是针对"他"来说的。这种结构成分之间在语义上潜藏着的关联特点,在语法学上称作语义指向。

一个成分所造成或具有的程度、结果、趋向、数量等属性、状态进行补充说明，这就是述补短语。如：

摆/正、走得/快、摔/下去、看过/三遍、睡了/一天

4. 偏正短语

前一个成分从不同的角度对中心语进行修饰、限制，由这样两个成分构成的短语叫偏正短语。根据修饰语与中心语之间的关系，我们将偏正短语分为两种："定＋中"式与"状＋中"式。如：

一朵/鲜花、乌黑的/头发、软件/制作、十分/精美、认真/研究、共同/学习

5. 联合短语

两个或多个成分之间平等地组合，彼此不分主次，意义上则有并列、选择以及递进等多种关系，这就是联合短语。联合短语的构成成分只能是实词(除副词外)。如：

公路/铁路，稻谷、/小麦/及红薯，讨论(并)/通过，走或/不走，大方而/得体

需要注意的是，联合结构关系是就成分间的语法关系而言的，成分之间在意义上则是多种多样的，因此，联合短语的构成成分之间不一定都能自由地换位。

6. 连动短语

两个或两个以上的动词连用，动词之间有时间的先后或方式与目的等意义关系，这样的短语称连动短语。连动短语的动词之间不能有关联词，它们只能共有一个主语。如：

开门/出去、到办公室/拿东西、坐着/看电视、买杯饮料/给小李/喝

7. 兼语短语

由述宾短语和主谓短语套合而成的短语，其中第一个动词的宾语同时又兼作第二个动词的主语，含有这种兼语成分的短语叫兼语短语。如：

让他去教室、请她来参加晚会、有一个人在门外等你

8. 同位短语

两个成分指称同一个对象，结构上处于并列关系，但一般两者位序不能颠倒，这样的短语叫同位短语，也称复指短语。如：

祖国/母亲、省会/杭州、你们/诸位、刘/先生、抢劫/这类犯罪

9. 数量短语

由数词和量词组合而成的短语，一般用于修饰中心词作定语，或对述语进行补充说明作补语，也可以直接作主语或宾语，这就是数量短语。如：

一个人、去一次、一台足够了、茶杯两个

10. 方位短语

由名词或动词性成分加上方位名词构成的短语叫方位短语，主要用来表示处所、时间、范围等意义。如：

长江/边、汽车/里面、桌子/上、一年/前、上学之/后、朋友之/间

(二)"实词＋虚词"型短语

1. 助词短语

由助词"的""所"及"似的"与实词构成的不同短语，可以独立充当主语、宾语等句法成分。包括：

(1)"的"字短语

由结构助词"的"附着在体词或谓词性成分后，构成整体功能上相当于名词的短语叫"的"字短语，一般用来作主语或宾语。

有的"的"字短语是省略了中心成分而产生的，可以补充出中心语。如：

小王的好、这本书是你的、说的比唱的好听

但有的"的"字短语并不是因为省略了中心成分，也难以补充出恰当的中心语。如：

她紧张地注视着入口处，但进来的都是失望(补：人？

风？狗……）

让他兴奋的是明天有生日蛋糕吃了（补：事情？东西？）……

（2）“所”字短语

由结构助词“所”附着在动词前面，构成功能上相当于名词的短语叫“所”字短语。“所”字短语可以作主语、宾语，常用于书面色彩较浓的表达中。如：

英雄所见略同、告诉我你的所见所闻、此行所感颇多

（3）比况短语

由比况助词附着于名词、动词或形容词性成分后面构成的短语叫比况短语，用于作类比性描写，一般作定语、谓语，常与“像”“如”等动词连用。如：

花朵似的姑娘、山一样壮的小伙、心里很痛苦似的、小鸟般地依在妈妈身边

2. 介词短语

由介词附着于名词前面构成的主要用于修饰中心成分的短语叫介词短语。介词短语可以修饰谓词性成分，甚至整个句子。如：

在北京做生意、对他不礼貌、按照计划运行、从早上干起

介词结构也可以作定语，但必须加上助词“的”，如：

关于鲁迅的书、对老师的意见、朝北的房子

（三）易混短语的区别

有些短语在形式结构上有相同点，容易混淆它们的区别。这类短语主要有：

1. 联合短语与同位短语（前者为“甲”，后者为“乙”，下同）

同：都可以由两个或两个以上成分构成并列关系，结构形式为：词$_1$＋词$_2$＋……＋词$_n$。

异：

（1）结构上，甲式的构成成分间可有不同的连词，有的成分还可以换位；同位短语不具有上述特点。

(2)意义上，甲式短语的成分意义不同；同位短语成分所指对象或意义必须相同。

2. 述宾短语与述补短语（指数量词作宾语和补语的：买了一本与买了一次）

同：都是由动词和数量词构成，结构形式为：动词＋数量词 。

异：

(1)量词类型不同：前者为名量词；后者为动量词。

(2)与述语关系不同：甲式是述语支配对象的数量；乙式则是述语本身动作的次数，是对述语的补充说明。

(3)变换形式不同：甲式可加中心词，并与中心词构成名词性短语作述语的宾语，如"一本书"；后者虽也可加宾语，但数量词与它没有结构关系，即"一次书"不能构成一个短语作述语的宾语。

需要注意的是，有的量词看似名量词，如果与数词构成的数量短语是对述语动作数量、时间延续的说明，也应看作补语，如"打了一拳""哭了一个小时"等。

3. 连动短语与兼语短语

同：可有相同的结构：动$_1$＋名＋动$_2$，如"买书看"与"让你去"。

异：

(1)动词$_1$类型不同：乙式短语的动词$_1$多数是使令性的，能促使后面的名词成分产生行为；甲式短语的动词$_1$没有这一特点。

(2)名词与动词$_2$的结构关系不同：甲式中名词只作动词$_1$的宾语；而乙式中名词既作动词$_1$的宾语，又作动词$_2$的主语，同时身兼两种功能。

(3)动词与主语的关系不同：甲式的两个动词都是由一个主语控制；而乙式的两个动词分别由不同的主语控制。

4. 动宾短语与兼语短语

同：可有相同的结构：动$_1$＋名＋动$_2$，如"(他)建议小刘去"与

“(他)派小刘去”。

异:

(1) 动词$_1$类型不同:乙式短语的动词$_1$多数是使令性的,能促使后面的名词发出动$_2$;甲式短语的动词$_1$没有这一特点。

(2) 动词$_1$的控制能力不同:甲式动词$_1$与后面所有成分构成述宾关系,就是说“小刘去”是“建议”的对象;而乙式动词$_1$则只能直接控制“小刘”作其宾语。

(3) 动词$_2$与动词$_1$的语义关联不同:甲式的动词$_2$与动词$_1$没有因果联系;而乙式的动词$_2$动作是由动词$_1$促成的。

(4)语音停顿不同:甲式应在动词$_1$后停;乙式则只能在名词后停。

(5)甲式的动词$_1$后可以插入时间状语,如“明天”;乙式不可以。

二、短语的功能特征

短语作为一个结构体,可以以一个类似于词的单位进行再组合,如述宾短语“看书”可以成为主谓短语中的一个成分:他看书。因此,短语作为结构单位,也同样有自己的语法功能。短语的功能也可以从两个方面来看:一是能否独立充当句法成分;二是与其他短语或词组合的能力。第一个方面对所有的短语来说都相同,即都能独立充当句法成分,因此,短语的功能区别主要体现在第二个方面,即不同的短语在组合能力上是有差异的。

根据短语组合能力的区别,我们可以将它们归纳为以下三种类型:

(一)体词性短语

指能作主语、宾语,能和数量词、介词组合,不受副词修饰的短语。包括:

1. 以名词或动词、形容词为中心语带有定语的偏正短语

中国人民　豪华的楼房　奶奶的哭　孔雀的美丽

2. 以名词为成分的联合短语

车与船　公路和铁路　衣服、家电和房子

3. 同位短语、数(名)量短语、方位短语(处所类)

咱们三个　雷锋同志　三个　黄河边上

4. 助词短语

图书馆的　所见

(二)谓词性短语

指主要作谓语的短语,包括:

1. 以动词、形容词为中心语,带有状语的短语

爽朗地笑　实在温暖　非常快乐

2. 以谓词性成分为单位构成的联合短语

调查研究　讨论并通过　美丽而大方

3. 主谓短语、述宾短语、述补短语、连动短语、兼语短语

鸟飞　打击犯罪　学习了三天　去食堂吃饭　请你走

4. 数(动)量短语、比况短语

三次　疯子一般　仙女似的

(三)加词性短语

指只用来修饰中心语作定语或状语的短语,包括:

1. 介词短语

关于历史(的研究)　对国家(的贡献)　从北京(来)

2. 方位短语(时间类)

一年以前(就跑了)　三天后(醒了)　他走之后(事情才好起来)

第四节 复杂短语与层次分析

一、复杂短语与结构层次

（一）复杂短语

以上从内部结构关系和外部整体功能两个方面介绍了只有一层结构关系的各种短语，但在语言事实中，还有更多的是**由三个以上的词语构成的复杂短语。**复杂短语中，除了联合短语和连动短语我们可以简单作出分析，如："国家、社会和个人"与"拿笔写字给你"两个短语中的三个词语都不分主次，构成了只有一个层次关系的短语。但对其他类型就无能为力了，如："他让我去你家拿课本"这个短语由八个词构成，我们当然不能简单地以主谓或其他关系简单概括了事，也不能挨个地排列出不同关系。

（二）层次性与层次分析法

实际上，这样复杂的短语，词语之间的组合并不都是按空间顺序简单排列起来的，往往会有一定的先后选择性，也就是说相邻的两个词语并不一定有语法关系。如：

他 对 人 确实 非常 热情

其中，最大的关系为"他"与后面短语构成的主谓，但谓语部分仍然有三个加词性成分与一个形容词，可是这三个修饰性成分并不在一个层次上，它们之间没有任何语法关系，而是分层次分别修饰后面的短语，构成三层偏正关系：对人/确实//非常///热情。**多个词语在组合过程中出现的先后选择及其所产生的层层包容的特性就叫结构的层次性。**

一般来说，复杂的短语在组合过程中，总是某两个先组合成一个结构块，再由这一个结构块与另一个成分组合，依此往复，最后完成短语的组合。如上面这个短语，依顺序应该是：非常＋热情→确实＋非常热情→对人＋确实非常热情→他＋对人确实非常热情(他对人确实非常热情)。每一次组合都算一个层次,每一个层次的构成成分叫直接成分(Immediate Constituent,简作 IC)。因此,对复杂短语的分析就是要清晰而彻底地解析出其内部的组合层次,**这种逐层地顺次地解析出复杂短语的直接构成成分并找出直接成分之间句法关系的方法叫层次分析法,也称直接成分分析法,或 IC 分析法。**

层次分析法的基本方式是框式图解法,包括从大到小或从小到大两种形式。如:

从大到小式(甲):

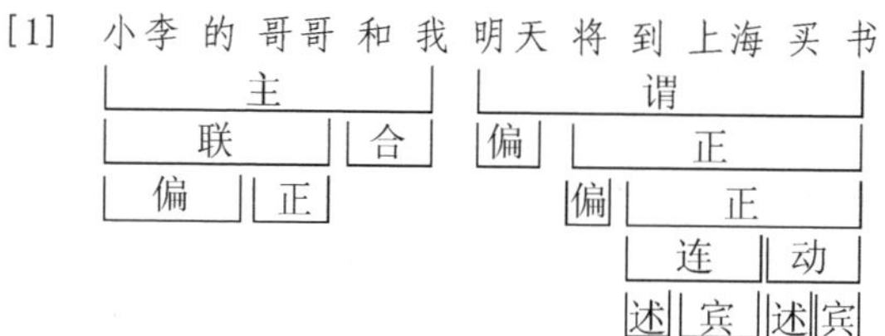

从小到大式(乙):

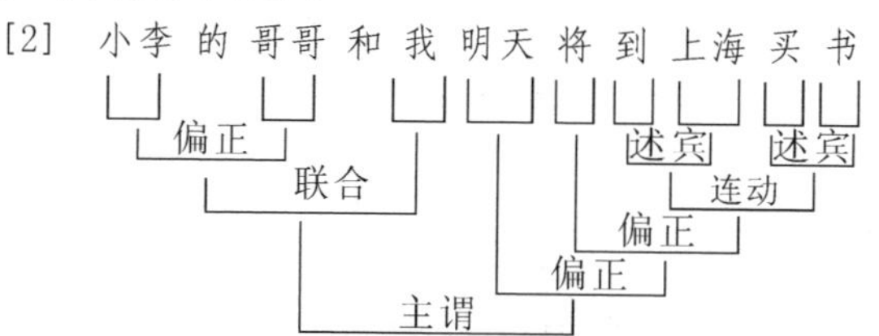

二、复杂短语层次分析基本操作原则

复杂短语的层次分析,一般来说应该掌握这样几个基本原则:

(一)二分、多分与套分

绝大多数的复杂短语在进行层次分析时,每一层由两个直接成分构成，因此，完整地对一个复杂短语进行逐层**二分**后，我们会看到非常整齐的块状框架，无论具体分析采用的是甲式还是乙式。上面短语的分析就是典型。

当然，二分法也不能解决所有的问题，对多项联合和连动短语就需要采用**多分**法。如：

[3] 北京、天津、上海和重庆是中国的四个特大城市

|联| |　| |　| |合|

[4] 我 去超市 买面包 给你

|连| |　| |动|

另外，对兼语短语，我们只能采用**套分**的方法才能解析出其层次关系，如：

[5] 老师 让 我们 去过 办公室

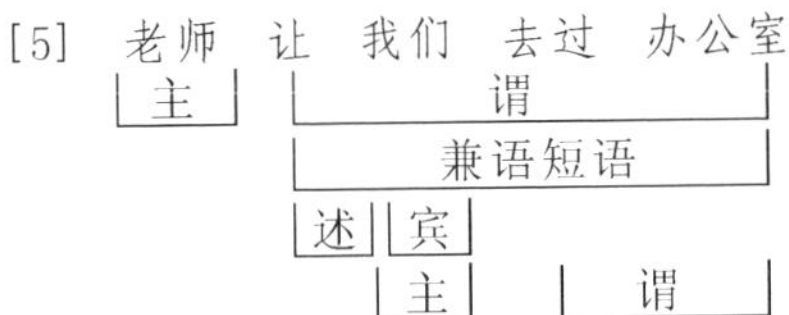

（二）分析到词为止

复杂短语层次分析的终点是词。这一点对词语具有双音节化特点的现代汉语来说，尤需注意，否则可能产生分析不彻底或分析过头的错误。如下面的分析就是代表：

[6] 房 屋 上的 雪 已 经 融 化

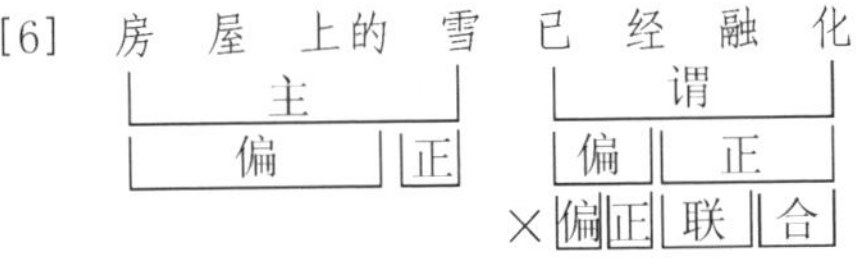

在该例的分析中，“房屋上”还需作一次分析（方位关系），而“已经”“融化”则已经是词，不需再分析了。

（三）不构成短语的虚词不必纳入直接成分作层次分析

复杂短语的组合中，会出现一些表示结构关系的结构助词（如“的”“地”“得”）、表示体意义的动态助词（如“着”“了”“过”），在层

次分析中，可以不将它们划入前后的直接成分，如上面两例中的“过”和“的”，就是这样处理的。但如果是由虚词作为另外一部分构成的短语直接充当句法成分，就必须作出分析。如下例中的介词短语和的字短语：

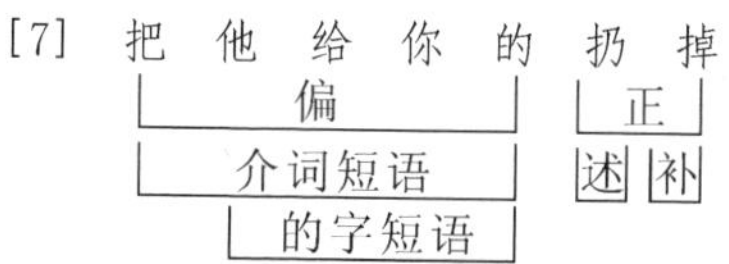

（四）结构成分切分完全

这一原则要求我们在切分一个复杂短语时，要避免出现这样两种情形：一是切分出的某个直接成分在句法上不能成立，不是一个自足的单位。如下面短语的第一层切分：

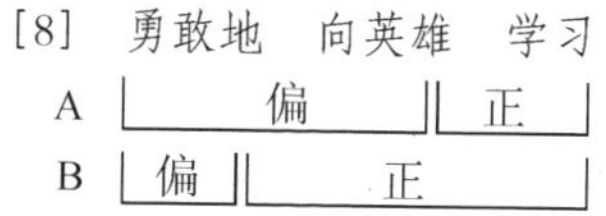

A 式分析所得到的直接成分“勇敢地向英雄”不能独立存在，不是自足单位。B 式分析合理。

另外一种情形是切分出的两个直接成分不能构成任何语法关系。这一分析结果往往是由于上一层就切错了地方。如：

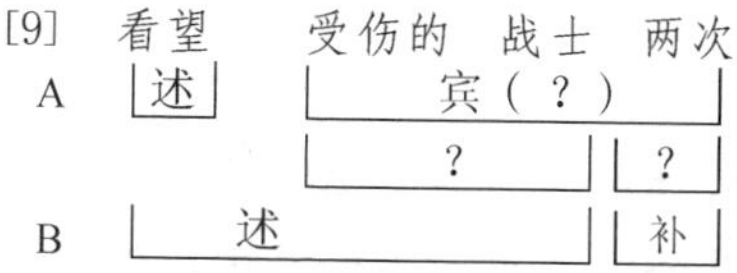

第二层的两个直接成分“受伤的战士”与“两次”之间无法构成句法关系，其根源在于上层切分错误。B 式切分是正确的：第一层应该切出“看望受伤的战士”与“两次”两个成分，构成述补关系。

（五）意义完整正确

在切分任何一个复杂短语时，要求在切分的所有过程中不应出现原短语中没有的意义，更不能违反原意。如对下面这个短语的切分就违反了该原则：

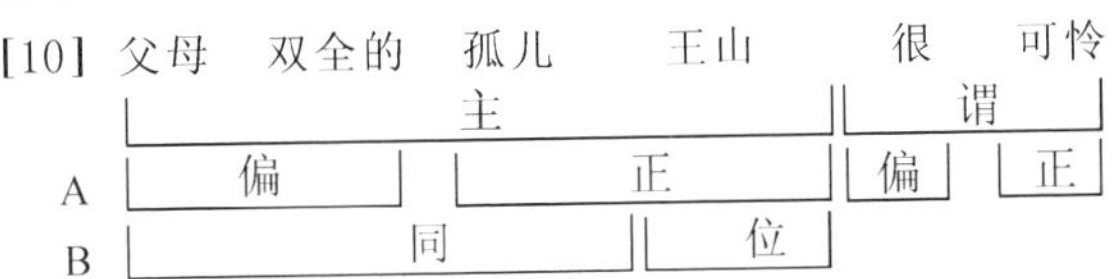

对第二层的切分，A式出现了“孤儿王山”这一个直接成分，其意义是原短语中没有的。实际上王山并不是孤儿，有父母亲，只是像孤儿一样生活，因此，B式切分是正确的。

第五节　短语的语义特点

作为一级语法单位，短语既有前面几节所讨论的种种句法结构特征，也有深层的语义特点。短语的语义就是指构成短语的结构成分之间所具有的深层逻辑关系意义和制约组合的逻辑特征，它体现于短语中，但有的只存在于组合而成的结构中，有的则是短语结构成分尤其是实词性成分自有的，且往往会制约其组合表现。就目前的研究状况看，短语的语义研究主要集中于语义关系、语义指向和语义特征等三个方面。

一、语义关系

所谓语义关系就是指构成动词性句法结构的动词与其关联项之间所具有的由它们的语义范畴所建立起来的深层逻辑关系。如动词“吃”，在完成一个有效组合时，一般要求有一个动作的发出者，有时候还需要一个动作的接受者，前者叫施事，后者叫受事。例如：

[1]小平吃苹果

[2]他吃了

其中“小平”“他”就是施事，“苹果”就是受事。施事和受事等就是构成语义关系的成员或角色。

任何一种语言的句法结构都是有各类语义角色构成的结合体，从理论上看，语义角色是大同小异的，但语义关系却不必都相同。根据现有的研究，除了上述施事和受事以外，一般认为下面的语义角色是现代汉语中常见的：

系事　指判断动词或部分非行为动词连接的成分。如：

王强是我的学生/她长成了一位亭亭玉立的大姑娘

与事　指行为动作的间接接受者。如：

他送我一本很好的书/小偷把他手机偷了。

结果　指行为动作产生的结果。如：

钱塘江上又造了一座大桥/他正在写文章。

工具　指行为动作的凭借工具。如：

你写钢笔，我写铅笔/他饭量大，喜欢吃大碗

时间　指行为动作发生的时间。如：

小孩子喜欢过春节/电影排在下星期日

处所　指行为动作发生的场所。如：

明天我去师大/他家住在三里屯

方式　指行为动作进行的方式方法。如：

明天先考笔试/她喜欢游蛙泳

其他还有一些语义角色也常被学者提到，如目的（考研究生）、原因（逃避债务）等等。要注意的是，对语义角色的分析和使用的名称并不统一，如也有人称“目的”为“致使”，称“结果”为“成事”等。

语义角色及其构成的语义关系在句法结构中是客观存在的，分析它们有助于我们更深入地认识语言组织的规则，揭示不同语言的结构关系，如同是述宾关系，现代汉语里就存在大量与英语不能简单对应的组合，只有了解了其中的语义关系后才可以理解其意义：

写毛笔、考研究生、吃食堂、游街、站黑板……

不仅如此，认识这一现象也有助于解决语法分析中的一些特

殊现象。例如下面这个例子的歧义就是因为语义关系歧解而产生的(另见下节分析):

[3]反对的是他的老师

二、语义指向

所谓语义指向是指短语结构中的某个成分与另外一个成分形成的逻辑定向限制关系。我们知道句法结构关系也是一种定向限制关系,但与语义指向关系不同,前者是结构成分之间存在于表层的句法限制关系,其定向性是固定的,如主谓关系,主语总是位于谓语的前面,偏正关系,定语一定是向后进行修饰限制的;后者不同,指向可以是向后的,也可以是向前的。如:

[4]买了一朵鲜艳的玫瑰

[5]哥哥伤心地坐在那儿

前一例中的"鲜艳"在句法关系上构成"玫瑰"的修饰语,它只能限制后面的中心语,在语义指向上,也具有后指性,是说明"玫瑰"的属性的。后一例就不同了,从句法上看,"伤心"毫无疑问的是充当"坐在那儿"的状语,限制后面的中心语,但其语义指向特点就与此相反,是前指施事主语"哥哥",用来说明哥哥此时的心理状态的,行为动作"坐在那儿"并不会有伤心与否的表现的。

短语成分的语义指向从理论上讲存在于每一个结构成分,但就目前研究来看,那些与句法指向关系不完全一致的主要集中于以下几种成分:

定语

他终于吃了顿饱饭

状语

她高兴地收到了节日礼物

补语

樵夫一天砍坏了两把刀

主语

老张没有通知

同分析语义关系一样，认识和研究语义指向，也有助于深入认识汉语的语法组合关系，有利于解释复杂的语言现象。例如下面两个句子，它们在一定条件下的变化结果并不同步：

[6]他没有吃什么，只吃了一个饺子。

可以变成：

他没有吃什么，只吃了个饺子。

或：

他没有吃什么，只吃了饺子。

[7]他饺子吃得不多，只吃了一个饺子。

不可以变成：

他饺子吃得不多，只吃了个饺子。

只能变成：

他饺子吃得不多，只吃了一个。

或：

他饺子吃得不多，只一个。

原因就在于其中的副词状语“只”的语义指向不同：前一个例子中，“只”指向的是“饺子”，所以“饺子”不能删除，他相对于“什么”其他食物，而“一”甚至“一个”这些数量成分，就不是必不可少的。但后一个例子就不同了，其中的“只”的语义指向是数量词“一只”，所以，这个数量成分是不能删除的，而宾语中心成分“饺子”以及述语“吃”因为前面有衬垫，就都可以删除。

另外，语义指向还能有效地解释一些多义短语结构（另见下节分析），如：

[8]两个大学的教师都来了。

[9]老李有个女儿，很骄傲。

三、语义特征

所谓语义特征就是指短语成分所具有的限制其搭配能力的语义成分。在分析词类的句法功能时，我们知道词语一般都有其特定的句法结构上的搭配特征限制，如“突然”既能修饰名词性成分作定语（如“突然事件”），也可以修饰动词性成分作状语（如“突然走了”），但同义的“忽然”就只能限制动词作状语（如“忽然来了”）。词语除了句法层面的限制特征外，还有语义层面的限制特征，例如：

[10]他吃了一碗饭

[11]他喝了一杯酒

其中“吃”与“喝”都是及物动词，且均为饮食行为，“饭”与“酒”都是名词，且均为食物。但我们不能将两个句子中的动词或受事宾语互换，虽然换过后在句法关系上并没有什么变化。原因就在于句子中的行为动词与受事宾语之间有特定的语义特征关联，这制约了其搭配格局：

吃：把食物放在嘴里经过咀嚼咽下去。

喝：把液体或流食吞咽下去。

从两个动词的意义我们可以看到，“吃”本身的特征是：＋咀嚼＋吞咽，与之相应的食物特征应该是：[—液体][＋需咀嚼]；而“喝”本身的特征是：[—咀嚼][＋吞咽]，与之相应的食物特征是：[＋液体][—需咀嚼]。这就是我们一般不会造出“他喝了一碗饭”句子的原因。

认识和研究语义特征，有助于深入认识汉语词语组合的深层制约规则，解释过去许多难以说明的现象。如下面两个句子，它们的构成成分的句法类差别几无，但它们却不能进行同样的变换：

[12]墙上挂着一张画。

可以变化成：

一张画挂在墙上。

[13]台上唱着一出戏。

不可以变换成：

一出戏唱在台上。

经过分析，我们发现，主要原因在于两个句子的动词有不同的语义特征：前一个句子具有特征：[＋使附着]，而后一个句子中的动词则没有该特征。

对结构成分语义特征的分析还可以帮助我们解释因为特征兼含而造成的多义(分析见下节)。如：

[14]她倒了一杯茶

第六节　多义短语

一、多义短语

以上所分析的短语，从结构类型上说多种多样，但有一点是共同的，即它们都只有一个意义。有些短语则不同，它们可以因为语法原因而有不同的意义，**这种由于语法原因而造成的有多种意义的短语就叫多义短语，也可称短语多义。**所谓语法原因是指词语在组合起来后能导致短语多义的句法层次、结构关系或语义关系等因素。如下面这个例子就很典型：

[1]三个学校老师都到了会场⇒三名学校的老师、三所学校的老师

短语中词语都是单义的，但它们组合在一起则含有两个意义，原因在于“三个”与“学校老师”之间有两种结构层次：“三个＋学校老师”与“三个学校＋老师”。

不过多义短语不包括那些不是因语法原因而导致的有多种理解的短语。如同音词或多义词也可能造成同一个短语表达两种意义，但这类情形与上述情况不同，应属于词汇学或修辞学所研究的对象。如：

[2]他走了一个小时⇒他离开了一个小时、他行走了一个小时、他死了一个小时

[3]那就是他的大号⇒那是他的绰号、那是他吹的大号

[4]他 qīzhōng 考试成绩很好⇒期中考试？期终考试？

例[2]是由于动词"走"多义而造成，例[3]、[4]则是因为同音词造成多义。

二、多义短语的类型

从语法原因上看，多义短语可以归纳为结构与语义两个层面四个类型。下面在简要作出介绍的同时，我们也将运用相应方法进行分析。

（一）结构层次不同造成多义

这种多义短语，可以用结构层次分析法分析。如：

[5] 思念 家乡的 孩子

A 述｜宾 ⇒思念在家乡的孩子

B 定｜中 ⇒孩子在思念家乡

[6] 买 好 酒

A 述｜宾 ⇒买质量好的酒

B 述｜宾 ⇒酒已经买好

（二）结构层次相同，但结构关系不同造成的多义

这种多义短语，可以用句法关系分析法分析。如：

[7] 工厂 食堂

A 联/合⇒工厂与食堂

B 定/中⇒工厂里的食堂

[8] 烤 红薯

A 述/宾⇒烘烤红薯

B 定/中⇒烘烤的红薯

（三）结构层次、结构关系都相同，但语义关系不同造成多义

这类多义短语，可以用变换分析法分析。如：

[9]　老张　没有　通知
　　|主||　谓　|
　A ⇒老张没有通知某人（或某事）
　B ⇒某人（或某事）没有通知老张

[10]　反对的　是书记
　　|　主　||　谓　|
　A ⇒某人反对书记
　B ⇒书记反对某人（或某事）

（四）语义指向不同造成多义

短语中某个成分可能存在两种语义指向，产生意义多解。如：

[11]小明最喜欢看动画片。

状语"最"如果指向"小明"，短语可理解为：与其他孩子相比，小明是最喜欢看动画片的。"最"如果指向"动画片"，短语可理解为：与其他节目相比，小明最喜欢看的节目是动画片。

（五）语义特征不同造成的多义

[12]她倒了一杯茶

这个句子可以表示"她倒上了一杯茶（为自己或客人）"，也可以表示"倒掉了一杯茶（冷了）"。原因就在于"倒"兼含两个不同的搭配限制特征：[＋获得]/[＋去掉]。

三、短语歧义

短语多义是一种常有的现象，它是短语在静态状态下的一种可能性，就像多义词一样。当它们在具体的语境中，尤其是在口语表达中，绝大多数结构多义和语义多义都会单义化。如：

[13]妈妈正在思念家乡的孩子。——他是一个思念家乡的孩子。

[14]我想买一斤烤红薯带回家。——他正在烤红薯。

[15]没有买票的快过来。——外面已没有买票的了,关门吧。

[16]反对的是吴书记,又没有别人反对你!——反对的是吴书记,不是我们反对你。

上面四个句子中的短语,由于有了言语场景和上下文的制约,就都只能表达一个意思了。

如果在特定的语境中,多义的短语还可以表达不同的意义,那就是短语歧义现象。一般来说,这种情况是很少见的,但还是有。如:

"炒青菜"有两个意义:炒熟的青菜、炒制青菜。但当一个人在厨房里说了这么一句话:"我喜欢炒青菜。"你能断定他说的到底是什么意思吗?又如下面这条新闻标题也是有歧义的:

[17]寻找拉丹女儿的家庭教师

(杭州《都市快报》)

显然,多义短语与短语歧义有很大的不同,在实际言语活动中,应尽力避免这种歧义,除非故意利用这一方式达到特定的目的,如相声、小品中的幽默表达等。

【习　题】

1.请举例说明词语组合时所受到的结构、语义限制。

2.请举例说明现代汉语与英语在词性与句法成分之间的关系上的不同表现。

3.请根据下列材料归纳出体词性主语与谓词性主语对谓语的不同要求。

(1)花开了

(2)小说真好看

(3)她8岁

(4)男孩是邻居家的

(5)说说也不行

(6)写还可以

(7)谦虚使人进步

(8)不出去是对的

(9)骄傲不好

4.请分析下列短语的结构关系与功能特征。

国庆节那天　叫她阿姨　给予处分　歌声阵阵　苹果一斤　讨论了三个小时　气氛热烈　腰酸背痛　值得学习　积极参加　买票上车　禁止大声喧哗

5.用层次分析法分析下列复杂短语，划出层次，标出其结构关系。

(1)也许都不是他的责任

(2)远处房子里住着一位年长的老大爷

(3)说的比唱的好听多了

(4)家里曾经富裕过几年

(5)我们应该劝他快回家

(6)我的朋友小张告诉我他今晚去上海参加服装交易会

(7)火车急速地从村边铁路上向北方开去

(8)全世界一切热爱和平的人民的优秀之花

6.分析下列短语，指出其中划线成分在句法结构上与什么成分相关，在语义上与哪一部分相关。

(1)弟弟高兴地跑了过来

(2)爸爸酽酽地泡了一壶茶

(3)老师圆圆地在黑板上画了一个圈

(4)我们都笑痛了肚皮

7.下列三个句子中都有状语，请分析它们各与句中的哪个成分构成语义指向关系。

(1)她喜滋滋地炸了盘花生米。

(2)她早早地炸了盘花生米。

(3)她脆脆地炸了盘花生米。

8.请分析是什么原因使词语“桌子、足球、港币、黑板、脑袋”等不能进入下面句子所构成的“(都)名词＋了”结构中：

(1)你们老夫老妻了，还闹什么别扭啊？

(2)哟，几年不见，都大姑娘了！

(3)都冬天了，赶快把羽绒服拿出来。

(4)哟，都星期四了，快去外婆那儿。

9.下列短语多义哪些是因语法原因造成的？请用适当的方法将它们的意义区分出来。

(1)玩到杭州

(2)炒鸡蛋

(3)难得糊涂

(4)新教师宿舍

(5)批评朋友的孩子

(6)洗得干净

(7)借给我们的是小王

(8)在树上画画

10.短语“(书)看过一本”与“(书)买过一回”的结构关系是否相同？请用适当方法证明你的结论。

11.课本将“实词＋实词”构成的短语分为十类，是语法分析中较为通行的做法。但也有另外一种分法。该分法认为，后三类短语与前七类，划分标准并不相同，主要侧重于成分之间的语义关系，甚至成分类型。应该将同位短语并入联合短语，方位短语和数量短语并入偏正短语。请就上述两种分类法谈谈你的看法。

12.请解答下面这个脑筋急转弯题目，然后回答：这个急转弯题目是根据什么方法构拟的？

有个人乘电梯从1层到115层，用了整整一个小时，但下楼时却花了两个半小时。为什么?

13. 下面这个句子有没有歧义?是什么原因造成的?怎样才能消除歧义呢?

英国雷丁大学一位名叫朱利安·文森特的生物学家和一位复合材料专家领导的科研小组正在从事这项研究。

第四章　句子分析

第一节　句型与句类

句子分析就是对句子语法结构类型和句子语气类型的分析。

句子语法结构形式分析是指在对句子内在结构关系进行分析的基础上归纳句子的结构类型的研究，这一分析的最终结果就是得到各种句型和句式。

句子语气形式分析就是根据句子所表达的语气特征对句子所作的功能性研究，得到的结果就是句类。

一、句型

（一）句型

句型就是对句子结构关系类型进行分析归纳所得到的类型。因此，句型分析应该分两步进行：首先是细致而准确地解析句子成分之间的句法关系；其次，对分析得到的句法关系进行格式或类型的概括。将形式多样、功能各异的句子归纳成若干个结构类型，以便深入地认识汉语语法结构规律。由于汉语短语的内部构造关系与句子有一致性，因此，句型分析的第一步工作已经在前面完成，这里的重点便是对结构类型的概括。

（二）句型的划分

1. 一般句型的分析

对表达单位来说，根据其基本成分——句子的多少，我们首先将表达单位分为两个大的类型：单句与复句。

单句就是词或短语所构成的，表达一个相对完整的内容（命题），能够完成一个基本表达任务，具有一个特定语调的结构体。从形式上看，单句的表现也是复杂多样的。

（1）主谓句或有主句

有些句子由完整的陈述与被陈述部分组成，表达一个结构完全的命题或描述，即有主语与谓语两个句子成分（某一部分即便省略了，也是可以补充出来的），这类句子叫主谓句或有主句。如：

[1]天又下雨了。

[2]儿子：爸爸去哪儿啦？

妈妈：（爸爸）去上班了。

儿子：谁带我去姥姥家？

妈妈：我（带你去姥姥家）呀。

主谓句的结构类型很复杂，这一点集中体现在其谓语成分的构成上，因此，我们还需要根据其谓语的结构特点对它进行下位分析。根据句子成分之间的关系，我们可得到这样的结果：

1）谓词性谓语句。包括：

动词谓语句，主要用于描写、记述等。如：

[3]小朋友别哭。

述宾谓语句：

[4]昨天他买了一本鲁迅写的书。

[5]政府将对此类企业在财政上给以支持。

述补谓语句：

[6]她笑得上气不接下气。

[7]上个月我在北京住了一个星期。

主谓谓语句：

[8]书他已买了。

[9]同学们精神振奋。

[10]他学习很刻苦。

[11]那部电影我可没看过。

[12]德语,我一点也不懂。

形容词谓语句,多用于描写,如:

[13] 这西瓜真大!

[14]夏天的吐鲁番热极了。

2)体词性谓语句,多用于判断、描写,如:

[15]她今年24岁。

[16]鲁迅,浙江绍兴人。

[17]小姑娘大大的眼睛,长长的辫子。

(2)非主谓句或无主句

另外有一类句子,不是由陈述与被陈述两个部分构成,找不出主语或谓语,**直接是由体词或谓词性成分来表达一个相对完整的意思,完成一次交际任务,这类句子叫非主谓句或无主句。**如下面句子都是非主谓句:

[1]哇! 多么好的天气呀!

[2]同事张:李峰!

同事李:哎,什么事?

同事张:你的——电话!

非主谓句同样在结构类型上有不同的表现,因此,我们从其整体结构功能的角度将它们分为两大类:

1)体词性非主谓句

[3]故事背景　时间:夏天阴雨连绵的傍晚

地点:某南方城市的一条大街上

人物:一辆急速行驶的出租车

迎面走来的一位神情忧郁步速迟缓的中年妇女

……

[4]多可爱的小孩！

[5]（叫卖）冰棍！

2）谓词性非主谓句

[6]出太阳了！又是一个好天气！

[7]热死了！还让不让人活了？

复句是指由两个以上的分句（小句）构成，包含两个以上的命题的复合句型。我们可以按照其成分（小句）之间的结构关系和逻辑关联，将它们下分为并列、选择、递进、承接、转折、因果、目的、条件、假设、取舍等类型，具体分析详见本章第二节。

2. 特殊句型的分析

句型中有些有特别的形式或语义特征，这类句型又称句式。一般来说有这样几类：

（1）连动句

由连动短语作谓语的句子，结构式为：$NP+VP_1+VP_2$。如：

[1]妹妹去书店买书。

[2]他拎着水瓶回寝室了。

[3]我做饭给你吃。

[4]这个人赖在这里不走了。

[5]王小敏再也没有心思坐在那儿看书了。

连动句的主要特点有：几个动词都由一个主语控制；动词之间的典型关系是时间先后关系，也可以是方式与目的等关系。

（2）兼语句

由兼语短语作谓语的句子，结构式为：$NP_1+VP_1+NP_2+VP_2$。如：

[1]妈妈让你回家一趟。

[2]客人请你送个盘子给他。

[3]他有一个朋友在上海经商。

兼语句的主要特点有：主语 NP_1 只能管得住 VP_1，而 VP_2 则

是由 NP_2 管辖的；第一个动词 VP_1 往往有使令性，如“命令”“要求”“请”“让”等；NP_1+VP_1 往往是 NP_2+VP_2 部分产生的原因；可以在 NP_2 后停顿，而不能在它前面停顿。

（3）“把”字句

含有“把”字的介词短语作状语并表示处置意义的句子，结构式为：NP_1（施事主语，可省略）＋把＋NP_2（受事）＋VP。其中，“把”有时也可换用为“将”。这是带有汉语特色的一种句式。如：

[1]快把书拿走！

[2]你再也不要把他带来了！

[3]小李竟然把他的衣服都卖掉了。

“把”字句的基本特点是：

VP 必须有处置意义，这样才能将其所带宾语用介词“把”构成短语提前，以达到突出对受事宾语有所处置的效果。

从形式上看，VP 不能是单个动词，无论其音节形式如何，一般要求 VP 是个复杂形式，否则不能成句。如不能说：“我们争取把这个问题研究”，而可以说：“我们争取把这个问题研究研究”等。当然，如果是在诗歌、戏曲等特殊语体中，没有这一限制。

受事宾语必须是指定或已知的对象，即使宾语前没有任何限制词，该宾语对于表达者与说话者来说一定是知道其具体对象的，因此，一般不说“他把一部电影看过了”。

“把”字句中的其他状语位置有相对稳定的特点，那就是：否定副词或能愿助词一般要求放在“把”字短语前，而其他如程度、范围等副词的位置则较灵活。

（4）“被”字句

有介词“被”表示被动意义的句子，格式为：NP_1（受事主语）＋被（可省略）＋O（施事宾语，可省略）＋VP。如：

[1]衣服被雨淋湿了。

[2]昨晚小王被打了。

[3]他最后还是没有为金钱所迷惑。

[4]红旗慢慢地升了上去。

“被”字句的基本特点是：

“被”字句的语用价值在于强调受事成分被处置，因此，VP一定是带有处置意味的动词；

从形式上看，VP一般是个复杂形式；

“被”字句中的施事成分，如果不清楚或不愿说出，可以省略，如“他昨天被打了”；

“被”字句中的“被”一词，可以换用为“叫”“让”等词，以增强口语色彩，如“他竟然让狗咬了”；也可以换用为“为”，以增强书面语色彩，如“旧政权已为我们(所)推翻”等。

要注意的是，“被”字句是表达被动意义的一种形式，目的在于突出受事遭遇被动处置，但当受事本身有明显的被处置特征时，往往不使用“被”字句表达，如例[4]，另如：

[5]饭吃完了，刀用坏了……

(三)句子成分

1. 一般成分

句子由多种成分构成，其中基本的成分就是短语中分析过的八种句法成分，它们在句子分析时就成为句子成分。不过，与短语不同的是，我们在句型归纳时，并不是每一个成分都有相同的作用。这一点，我们下面将会谈到。

2. 特殊成分

所谓特殊成分就是指在言语活动中，为了突出句子中的某个成分，或对整个句子在内容、信息性质等方面进行限定的那些成分。它们的共同特点是：首先，在意义上，对具体句子来说，是不可缺少的，否则会给交际带来重要的影响；其次，在句法上，它们不与句中的其他成分产生语法关系。特殊成分主要有两类：

(1)复指成分

所谓复指成分是指独立于句子主干,且被主干中的代词(在对象上)或名词(在范围上)指代的句子成分。从语法上看,复指成分属非必要成分,但从语义上看,不能缺少。复指成分包括两种下位形式。如:

称代式复指:[1]勇敢的战士们,我们会永远记住你们的!

[2]你们不能忘记她,一个面对危险不会退缩的人!

分合式复指:[3]两本书,一本给你,一本给你妹妹。

[4]在大学里他只对两件事感兴趣:围棋和摄影。

(2)独立成分

所谓独立成分就是指在语义上用于应答、摹声、感叹、语气表达或用来限定信息性质的特殊成分。例如:

[5]孩子:"妈妈,老师说明天去公园过中秋节。"

妈妈:"啊! 都到中秋节啦?"

[6]砰! 砰! 镇上传来两声枪响。

[7]不用说,你一定会冲过去帮忙的。

[8]我可不想说什么,说不定他会告诉你的。

[9]你看,这个任务我们能不能接下来呢?

[10]老实说,这件事我们一点也没有听说过。

[11]据新华社报道,司法机关已经介入足球黑哨事件的调查。

[12]怪不得他已两天没来上班呢。

[13]总之,在这种情况下,我们不应该不帮他一下。

(四)句型划分要注意的问题

1. 层级划分原则

从上面的分析可以看出,我们对句型的划分是依照从上位到下位的顺序,依次进行的。最上位的是所有的句子,最下位的则是能直接反映其结构特征或功能的句子。主谓句的最下位类型就是谓语的直接构成成分及其关系类型，非主谓句的最下位句型就是它们的整体功能结构。

2. 句法核心原则

实际言语中的句子形态千变万化，但我们通过分析而得到的句型数量却并没有很多。可见，有些非句法核心成分，在确定句型时可以不作考虑。这些因素主要有：

(1)语气及语气形式不影响句型划分。也就是说各种语气、语调以及体现它们的语气词、标点符号等对句型划分没有影响。如下面各对句子的句型是相同的：

[1]小李明天去上海。——小李明天去上海吗？

[2]我们晚上去看戏。——我们晚上去看戏吧。

(2)修饰成分不影响句型划分，也就是说句子中的定语和状语与句型确定没有关系。如下面各对句子的句型是相同的：

[3]这里有一盆花。——这里有一盆鲜艳的花。

[4]我们回家。——我们明天下午回家。

(3)临时增添的特殊成分不影响句型。如下面句子的句型就是以句子的主体部分来确定的：

[5]<u>因苦因累而早逝的妈妈</u>，女儿天天都在想念你。——述宾谓语句

[6]<u>据说</u>，恐怖分子已经都被赶出了山洞。——述宾谓语句

[7]<u>大婶</u>，你能告诉我怎么去王庄吗？——述宾谓语句

(4)语用变化不影响句型。这里的语用变化是指为了实际交际需要而临时改变句子顺序或省略句子成分等情况。根据这一原则，下面每对句子形式不同，但句型是相同的：

[8]多健壮呀，那个穿衬衫的小伙子！——那个穿衬衫的小伙子多健壮呀！

[9]甲：明天去哪儿玩？——甲′：你明天去哪儿玩？

乙：去苏州。昨天谁在你那儿？——乙′：我去苏州。

甲:小张。——甲′:小张在我那儿。

二、句类

从语气特征和表达功能上看,我们将句子分为陈述、祈使、感叹和疑问四种类型。

(一)陈述句

用直平的语调陈述一个事情或命题的句子叫陈述句。所陈述的倾向可以是肯定的,也可以是否定的;运用的口气可以是和缓的,也可以是急迫的。语气词常用的有:的、了、呢、罢了等。如:

[1]鲁迅是1936年在上海去世的。

[2]那时候他还没有从学校毕业呢。

(二)祈使句

多用急促沉重的语调发出指令性内容的句子,如命令、指示、劝阻、请求等。祈使句一般用在具有管辖或控制力的上对下(或相类)的关系中,祈使对象(即第二人称主语)由于是面对面或因为不确定而常省略,语气词很少用。如:

[1]快起床!

[2]禁止攀登!

[3]你快跑!

但祈使语气也可以是和缓的,如祈使双方的关系和洽,一方向另一方发出请求时,语气就不一定是急切而沉重的,常用语气词“呀”“吧”。如:

[4]你快来呀!

[5]明天你去一趟北京吧!

[6]孩子他爸,早点回来吧!

(三)感叹句

用强烈而下抑的语调表达惊叹、感慨、痛苦或欢快等情感态度、倾向的句子,句前常用叹词“啊”“哇”等,句末可用“啊”“呀”等语气词。如：

[1]啊！这么大的球场！

[2]哇！真没想到他有这样的本事！

[3]哎！我是算倒了八辈子霉了！

[4]老兄，还是好人多啊！

(四)疑问句

用上扬的语调对事实或行为提出询问、怀疑或诘质等内容的句子。汉语里，疑问句的结构形式与其他句类相同，只需在陈述句基础上加上上扬语调或疑问语气词即可。

疑问句从询问的真值性质上看，有两种情况，即：

1. 有疑而问

指确实有所疑，且需作出回答的疑问句，包括下面几种：

(1)是非问

对某个事实或行为提出真假性质疑问，要求作出肯定或否定的回答，可以用语气词“吗”“啦”“吧”。如：

[1]你说你明天能来上课？

[2]你前天去过湖边吗？

[3]她真的生你气啦？

[4]是老师透露给你的吧？

(2)特指问

对特定的对象如时间、数量、状态等进行询问，需要具体对疑问点进行解释或说明。特指问多用疑问代词作疑问点，语气词多用“呢”等。如：

[5]谁在那边说话？

[6]期中考试什么时候进行？

[7]为什么会出这种事情呢？

(3)选择问

并列举出两件事实或对一个问题的两个方面进行询问，要求

对其中一个作出选择。常用语气词“呢”“啊”等。如：

[8] 明天交不交作业呢？

[9] 暑假我们去黄山还是去张家界(啊)？

2. 无疑而问

提问者已经有了答案,或虽提出问题但并不需要回答,多用以反诘、质问,语气词常用“吗”“呢”。无疑而问也称反问句。如：

[10]难道是我告诉你的吗？

[11]你能说这件事你一点责任都没有？

[12]这怎么是你的东西呢？

关于疑问句,需要注意以下三点:第一,在一定的语用条件下,语气的形式和实际功能可能不都是单一的对应关系,也就是说,甲类句可以实现乙类句的功能,如疑问句可以实现祈使语气。第二,反问句在形式与内容的关系上是不统一的,就是说,肯定的形式表达否定的内容,相反亦然。第三,同一个句类在口气的表达上可以因交际环境而出现很大的区别,陈述句可以说得很“冲”,祈使句也可以说得很婉转。下面的例句就说明了上述几点：

[13]连长对士兵说:你能把腰站得更直一点吗？

[14]什么意思我说得还不清楚吗？

[15]我就是没去过教室！——我没去过教室。

第二节 复 句

一、复句及其分类

(一)复句的定义

语言表达形式中,还有一种句子,一般有两个或两个以上的小句,各可表达一个完整陈述或命题,但语法上又没有结构关系,通

常可以加关联词以体现逻辑关系，这种句子就是复句。不过，充当小句的单位可以是完整的单句形式，也可以是单个的词；可以是主谓句，也可以是非主谓句。如：

[1]（因为）（天）下雨了，（所以）（你）带把伞吧。

[2]突然传来一声尖叫，她吓得腿直打哆嗦。

（二）复句与单句的区别

1. 从结构上看

构成复句的直接成分——分句之间没有任何句法关系，无论直接成分是一个小句形式还是一个词或短语形式；而单句的直接成分——词或短语之间一定有某种句法关系。如：

[3]缺乏诚意，/这件工作是很难做成功的。（假设）

[4]新鲜的空气，充足的阳光，/是我们每一个人都离不开的。（主谓句）

根据这一特点，我们将由复句充当句子直接成分的复杂结构也看作单句。如：

[5]她坚信，虽然自己受到了非常不公正的对待，但正义一定会战胜邪恶。

[6]在任何逆境中都不放弃自己的正当追求，在任何顺境中也不放弃对自己的严格要求，这就是一个身心健康者的基本素质。

这两个句子都很长，但它仍然是单句。有些语法书上称这类句子为包孕句。

2. 从意义上看

构成复句的小句各为一个独立体，能完成一个陈述或表达完整的命题，几个这样的小句再复合成一个更大的语义联合体，完成一个复杂的复合命题，如例[7]；而单句的直接成分则没有这一特点，各个成分只是构成一个陈述或命题的基本要素，如例[8]。

[7]任何一门学问，即便内容有限而且已经不值得钻研，但你把它钻得极深极透，就可以挟之以自重。

[8]在遥远的远古时代,我们的祖先曾经艰难地匍匐在荆棘丛生、危机四伏的大地上。

3. 从形式上看

构成复句的小句可以有关联词来表达其逻辑关联,有时候(如在书面语体等语境中)小句必须借助于这些手段来组合,因此,关联词同语序一起成为标志复句关系的两个语法手段;而单句则不需要这类关联词。如:

[9](如果)没有适当资金的支持,(那么)我们的研究计划只能搁浅。

[10]这个办法(虽然?)有点不合适,(但?)我也想不出更好的点子了。

第一个例子中关联词可有可无,因为口语中,分句已经将两个陈述句之间的关系表达得很清楚,但第二例就不行,除掉关联词,两个小句之间的连接就显得很生硬。

另外,复句与单句的区别在书面形式上也有一定的不同:复句的小句之间常用逗号或分号,单句的成分间少用逗号(除了特殊成分或句首状语与句子主干之间),更不会用分号。

(三)复句的分类

根据构成复句的小句之间的语义逻辑关系,我们将复句分为这样10类:并列、承接、选择、递进、分合、转折、因果、假设、条件、让步等。

二、一般复句

(一)并列复句

分句之间是平等、并列的关系,各个分句往往从不同的侧面叙述几件事情或一个事物的几个方面,这样的复句叫并列复句。常用的关联词有:既(又)……又、不是……而是、一方面……一方面等。如:

[1]阳光下的大草原就像一个剽悍的北方大汉，粗犷放达，而夜幕下的草原则是那样的温情脉脉，平静如水了。

[2]造这座桥，我们既要考虑到资金的承受力，还要考虑到技术上的难度。

[3]目前，购买高档消费品再也不是追求资产阶级腐朽生活方式的代名词了，而是生活水平高的象征了。

分句之间具有“并列”关系，一般情况下，分句位置是可以调换的，如前两例。但有些分句因为语义关系的制约，并不能改变语序，如后一例。

并列复句与并列动词或短语构成的简单句不同：前者所构成的成分（分句）之间有停顿，后者没有；前者所构成的成分（分句）间可以有不同的主语，后者构成的成分之间只有一个主语。如：

[4]大会讨论并通过了代表们提出的议案。（单句）

[5]我们分队封锁了一号地区，他们分队则对该地区进行了彻底的搜查。（复句）

（二）承接复句

分句按照时间顺序描述事件发展的过程，或按空间方位描写情景、状态，这样的复句叫承接复句，又称连贯复句。常用的关联词有：然后、接着、就、于是、便、才等。如：

[6]王有才刚走到村口的老槐树下，便听到不远处似乎有人在悄悄说话，于是，他慢慢地向那边靠近。

[7]他们两个来到湖边，看着草地上坐着的对对情侣，相互对视一眼，然后手牵着手地走到一棵树下，铺上报纸，背靠着背坐了下来。

承接复句与连动短语作谓语不同：承接复句的分句间一定有停顿，连动谓语句则没有；承接复句的分句间可以有关联词串接，而连动谓语句则不能出现关联词。

（三）选择复句

几个分句提出几种情况或可能性，以供判断或作出选择，这样的复句叫选择复句。常用的关联词有：或（者）……或（者）、要么……要么、是……还是、宁可……也不等。如：

[8]这次去旅游的地方，不是杭州，就是黄山。

[9]我读的是中文专业，毕业后，或去学校，当个老师；或去机关，做个公务员；也可以去公司，当个职员。

[10]别老站在门口，要么进来，要么出去。

选择复句中有一种情形较为复杂，那就是形式上与上面类似，但语义逻辑上却不是几种情形或状态有待选择，而是已经有了答案。因此如果将上面的选择复句称作选择未定，那么，这一类复句就是选择已定。如：

[11]与其要永远在他的棍棒下讨日子过，还不如与他拼个你死我活。

[12]宁可亏本把衣服卖掉，也不能耗在这里吃老本。

（四）分合复句

几个分句在逻辑上有数量上的分合关系或意义上的解释关联，这种复句叫分合复句。如：

[13]我有两个想法，一个是通过他父亲把信递上去，一个是我们直接闯进机关大院送进去。

[14]你就是一个变色龙：在领导面前点头哈腰，在我们面前呢，就摆架子唬人。

（五）递进复句

几个分句在语义程度上逐渐加深、强化的复句叫递进复句。常用的关联词是：不但……而且、不仅……更、……反而（甚至、更、何况）、尚且……更不必等。如：

[15]他昨天去了我们办公室，而且还讲了很多难听的话。

[16]连小孩尚且知道害臊，你怎么就不知道脸红呢？

[17]我们向沙漠进军，不但保护了农田，开辟了绿洲，而且对西北交通干线也起到了防护作用。

[18]结婚？谈何容易。你看，厂里好几个黄花闺女都没嫁出去，何况她一个已经四十多岁的女人，更别说她还有一个十多岁的女儿了。

(六)转折复句

前后分句之间在语义上不是顺接关联，而是在第一个分句后，发生意义逆转，或对前一个分句进行否定，或进行补充，这种复句叫转折复句。常用关联词是：尽管……然而(也)、虽然……但是、……却(不过、只是、可)等。如：

[19]你是来了，但现在才来又有什么用呢？

[20]文章写得确实有新意，不过，如果在语言上能再精练些就更好了。

(七)因果复句

前后分句之间表述了原因和结果的关系，这种复句叫因果复句。常用关联词是：因为(既然、由于)……所以(那么)、之所以……是因为、……以免(以便、借以)等。如：

[21]下雪了，明天可能要降温。

[22]由于他给了我们无私的帮助，日子比以前好多了。

[23]根据我的经验，越是好听的话，越是漂亮的话，越不可信，所以话越讲得漂亮，就越需要有事实来作证，即使是一些普通的事情。

[24]那些勇士们之所以敢于与黑暗势力搏斗直至牺牲生命，原因在于他们有着伟大的人格和高尚的品德。

因果复句中还有一种类型，主要侧重于表达目的与结果的关系，有人称其为目的因果。如：

[25]为了实现社会的真正和平，他愿意赴汤蹈火。

[26]通俗韵文既要通俗，又是韵文，有时候句子里就不能硬放

上专有名词，以免破坏了通俗。

（八）条件复句

前后分句之间含有条件与在该条件下所产生的结果之类的逻辑关系，这样的复句叫条件复句。常用的关联词是：只要……就（都、便）、只有……才、除非……才、不论（无论、不管）……都等。如：

[27]不管雨下得有多大，我们必须坚持到底。

[28]只要按照规定的步骤去做，你的实验就不会出这么大的事故。

[29]在树上做窝、喝露水的鸟儿们，只有树被风刮得太厉害了，才会跑到地上来。

[30]无论形势怎样变化，我们既定的方针是绝对不能改变的。

[31]除非大家一块去请，否则她不会这么快就肯来的。

（九）假设复句

前后分句之间表达了假设与在该假设的前提下可能产生的结果之类的逻辑关系，这样的复句叫假设复句。常用关联词是：假如（倘若）……就、如果（要是、要不是）……那么等。如：

[32]如果不是巡警及时赶到并制止他们的斗殴，那个小个子很可能会被打死。

[33]要是冬天不下两场大雪，明年的春季作物收成肯定不会好。

（十）让步复句

前一个分句是退后一步地提出一个条件，但后一个分句并没有顺沿这个条件产生相应的可能性结果，而是产生了一个相反的结果，这种假设和转折糅合的句子，就是让步复句。常用关联词是：纵然（即使、即便、即或）……也。如：

[34]纵然明天不下雨，我也不打算去干活。

[35]即使我们的国家强大了，我们也不会去侵略别的国家。

三、复杂复句

（一）复杂复句

所谓复杂复句就是由三个以上的分句构成的表达两层以上的逻辑关系的复句。和上面大多数简单复句不同，复杂复句主要适用于较为复杂的逻辑论述、推理等表述中，口语中也需要用，但用得更多的是在书面语言中。如：

［1］胆子大固然好，/但是如果没有科学的方法和严谨的步骤，
　　　　　　　　　转折
//即使能图一时之快，///最终恐怕还是要吃亏的。
假设　　　　　　　　让步

（二）复杂复句的分析

复杂复句一般都较长，有时候以一个段落的形式表现出来。因此，无论从表达的角度，还是从分析的角度上看，掌握复杂复句的构成特点，能运用适当的方法，准确地解剖复杂复句的内部关系，都是很有意义的。

复杂复句的分句之间，同复杂短语一样也含有明确的层次性，而且一般每个层次都是由两个直接成分构成的。不同的是，在复句里，直接成分变成了分句。因此，对复杂复句的内在逻辑关系的分析也可以运用层次分析法，不过所得到的不是句法关系，而是逻辑关系。如：

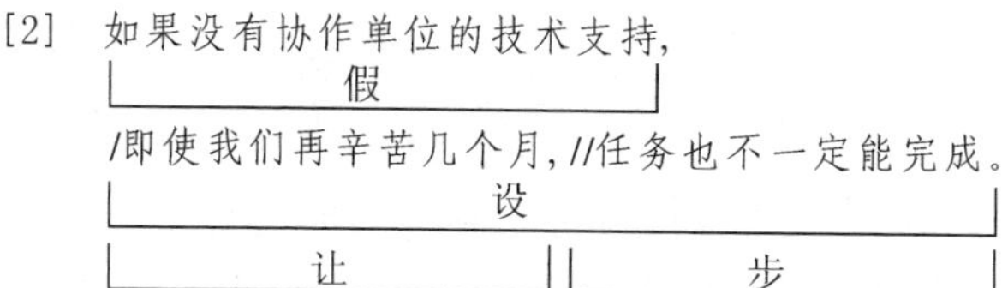

[2]　如果没有协作单位的技术支持，
假
/即使我们再辛苦几个月，//任务也不一定能完成。
设
让
步

由于复句一般较长，所以在实际分析中，我们往往采用划线法来表示，如上例标示。也正因为复句较长，内在关系复杂，如果直

接采用划线法进行分析,常常使我们在分析过程中难以把握全局,首尾难以相顾。而层次分析则能快捷、准确而直观地解剖出多个分句间的套叠关系。如:

[3]就算你的是阳春白雪,/但这只能是少数人享用的东西,///而群众还是在那里唱下里巴人,//那么如果你不去提高它,////而只顾骂人,///那就不管怎样骂,////也都是空的。

该复句有七个分句,对它进行关系分析,显然有较大的难度。我们用代号表示它们,然后用层次分析法来解剖其内部逻辑关系:

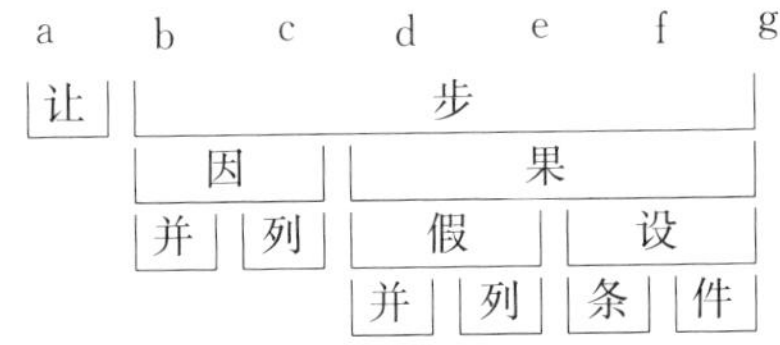

运用层次分析法来分析复句内部的逻辑关系,好处是可以使用其所具有的结构和意义原则来检验所分析的结果。如第[2]例,如果将第一层切在二、三两个分句间,根据结构原则,我们发现一、二分句间无法构成任何逻辑关系,因此,这种分析肯定有误。又如第[3]例,第一层容易切在 b、c 分句间。但根据意义原则,我们发现 b 分句并不仅仅是与 a 分句相对,而是相对于 c 分句,一起构成"……都是空的"最终意义的一个因素。只有这样,a 分句才能成为全句立论的一个最大前提,因此第一层切在 b、c 分句间是不妥当的。

第三节　句子的变化

句子的形式除了上面所分析的常式句外,在实际表达中我们还可以看到许多复杂的形式,如不说"你吃过了吗?",而说"吃过了吗,你?"或"吃过了?"公共汽车售票员也不会说:"乘客们,你们上车时,请你们买票。"而往往说:"乘客们,上车请买票。"等等。后面这种**在具体语境中因表达需要而对常规句子进行临时性适当变异的现象叫句子的变化。由临时性应用变化所产生的与常规句子结构不同的句子叫变式句，**与常式句相对。多种多样的句子变化是丰富表达形式的重要手段。

句子的变化虽然是存在于言语行为中的，但不应该仅仅被看作修辞现象。理由有两点：首先，它们都是基于现代汉语语法特点所能允许的条件下的规范性变异；其次，这些现象都是出于表达的经济简洁等需要而产生的常规行为，而不以取得新异或超常的表达效果为目的。因此，了解这些变异，有助于认识现代汉语语法的多样化特征。

现代汉语中句子的变化主要有以下几类：倒装、省略、紧缩、插补。下面就对它们作一个简单介绍。

一、倒装

所谓倒装就是临时改变句子成分的结构顺序，以强调信息焦点的变化手段。倒装现象主要出现在口头表达中，但书面语中为了获得特定的表达价值，也可以改变句子的结构顺序。如：

[1]真热啊，这个鬼天气！

[2]都 30 岁了，你已经？

[3]他一定不会来开会的，我原来以为。

[4]拿钱啦，又？

[5]雷峰夕照的真景我也见过，并不见佳，我以为。

（鲁迅《论雷峰塔的倒掉》）

[6]如果我能够，我要写下我的悔恨和悲哀，为子君，为自己。

（鲁迅《伤逝》）

倒装可以是主谓或述宾等结构改变顺序，如例[1]、[2]、[3]、[5]，也可以是某个修饰成分倒装，如例[4]、[6]。

倒装句的特点是：能够还原成常式句；语气词必须跟随倒装部

分前移;后移部分多轻读。

倒装句的作用是:通过前移部分突出信息焦点;后移部分在意义上对前面的内容有追补作用。

二、省略

所谓省略是指因语境的支持,话语中某些成分不在结构表层出现,但不会影响交际活动的进行的现象。如:

[1]老师进了教室,(　)拿起粉笔,(　)在黑板上写了个通知就走了。(省略主语)

[2]明天活动谁不能参加?我(　)。(省略谓语)

[3]他买了一本小说,我也买了(　)。(省略宾语)

[4]在汽车前面的那个人被(　)打了。(省略介词宾语)

需要稍加说明的是,省略句与非主谓句不同:省略句是有条件的,那就是:第一,可还原,就是说所省略的成分能够还原;第二,还原的成分是唯一的,也就是说在具体的语境中,所省略的成分是确定的。但非主谓句则没有上述两个特点。如女儿在妈妈当自己的面开玩笑地揭短时,女儿说的句子"妈妈!"需要补充出什么呢?可见,省略是指句法成分的暂时性隐藏,是结构性的,而非修辞性的。

省略句的作用:使表达简洁,言语经济;能回避某个对象或情况,如例[4]。

省略是针对句子成分而言的,具有上述两个特点。显然,它与下面几种情形不同:

第一,列举难尽而省。因为客观事实难以或不便穷尽列举,表达时可能会略而不表,如:

[1]但偶然看到地面,却盘旋着一匹小小的动物,瘦弱的、半死的、满身灰尘的……

(鲁迅《伤逝》)

[2]革命之所以于口号、标语、布告、电报、教科书……之外,要

用文艺者，就因为它是文艺。

（鲁迅《文艺与革命》）

第二，蕴含回味而省。言语活动中，有时表达者主观上想通过省却某些成分让接受者产生联想等效果，也会略而不示。如：

[3]咱们黄河县十八个乡镇，十年的老乡长还有十个，你才五六年，排队是危险的。你比我大两岁，38了，再不跳龙门……当然，我会极力推荐你的。

（毕四海《乡官大小也有场》）

这两种情况虽然也都是出现于言语活动中，但显然既不是出于简洁经济而省，也难以补出结构成分，在书面上用省略号表示，因此，它们应属于修辞表达手段。

三、紧缩

所谓紧缩就是指将两个陈述或命题通过省掉某些成分压缩成一个较短的句子的手段，所产生的句子叫紧缩句。这种句子从内容上看应该是复句，可从结构上看是单句形式，但常有关联词或有特定的格式。如：

[1]他们两个不打不相识。

[2]乘客们上车请买票。

[3]运动员们越跑越快了。

[4]她一见到孩子就哭了。

四、插补

所谓插补是指在说话的过程中对句子的某一个成分或某一个部分，进行限定、解说或评议，以修正话语或使内容、态度的表达更为确切。如：

[1]我读小学的时候——<u>更准确地说是三年级</u>，遇到过一位非常好的老师。

[2]昨天王头请我——噢，不，是叫我——去了一趟他的经理室。

[3]他是在他的老婆——那样一个厉害的角色——手里讨饭吃。

【习　题】

1.什么是句子分析？句子分析的目的是什么？

2.请分析下面带有“把”字的句子，完成下列任务：

1)哪些正确，哪些不妥？然后归纳出该句式的主要特点。

2)归纳“把”字句中状语出现的语序特征。

(1)你把那个问题再考虑考虑。

(2)我们把那个想法对总裁说。

(3)厂长没有将这个文件告诉职工。

(4)厂长将这个文件没有告诉职工。

(5)他把政治经济学研究的一种传统继往开来、现代化了，成为政治社会学的方法。

(6)在杨洪彦的反复煽动下，吴海终于寻机把孙忠丽用绳子勒死。

(7)她把衣服都洗干净了。

3.请分析下列句子，指出它们是否属于同一种下位句型。为什么？

(1)连长让小王去一趟连部。

(2)连长同意小王去一趟城里。

4.下面这些句子都表示存在、消逝、出现等意义，被称作“存现句”。请归纳这种句子的主要特点。

(1)家里走了一个客人。

(2)电线杆上立着几只麻雀。

(3)傍晚时分传来了他返回镇上的消息。

(4)教室里爆发出一阵欢快的笑声。

5.请分析下列复句,指出其结构层次与逻辑关系。

(1)他想了想,用手按住额头,合上眼睛,仰面斜靠在后座松软的椅子上,但刚出狱的他却怎么也无法把自己放松开来。

(2)这篇小说的滋味丰富,并不是由于小说的题材多么重大或者故事多么复杂,而完全因为小说是用特别的讲述方式和语调创造出来的。

(3)既然市场经济是以竞争作为基本动力和推动发展的手段的,而竞争又在本质上和战争一样是有着极其残酷的一面的,那么,在残酷的竞争当中,一部分人的利益的获得就总是要以另一部分人的利益的丧失为前提的。

(4)我们的某些父母官如果还一味地只是关心自己的升迁发达,甚至只是不择手段地搜刮民脂民膏,如近年来被连续揭露出来的各种各样的腐败案件,这也就很容易不断地在那些贫困者的心里播下仇恨的种子。

6.请在文学作品中找出一些倒装、省略的表达材料,分析它们的作用。

7.在近几十年的汉语研究界,分析句子结构时,除了课本中使用的层次分析法外,还有一种分析方法——成分分析法。成分分析法又叫中心词分析法。该分析法认为,一个句子的结构构成无所谓层次,但是有主次区别:首先由“主干”决定句子的框架,即以主语、谓语和宾语为主要成分,其次才填入相应的附加或次要成分,如补语、定语与状语。分析句子的最终目的就在于找出决定句子的主干及其框架。和层次分析法用框式图解法不同,成分分析法多用划线标示法。如:

他	[没有]	打	〈碎〉	(你　买的　那个)	茶杯。
主语	状语	谓语	补语	定语	宾语

你能以下面几句话为例谈谈对这两种析句方法的认识吗?

(1)僵化的分析方法应该被怀疑乃至摈弃(科学的分析方法才是我们需要的)。

(2)她哭哑了嗓子。

(3)你的那个想法很不好。

(4)三个城市青年技术比赛的故事。

8.紧缩句与连动句相比有什么不同?紧缩句与复句相比有哪些差异?

9.下面是一段相声,请分析其中歧义产生的方法。

甲:我再考你一个:李字去了木。

乙:这个字念"子"啊!

甲:不对了,念"一"。

乙:怎么念"一"呀?这个"李"不是一个"木"字底下一个"子"吗?你把那个"木"字去了,不就念"子"吗?

甲:念"一"。我说李字去了木,是去了那个"了"和上边那个"木",可不剩下一道了吗?

第五章　语法病误分析

第一节　语法病误及其修改原则、方法

一、语法病误与非语法病误

（一）语法病误

病句多种多样，造成表达不当的原因也有不少。有时候同音词使用不当可以造成歧义，如：一青年对退休师傅张大爷说："老大爷，我给您送钟来了。"即使青年人手上捧着钟，句中的短语"送钟"也极容易被误解成同音单位"送终"。有时候生造词也可以产生病句，如："某某衬衫专卖店快将开业。"其中"快将"一词属生造。有时候同义词使用不当也会产生病句，如："一直到日本被降伏的近一年间，日军制造了 244 条这种人体鱼雷，实际被派出牺牲的达 106 人。"句中"牺牲"一词使用不当。汉语中表"死"义的词有多个，其中"牺牲"有褒义色彩，是用来指我方或代表正义方的士兵战死，绝不能用于指称敌方或非正义方的士兵。因此，句中用"牺牲"一词指"二战"时期代表邪恶和残暴的日本士兵之死是很不恰当的。但所有这些都不是我们要讨论的语法病误。**所谓语法病误是指因对语法基本规则缺少了解而造出明显违规的句子，而且给表达带来消极影响的言语现象。**下面这个病句就属于语法病误：

[1]1997 年 6 月，国家环保局在京发起清除白色污染宣传月，

铁道部沿京广、京哈、京沪线展开治理白色污染万里行。

[2]真假艺术品的鉴定从来没有像今天这样严重过,如今的艺术品市场,赝品已如洪水猛兽。

例[1]中的“发起”与“清除白色污染宣传月”“展开”与“治理白色污染万里行”,都属述宾搭配不当。例[2]中的主语“真假艺术品的鉴定”显然与谓语中心词“严重”也是不能搭配的。

(二)非语法病误

当然,“违规”并不必然意味着产生语病。下面两点是分析语法病误现象时应该把握好的两个基本原则,这样有助于区别非语法病误。

第一,规则稳定与发展变化相统一。在分析语法特点时,我们了解到,语法有明显的稳定性,但也有一定程度的可变性。语法规则需要在一个相当长的时期内保持自身的稳定与规范,这是由语言实现其交际工具的性质所决定的。正是在这个意义上,才会产生“违规”的语病现象。但同语言的其他因素会产生历时变化一样,语法规则也会出现变化,只是在某一个相对时间里,人们不易感觉到它的产生而已。基于上述认识,我们认为,语法病误的主要对象应该是那些明显地违反了当时语言条件下为交际者普遍接受的语法规则,而且给交际造成了确定的消极影响的表达现象。否则,虽有“违规”,但如果是这样一种现象,我们可能不妨先不给其定性,静观其变更好。这种现象是:因为表达的需要或语境的许可,故意变异词语的语法特点进行组合,而这一变异也确实产生了相应的表达效果,如使语言表达更加简洁、更加灵活了。因为这类“违规”并不是以取得超常的修辞效果为目的,它也极有可能为丰富词语的语法属性提供实验机会。“铁”从原来单一的名词,发展到兼具形容词与动词功能,应该是这一“违规”的结果。又如在20世纪80年代以前,“策划”所带的宾语只能是贬义类受事,可90年代后，这一规则不再具有强制性了。[①]

第二，规则稳定与超常修辞运用相统一。语言变化的属性必然带来语言规则的改变，另外，在修辞活动中，表达者更是以能通过违反语法规则取得特殊的理想的修辞效果为荣耀（当然，还有以违背修辞原则来表达修辞含义等现象在实际交际中也很常见），这也是语言智慧和能力的表现。这类违规在现实生活中可以看到，在文学创作、文艺表演（如相声等）以及日常口头幽默风趣的交际等活动中更是常见，这在“现代汉语修辞”的相关章节中将作详细分析。显然，这类“违规”现象不能被视作语病，相反，它是语言表达中一种难得的艺术境界。如下面几例就属“违规”而成的佳例：

[3]那榆荫下的一潭，
　不是清泉，是天上的虹，
　揉碎在浮藻间，
　沉淀着彩虹似的梦。

（徐志摩《再别康桥》）

[4]高松年听他来了，把表情整理一下，脸上堆的尊严，可以用刀刮。

（钱锺书《围城》）

二、语法病误的判断

（一）判断病误的前提与条件

1. 语感是前提

就学习和使用母语的人来说，对病句的判断，自己在长期学习和使用过程中积累的经验和语感就是首要的依据。这一点非常有用，也很重要。

---

① 这一现象可互见在第三章分析“词语组合的限制条件”时所作过的分析。

2. 知识是条件

判断语病，仅凭语感是不够的。很多人有这样的经历，即凭语感确能体会出句子或表达有问题，但具体错在什么地方及怎么修改它，自己却束手无策。可见，除了丰富而准确的语感外，判断病误还需要对语法规则有系统而正确的把握。否则就会像一个平常人，他没有受过任何病理学教育和训练，虽然知道某人身体有毛病，但也无法确诊，更无法医治，只能望"病"兴叹。

具备了以上前提与条件仅仅是必要的，为了使病句的修改能更加准确，我们还应该了解和掌握下面一些基本的诊断方法。

(二)诊断病误的基本方法

根据大量的实践和调查，我们发现判断病误的基本方法主要有：

1. 成分拼合法

句子总是由词与词，或短语与短语组合而成的，如果出现了语法病误，我们首先可以通过成分拼合的方法来发现破绽，找出病根。这种**通过缩小范围，运用逐段成分拼合的手段来诊断病误所在的方法叫成分拼合法。**这里的成分拼合，其对象多为定中、状中等短语结构。如：

[1]在介绍完存在的问题后，接下来我想说明一下我们将要采取的几点对策和措施。

拿到这个句子，我们在逐段拼合后发现，只有划线部分感觉不顺。原来问题出在数量词与名词的搭配上："几点"修饰了一个联合短语"对策和措施"。实际上，"几点"只能修饰"对策"而不能修饰"措施"，能与"措施"构成修饰关系的量词是"项"。如果划线部分改成这样就通了：几点对策和几项措施。有时候，这种成分的组合距离较远，我们也仍然可以运用这一方法，只是难度大一些。如：

[2]最近，开化县一起影响较大的苏庄镇28户农户诉陈某等提供的黑木耳菌种因有质量问题、导致菇农绝收一案，就引起了各

方的注意。

该句出自书面语体，主语部分特别长，但谓语部分并无不妥。通过逐段拼合，我们发现也是偏正组合出了问题："一起"与"一案"不能搭配，可以删掉"一起"。

2. 主干紧缩法

成分拼合法能够较好地解决句子内部局部性病误。有些句子从局部来看并没有什么不通，但整个句子串起来就会发现有问题，对这样的句子我们就可以运用主干紧缩法来诊断。**所谓主干紧缩法是将句子的主干成分拎出，进行紧缩性组合从而诊断病误的方法。**这里的主干主要指主谓、述宾及跨层次的主宾等结构成分。如：

[3]在这里召开的欢迎会，却深深地刺痛了王华，久久不能释怀。

该句由三个部分组成，分开来看，都没有不妥之处。根据句子结构，后面两个分句都是用来陈述第一个分句的，全句主语只有一个：欢迎会。但当我们将划线的两个部分紧缩组合后，就会发现它们两个成分无法搭配：(?)欢迎会+久久不能释怀。显然第三个分句缺少主语。改法为：在第三分句前面或者加上"使他"，或者加上"王华"。

(三)病误修改的几个原则

1. 意义上，与原意保持一致

造成病句的原因多种多样，对它的修改也可以从不同的角度进行，但有一点是首先要遵守的，即保持原意。不能简省意义，当然也不应该增加原本没有的意义。如：

[4]从他们身上，我看到了许多党的地下工作者的光辉形象。

句子因"许多"修饰对象不明确造成歧解：来自许多党的地下工作者；(共产)党的许多地下工作者。所以，如果只是简单地删去"许多"，固然消除了歧解，但句子所强调的"许多"意义就失去了。因此，较好的改法是将划线部分改作：党的许多地下工作者。

[5]请大家把这个问题考虑,以后再抽时间讨论。

句子违反了把字句使用的特征:动词不能是简单形式,就是说“考虑”是个光杆形式,造成结构错误。该句有多种修改,但如果将“考虑”改作“研究研究”,句子固然通顺了,但这一意思是原句所没有的,因此,最好改为:“考虑考虑”或“考虑一下”。

2. 结构上,保持原来组合形式,不要作全局性改换

[6]劫匪把两个经济警察打伤在地,痛苦地呻吟着。

该句因描述对象不清造成病误:“谁”痛苦地呻吟着?修改这一错误的方法不止一个,如可以将前一个分句改成被字句:两个经济警察被劫匪打伤在地……但全句描述的对象就发生了变化,因此,可以在不改变原句结构形式的前提下进行修改——在后一个分句前加上主语:警察。

[7]根据国家有关法律,国家公务员、新闻工作人员和教师一定要提倡普通话。

句中“提倡”与“普通话”搭配不当,可改“提倡”为“说”。但这一改法不符合原意,也改变了原来的结构。正确的改法是,在“提倡”后加“说”或“讲”。

3. 表达形式上,从简从实,不宜将句子改得更加复杂

[8]“骂死人”也要判刑

(上海《报刊文摘》)

“骂死人”属结构歧解,按照文章意思,应该是说:把人骂死了,也是要判刑的。可以有两种改法:

[8-1]“把人骂死”也要判刑

[8-2]“骂死了人”也要判刑

比较而言,[8-2]的改法更好:消除了歧解,也符合原意,而且保留了原来的结构形式。

第二节　语法病误类型与修改

一、词性误用

词性误用是指在表达或造句中，错误地理解了词语的语法功能，产生出病句的现象。如：

[1]多年来，他的工作一直非常模范，是我们学习的榜样。

[2]外面下着小雨，静悄悄的夜啊，是多么地诗意。

[3]我和他已经讲过这件事了，你们没听到？

例[1]中的“模范”是名词，不能放在副词“非常”后，应将“模范”改成“出色”等。例[2]中的“诗意”也是名词，不能受“多么地”状语修饰，可改为“有诗意”等。例[3]则是虚词“和”使用不当：它属两个词类——连词和介词，但句中没有显示出到底属于哪一个，因而产生歧解：

[3-1]我和他都已经讲过这件事……

[3-2]我已经对他讲过这件事……

我们可以根据句子的语境和内容，从两种修改中作相应的选择。

需要强调的是，词性误用与修辞转类(详见第八章)不同。前者是一种错误理解词性功能而给表达和理解带来不便的病句现象，绝不会产生表达上的超常效果，因此，需要纠正；而后者则是一种为了提高修辞表达效果故意临时改变词语功能特征的行为，能体现表达者的语言智慧，能产生积极的表达效果：或幽默风趣，或苦涩辛酸，属于艺术表达范畴，形式上可用引号加以突出。如下面一例即属转类，而不应被视为病句：

[4]“科员”了一辈子，以至于连自己的事情也不敢豪横了。

二、成分残缺

成分残缺是指在造句或表达中，违反搭配规则所造成的成分缺损现象。成分残缺多是由于表达者只顾及到意义而忽视了结构上的完整而造成的，也有一些是因为句子结构较长，首尾难顾而造成的。对表达者来说，所表达的意义是“清楚的”，但从接受者来看，无论在结构还是在内容上看，都有明显的缺漏。成分残缺具体可分为两种情况：一是句子成分残缺；另一种是非句子成分的残缺，如关联词等的残缺。前者如：

[1]经过这次交流，使我们深切地理解了对方的苦衷。

[2]桑拿浴除了消除疲劳恢复体力的作用外，对腰痛、关节炎、风湿症及各种软组织损伤、神经衰弱、消化不良等，还能起到健美减肥作用。

[3]文学作品如果离开了现实生活的基础，或者受真人真事的局限，就难以达到典型地反映生活的本质。

[4]厂里一定会严厉地将那位捣乱的职工处理，你们请放心吧！

例[1]因为结构的误用，导致该句缺少主语，就是说“经过这次交流”不能作后面结构的主语。或除去介词“经过”，或拿掉“使”，都可以使句子成为完整的陈述关系。例[2]中“对……等”是个介词短语，但句中并没有它可修饰的中心成分，应该补出谓词性成分“有治疗效果”。例[3]中第三个分句的动词“达到”缺少必要的宾语，因为“本质”是“反映”的宾语，而“典型地反映生活的本质”又不能成为它的宾语，因此，应该补出“目的”作为宾语。例[4]则是“把”字句中动词结构缺少必要的成分，因为“把”字句的动词形式要求必须是复杂的，因此，可以在“处理”前加上“加以”之类的成分。

成分残缺的另一种形式是复句中关联词语的不正确缺少。现代汉语的复句结构中，关联词确实经常省略，但一定得在语境适当且不影响语义表达的前提下才是被允许的，因此，违反这一原则而产生的句子，我们就可以将它视作病句。如：

[5]她有许多独特的创造，她一再把自己的成就归功于导师的引导。

[6]十月的草原已经很冷了，他穿着单薄的衣服在牧场上忙得浑身是汗。

例[5]由于缺少了关联词“可是”，句子的逻辑关系无法明确显示，应该补上。例[6]同样也是缺少了关联词，使得两个分句之间的转折关系没有得到强调，内容上的对比效果也得不到突出，应该在第一分句前补出“虽然”，在第二分句前补出“但是”。

三、成分多余

成分多余是指在造句或表达中，给句子增加了不必要的成分的病误现象。这类成分多余往往会造成两种结果：一是使句子冗赘，内容啰嗦，但还不至于危害意思的表达；二是画蛇添足，损害句子意义的表达。如：

[1]宣传标语被悬挂在楼顶上，被风吹得哗啦啦地响。

[2]古今中外历代的哲人们都对这些问题给予了充分的关注，也进行了大量的研究。

[3]接到求救电话，他匆匆忙忙地把雨衣穿在身上，骑上自行车就冲出了家门。

[4]我们必须反对一切违反党纪的腐败现象。

例[1]没有必要强调被动特点，第一个“被”应该取消。例[2]中“古今”与“历代”成分重复使用，保留一个即可。例[3]中“把雨衣穿在身上”完全是叠床架屋，因为在“雨衣”的意义成分中，就已经具有了穿在“身上”的特点，因此，应该改成“穿上雨衣”。例[4]则很容易让人产生误解：难道有的腐败现象是不违反党纪的？因此，“违反党纪的”属于多余成分，应该删去。

四、搭配不当

搭配不当是指两个相邻或隔开的词语在语法结构或语义关系等方面违反组合规则的病误现象。有些搭配不当造成的病句是结构性的，如主谓、述宾等类型。有些搭配不当则较为隐蔽，也就是说，从结构上看，没有什么错误，但从语义上看则有错误。

前者如：

[1]记者踏着初春的残雪，采访了这个名誉海内外的中国象棋村。

[2]政治素质高低是评价一个党员干部合格的重要标准。

[3]正是因为上述原因，新潮诗歌的生命力大多数是短暂的。

[4]只有你才会想出这样非常初级的点子。

例[1]中“名誉”是名词，不能与“海内外”搭配，“名誉”应改作“享誉”。例[2]中主谓部分搭配不当：“素质高低”含有两种情况，其中“素质低”就不应该是“合格”的标准，因此，或改为：政治素质高低是评价一个党员干部合格与否的重要标准；或改为：政治素质高低是评价一个党员干部素质高低的重要标准。例[3]中“生命力”与“短暂”不能搭配，省去“力”即可。例[4]中“非常”与“初级”不能组合，因为“初级”是区别词，不能被副词修饰，可将“初级”改为“低级”。

另一种是违反了语义关系的搭配：

[5]这几篇小说可谓是近年来不可多得的好作品，它们描写的感情大胆真挚。

[6]我们常常不禁为我们伟大的祖国拥有这样壮丽而庞杂的古建筑群而感到骄傲。

[7]重点消防单位必须全力消除火险隐患，以避免不发生火灾。

[8]面对乡亲们的热情款待，回想来之前的担忧，一颗愧疚而

又激动的心情久久不能平静。

例[5]中“感情”可以说“真挚”，但用“大胆”去描写就不知所云了，可将“大胆”改作“奔放”。例[6]中的“庞杂”与“建筑群”在意义上不能组合，应将“庞杂”改为“雄伟”。例[7]中“避免”要求后面的宾语在语义上是消极的、不好的行为或事情，因此，“不发生火灾”与它组合就出现了语义矛盾了，应该删去“不”。例[8]中的“一颗”不能修饰不可数名词“心情”，删去“一颗”就可以了。

五、语序不当

语序不当是指在词语组合中由于成分前后位置不当而产生病误的现象。语序不当包括两种情况：一是指结构性语序不当，常常带来结构上的生硬组合或意义上的歧解；另一种是语义性语序不当，这种病误往往是错误地排列几种行为或现象，而使得原句的意思得不到正确、清楚地表达。

前者如：

[1]这也是一种解决此类问题的无疑有效方法。

[2]代表们不由得热烈鼓掌，望着国家领导人兴奋地依次走进会场。

[3]许多汽车厂家普遍在各地开设了各类销售和维修部门。

[4]昨天，我们四个课题小组的研究人员都参加了学术讨论会。

例[1]中的插入语“无疑”应该放在主语“这”后，用以对整个谓语进行强调。例[2]中状语“兴奋”应该是指大家，而不是领导人员，应该调到“望着”前。例[3]中状语“在各地”应放在“普遍”前。例[4]定语“四个”位置不当，使得修饰界限不明：“四个”是限定“课题小组”还是限制“课题小组的研究人员”？可作两种修改：我们来自四个课题小组的研究人员；或：我们课题小组的四个研究人员。

第二种情形是因为错误地理解了行为或现象的逻辑事理关联

而造成的语序不当。如：

[5]八国联军侵略我国的时候，圆明园被焚烧并被洗劫一空。

[6]他刚分配到本单位时的精神面貌和现在相比确实大不相同了。

[7]通常我们写好一篇文章，总要经过反复的推敲、重写，甚至几次修改。

例[5]的词序则是违反了逻辑事理关系，应该是先“洗劫”，再“焚烧”，因此，可改为“被洗劫一空并被焚烧”。例[6]也是犯了同样的错误：在对比过去和现在的差异时，一般是将现在的状况作为主语的，因此，应该改作：他现在的面貌和刚来本单位时相比确实大不相同了。例[7]中“重写”与“几次修改”在事理上颠倒，可以改成：经过反复的推敲、修改，甚至重写。

六、结构歧解

结构歧解是指句子因为句法结构关系或语义关系处理不明确而产生表义含混等病误的现象。

因结构关系而造成语义含混的如：

[1]据报道，6月份的特大暴雨已经造成浙江和安徽部分地区的洪涝灾害。

[2]中央政治局常委、其他党和国家的领导人全都出席了大会开幕式。

[3]他想起来了，但妈妈并没有理会他。

[4]工商管理机构正在对少数无照经营户、出售假劣农资经营户坚决予以取缔。

例[1]因为联合结构界限不明产生歧义：是浙江和安徽两省的部分地区，还是浙江全省与安徽的部分地区？应该根据具体情况作适当的调整。例[2]是因为定语“其他”所管辖的范围不明确而造成歧解：是其他（党和国家的领导人）[义为：中央和政府领导人中除政治局常委以外的人]，还是(其他党和国家)的领导人[义为：别的国家和党的领导人]？按照句子意思，不可能是外国的党和国家的所有领导人都能出席会议，只能是第一种理解，因此，应该改为：党和国家的其他领导人。例[3]则是由于"想起来了"本身含有两种语法关系而造成了歧解："回想起来了"(述补)与"打算起床了"(述宾)，可以根据具体情况作适当调整。例[4]中"少数"因限制界限不明，容易造成歧解：这些经营户本身就不多，现在取缔他们的经营；这些经营户不少，现只取缔其中少数部分。显然按原意应该是前一种意义，修改方法为：删去"少数"。

另外一种歧解是由于句子成分之间的语义关系复杂而造成歧解。如：

[5]他连我都不认识。

[6]我听说会议上反对的只有小王哎。

[7]国防大学这次组织的200余名学员，大部分是从全军部队选拔的年轻优秀中高级指挥员，还有部分以培养高级人才为目标的研究生。

例[5]到底是谁不认识谁呢？可以增添一些成分使它单义化：我这么有名，他连我都不认识；他一点名气也没有，我都不认识他。例[6]中小王是提出反对意见的人呢，还是被反对的对象？也可以根据实际意思，增添一些成分加以单义化。例[7]稍微复杂些，原因在于"以培养高级人才为目标"与"研究生"之间的语义关系多解：可以是——这些研究生将被培养成高级人才；也可以是——这些研究生将被请来把其他军人培养成高级人才。按照句意，似乎应该是前者，应该改成：还有部分是将被培养成高级人才的研究生。

七、结构杂糅

结构杂糅是指表达中将两个或两个以上的句子不合理地揉搓在一起，造成结构纠缠不清、语义不明、令人费解的现象。如：

[1]作为一名合格党员,党的领导干部,办事、想问题,都要从党和人民的根本利益为出发点。

[2]一位退休工人向国家捐赠了一枚古代玉佛珠具有很高的工艺美术价值。

[3]他1995年被授予全省四名优秀领导干部之一。

例[1]是将两种不同的结构杂糅在了一起:从党和人民的根本利益出发与以党和人民的根本利益为出发点,只要保留一种格式就可以了。例[2]则是将两个句子生硬地糅合在了一起,可以改成:一位退休工人向国家捐赠了一枚古代玉佛珠,这枚佛珠具有很高的工艺美术价值。例[3]中除了"授予"的受事宾语残缺的错误外,"授予……之一"部分存在成分杂糅,可改为:1995年他被授予优秀领导干部称号,是全省获此殊荣的四名领导干部之一。

【习　题】

1. 请选择某一部畅销书或某些刊物,收集其中的语法病误,并归纳它们的类型。

2. 请指出下列句子中的不妥之处,并进行适当的修改。

(1)李老师在去学校的路上,突然有一位老人面带笑容地迎上来。

(2)从今天的卫星云图上可以看到,南方大片地区上空有暖湿气流所覆盖。

(3)就是修这条200公里长的铁路,国家投资也已经十分巨额了。

(4)公安人员奋不顾身,抓住了两位持枪行凶的歹徒。

(5)这种错落有致地安排,能使句子读起来抑扬顿挫。

(6)他完全沉浸在回忆过去下农村、筑大坝,与农民们一起参加劳动的紧张生活。

(7)南京长江大桥是双层铁路、公路两用桥,铁路和公路都由正桥和引桥组成。

(8)风夹着豆大的雨点哗哗地下了起来。

(9)不管洞身多窄,空气再不好,时间有多长,他都忍受了下来,终于抢救出困在洞内的工人。

(10)事情已经过去了三年,但是我对他的愤怒还是没有解除。

(11)听了《教育发展规划(草案)》后,许多代表认为,这个草案切实可行,符合本市的实际情况。

(12)它们在32个村子进行了调查,广泛征求了农民对年画的意见和要求。

(13)我们这次看到了代表泰国东北部地区的《捕鱼舞》,它表现了渔民们欢乐勤劳的性格和气氛。

(14)交通民警太辛苦了,我们代表全体师生,向民警学习、慰问。

(15)克隆生物的成功,对人造生物的研究开辟了新篇章,但是也不无危险。

(16)书桌上放着许多同学送来的英文参考书。

(17)全国人民决定以实际行动热烈庆祝中华人民共和国成立五十周年的到来。

(18)不认真努力工作,就不会有好的成绩是可想而知的。

(19)由于作者没有很好地深入调查,凭主观想象加入了一些不恰当的情节,反而大大减弱了小说的感染力。

(20)历史上也曾经有过那么几位文韬武略的英烈人物,想统一天下,但都未曾实现自己的抱负。

(21)揭露美国对华裔友善的公司。(新闻标题)

(22)2006年4月27日,北京市第一中级人民法庭对杀妻弑子的戴跃宗执行死刑。

(23)《丝路花雨》用生动的艺术形象阐明了“历史悬明镜,强盛不闭关”。

第六章　语法研究的新视野

前面五章主要依照结构主义等理论分析现代汉语语法系统，描写了语法成分、语法单位和语法结构，让我们对汉语语法的基本面貌有了初步的了解。同时我们也应该看到，语法研究本身也是不断在发展的，近20年来对现代汉语语法的认识视野有了更新的拓展，对语法规律的认识也更深入了。本章将对此作概要的介绍。

第一节　语法的认知属性与认知研究

人类在认识世界和改造世界的过程中，逐渐对各种事物的性质、特点等有所感知，有所认识，这些认识会不自觉地在语言中表现出来。不同民族、不同时期的人对世界的认识会有所不同，这种不同往往会表现在语言中。比如，英语中，舅舅、伯父、叔叔、姑父、姨夫都用一个词uncle来表示，阿姨、姑姑、婶婶、伯母都用aunt来表达，这种亲属称谓上的分类差异反映了英、汉两个民族在文化上的差异：汉民族的人更注重血缘和家族伦理关系，因而对亲属关系分类较细。《孟子·告子上》说"耳目之官不思，心之官则思，思则得之"，很多跟思维活动相关的词如"思、想、念、虑、忧、恐、惧"都用"心"作偏旁，现在我们知道人类是用大脑而不是心来进行思维，这也从一个侧面反映了认识对语言的影响。因此，语言与现实世界之间不是直接对应的，而是有一个中间的认知构建层次将语言表达和现实世界联系起来。人对现实世界形成的各种概念和概念结构通过这个认知中介层“折射”到语言表达上。拿物体空间关系来说，其物理属性只有一个，如某个桌子上立了一个杯子，只有一个存在状态，但即便是结构相同的描写不同的语言里也可有不同方式，汉语可以说成“桌子上的那个杯子”，英语却可以说成：the cup on the table. 这种从认知的角度来进行语言研究的流派就是认知语言学，其特点是把人们的日常经验看成是语言使用的基础，着重阐释语言和一般认知能力之间密不可分的联系。

认知语言学不但有助于我们描写、分析词汇、语法现象，还有助于我们从语言系统外部、从认知上来解释词义、语法等的发展演变。我们这里主要从语法的角度来介绍认知语言学，这些内容主要包括以下四个方面。

一、原型范畴

自然界和人类社会是由各种类别的人和事物组成的，但每一类别中的成员，其地位并不是均等的，而是有较好的样本与较差的样本之分。比如，在“鸟”这个类别的范畴中，有麻雀、燕子、喜鹊、鸵鸟和企鹅等，我们会自然感觉到麻雀、燕子、喜鹊具有鸟类典型的属性和特点，它们是“鸟”这个范畴的典型（原型）成员，与之相比，鸵鸟和企鹅则是非典型成员。**这种根据与典型事例类比而得出的范畴就是所谓的典型（原型）范畴，即指具有该类范畴典型属性和特点的成员的集合**。语言中的词就是一种原型范畴。[①] 比如“书、石头、桌子、汽车、房子”等是名词，都能作典型的主语和宾语，不能作状语和补语。但处所词和时间词有所不同：它们不但能作主语和宾语：如“屋里关着一只狗”“今天国庆节”中，“屋里”“今天”作主语，但它们又不是施事成分，所以不是典型的主语；在“她在家里唱歌”“一直等到昨天他都没有来”中，“家里”“昨天”作宾语；它

① 参见袁毓林《词类范畴的家族相似性》，《中国社会科学》1995 年第 1 期。

们还能作状语，如“我今天去北京”“我们屋里说话”，“今天”“屋里”是状语。但处所词和时间词经常只能作非典型的主语和宾语，“今天下雪了”，有的语法书把“今天”处理成状语，时间词经常作“在/到/等到”的宾语，这种宾语属于非典型的宾语，处所词往往作“在/到/往”的宾语，也是非典型的宾语。根据能作主语和宾语这一特征，处所词和时间词应该归入名词；但因为多数名词不能作状语，它们又不像名词。因此，我们说“书、石头、桌子、汽车、房子”等是典型的名词，是名词这一范畴的典型成员，时间词和处所词则是非典型名词，是非典型成员。典型成员是一类词的原型，是非典型成员归类时的参照标准。

句法结构中的句法成分也有典型和非典型之分。拿现代汉语的主谓结构和述宾结构来说，主语在语义上可以是施事、受事、与事、工具、时间、处所等，宾语可以是受事、结果、施事、工具、终点、时间等。但是，就绝大多数的句子来说，主语往往由施事充任，宾语往往由受事或结果充任。也就是说，典型的主语是施事，典型的宾语是受事或结果，比如，“我吃了”和“饭吃了”都是主谓结构，“杀了一条鱼”和“来了一个人”都是述宾结构，但是作为主语，“我”比“饭”更典型；作为宾语，“一条鱼”比“一个人”更典型。

原型范畴是以典型成员为核心，它的外围，实际上排列着程度不等的非典型成员。如果把一个词类比作一个家族，每一个词都是其中的成员，它们彼此存在着共同的属性，即所谓家族相似性，但也存在着或多或少的区别，非典型成员就是这个家族中核心属性渐少、其他属性渐多的成分。处于范畴外围的非典型成员往往与其他的范畴又具有一些相似的属性，从而导致范畴与范畴之间边界的模糊。例如，西红柿有时可以称为水果，有时又可以称为蔬菜，它既不是水果这一范畴的典型成员，也不是蔬菜这一范畴的典型成员。语言中也存在类似的现象。例如汉语里，名词和动词的界限似乎比较清楚，但实际上还是有一些词语很难归类，比如：

动宾	偏正1	偏正2
(1)研究问题	研究水平	科学研究
(2)调查问题	调查报告	人口调查
(3)学习汉语	学习园地	理论学习
(4)演出话剧	演出人员	文艺演出

"研究、调查"等既可以带宾语,也可以修饰名词作定语,还可以接受名词修饰。那么"研究"等到底是动词、还是名词?还是名动兼类词?这说明,"研究、调查"等就不是典型的名词或动词。同时也表明,现代汉语系统中,名词与动词这两个类属之间没有绝对的边界。

原型范畴的建立有助于使我们认识到在两个或几个典型集合之间存在着过渡地带,这样,我们在给语法成分或语法现象分类时就可以采取柔性处理的方法,使之得到更为合理和科学的认识。

二、象似性

象似性也有人称为临摹性,是指语言的结构与人所认识到的世界的结构恰好对应,这种对应具有广泛性和重复性。

到目前为止,认知语言学发现的象似性主要有时间顺序原则、距离象似性原则等。

时间顺序原则　是指两个句法单位的相对次序取决于它们所表示的概念领域里的状态的时间顺序。汉语词序和事件的时间顺序之间具有广泛的象似关系。例如普通话带"在"的处所状语,出现在动词之前表示事情发生的地点,出现在动词之后表示事情过后参与者所处的位置。"小猴子在马背上跳"是小猴子先在马背上,然后跳,"小猴子跳在马背上"是小猴子先跳,然后(落)在马背上。汉语的动词连用,不管是形成联合(研究解决)、述宾(打算考研究生)、述补(听懂,笑得直不起腰),还是连动(开着窗子睡觉)、兼语(请李大夫看病)等结构关系,其动词连用的语序都反映了实际生活中动作发生的时间顺序。

距离象似性原则 **距离象似性原则也叫“相邻原则”,是指在功能上、概念上或认知上更接近的实体,在语言表达的层面也放得更近,即语言成分之间的表层形式连接越紧密,其意义联系往往也越紧密,因而形式关系是意义关系的临摹。**比如“瓷茶壶”“布娃娃”“木头桌子”中,定语和中心语之间通常不用“的”,而在“雪白的衬衫”“干干净净的衣服”“通红的桌子”中,定语和中心语之间通常要插入“的”,这是因为“瓷、布、木头”是表示材料质地的,是事物稳定的、固有的属性,因此,它们在概念上跟中心语的联系很紧密,所以中间通常不插入“的”,而“雪白、干干净净、通红”表示的是事物非固有的、临时的属性,它们在概念上跟中心语的关系较为疏远,所以中间通常要插入“的”。英语也存在类似情况。英语中,表中心语稳固属性(包括质料、来源、用途等)的名词往往是直接放在中心语前面,与中心语结合成类似复合词的形式,如“pork pie(猪肉馅饼)、iron rod(铁棒)、life story(生活故事)、stone bridge(石桥)”,而不是用领属结构(如“my friend”或“a friend of mine”之类)。这也是受概念间距离的影响所致。

汉语多层定语的排列顺序也遵循距离象似性原则,例如:

[1]我的漂亮的红呢子大衣

“我”表领属,事物一般不会随领有者的改变而改变,而会随属性的改变而改变,所以领有者和事物的概念距离一定比属性远,语义上的这一特征体现在语序上便是表领有者的成分出现在属性成分之前;“漂亮”表示的是感观感受到的或与心理估价相关的性质,是事物的临时状态;质料“呢子”表示的是事物本身固有的属性,在概念上跟“大衣”的关系最为密切;而表颜色的“红”则介于“漂亮”和“呢子”之间。

三、转喻和隐喻

隐喻 就是不明说的比喻，即利用具体、生动、常用、熟悉的概念来映射比较抽象、陌生、难以理解的概念。如把时间比作金钱，把生命比作旅程，把某种因果发展关系比作家族前后辈（如索绪尔是现代语言学的鼻祖）等。再比如把有关战争的说法引入到辩论中来：论战、争论、抨击、打笔仗、理论战线、唇枪舌剑、入室操戈、大张挞伐、人身攻击、批评的武器等等。战争与辩论具有相似性，即都有胜败，把辩论的对方视为敌手，是受战争这个概念支配的。隐喻是一种很普遍的认知现象和语言表达现象，最常见的是由空间到时间的隐喻。例如：

[2]前天、后天　　前年、后年

上个月、下个月　　上旬、下旬　　上个星期、下个星期

[3]时间过得真快　　激动人心的时刻到了　　春天来了

[4]唱起来　　唱下去

"前、后、上、下"本是表空间方位的词语，如"屋前、屋后、桌子上、桌子下"，但例[2]的"前、后、上、下"却是与时间词语相搭配，这是借表示空间的词语来表示时间顺序或时间段。"过、到、来"本来是表示空间位移的词语，如"过马路""火车到站了""哥哥来了"。但例[3]中，与之搭配的词语不具有表空间位移的语义特征，"过、到、来"表示的是时间的推移。例[4]中，"起来、下去"本来也是表示空间的位移，但与之搭配的词语也都不具有表空间位移的语义特征，"起来"在这里表示时间的开始，"下去"表示时间的延续。

转喻 又叫"借代"，依赖于A和B的临近性与关联性，把A看作相关的B。例如"白宫没有表态"是用"白宫"指代美国政府。认知语言学认为，转喻是依据相邻原则认知世界的一种机制，与特定语境中临时运用的修辞手段"借代"有相通之处。语言学中常说

的“转指[1]”现象实际上就是一种认知上的“概念转喻”，属于同一认知框架[2]内的转指，有用局部指代整体，容器指代内容等类型。例如：

[5]一营昨晚捉了一个舌头。

[6]壶开了。

“舌头”指代人，这是用部分指代整体；“壶”指代水，这是用容器指代内容。但不是任何一样事物都可以用来指代另一样事物。“壶开了”可以指代水开了，但是“壶坏了”不会说成“水坏了”；水变质了，也不会说“壶变质了”。“转喻”不是杂乱无章的，而是有一定的规律可循的。大体来说，在同一认知框架内，用显著的东西来转喻不显著的东西是一般规律。显著的事物是容易吸引人注意的，是容易识别、处理和记忆的事物。比如我们说“手里拿着锤子”，是用“锤子”转指“锤子的把”，这种因为“锤子”比“锤子的把”在认知上要显著。再如我们用《西厢记》里的“红娘”转指媒人，用“伯乐”转指善于发现人才的人。在媒人中那个“红娘”最显著，善于发现人才的人中“伯乐”最显著。

转喻和隐喻的相同点在于，它们都是概念形成的手段。不同之处在于，隐喻是相似认知模型之间的投射，转喻是两个相关认知范畴之间的转变。隐喻主要是一种理解手段，转喻主要是一种指代手段。

转喻和隐喻作为认知现象也会引起语法发生变化，这个内容放在第二节“语法化的动因”中讨论。

---

① “转指”指行为动作或性质本身转化为指与行为动作或性质相关的事物，如用“开车的”来转指“开车的人”，不仅词性发生转化，语义也发生变化。参见沈家煊《“转指”和“转喻”》，《当代语言学》1999年第1期。

② “认知框架”指人根据经验建立的概念与概念之间的相对固定的关联模式。认知框架有“容器—内容、整体—组成部分、领有者—领有物”等等。

四、图形与背景

我们感知两个事物之间的空间关系时，往往把一个事物A作为直接对象“图形”，而把另外一个事物B当作“背景”。图形又叫“目的物”，背景又叫“参照物”。图形比背景显著。**图形具有“凸显、较小、居于中心位置、可移动、容易引起注意、容易辨认”等特点；背景具有“不凸显、较大、居于边缘位置、静态、不可移动、不容易引起注意、不容易辨认”等特点。**如“一个气球在房子上空”中，“气球”一般被看作图形，“房子”被看作背景。由于我们观察事物的方式等主观因素的影响，图形与背景在一定条件下可以转换。比如左图，如果注意白的部分，看到的图形是花瓶，黑的部分是背景。如果把注意力集中于黑的部分，图形和背景就发生倒换，看到的图形是两个相对的头像，白的部分成了背景。

我们观察事物，可以从图形到背景，也可以从背景到图形。相应地，语言表达也采取不同的形式。例如：

[7]小鸟在笼子里。鸟笼子在走廊上。

[8]表演者在舞台上。舞台设在操场上。

[9]笼子里有只小鸟。走廊上有个笼子。

[10]舞台上有表演者。操场上设了舞台。

例[7][8]是图形（小鸟、鸟笼子、表演者、舞台）在前，背景（笼子里、走廊上、舞台上、操场上）在后；例[9][10]则是背景在前、图形在后。

图形与背景有的可以转换，有的则不能转换。例如：

[11]树在岩石的左边。——岩石在树的右边。

[12]一辆自行车在教堂旁边。——＊教堂在一辆自行车旁边。

[13]操场上面有一只风筝。—— * 风筝下面有一个操场。

例[11]可以转换,属于对称关系,图形与背景构成"互衬位置"。例[12][13]通常不能转换,因为小的物体、容易移动或运动的物体通常被看作图形,图形与背景只能构成"单衬位置"。

汉语句子的结构组合存在着背景先于图形出现的趋势,即先说背景,后说图形。受这种"背景—图形"的表达顺序影响,汉语因果复句、条件复句、假设复句等偏正复句通常是偏句在前,正句在后。同理,汉语偏正短语的定语和状语总在前,中心语总在后。虽然,"湖中心有个亭子"和"亭子在湖中心"都可以说,但汉语中通常说"湖中心有个亭子"。英语则相反,通常采用图形先于背景的顺序,如"湖中心有个亭子",英语要说成"there is a pavilion at the centre of the lake"。这个道理也可以解释中国人和欧美人在书写信封上的信息时的不同:中国人在写信封时,总是遵循由国名到省(城市)名、街道名最后到姓名的顺序,而欧美人则恰恰相反。

第二节　语法化与语法的发展

一、语法化的定义

如果我们将普通话和古代汉语作一比较,就会发现,普通话里面很多的虚词如动态助词"着、了、过"等在古代汉语是没有的。这些虚词大多是由古代汉语的实词发展演变来的。比如,"着"最初是个"附着"义动词,魏晋南北朝时期,"着"经常处于"V+着+处所名词"的结构中,"着"是动词的补语:

[1]文若亦小,坐着膝前。

(《世说新语·德行》)("着"在语义上相当于"在")

[2]负米一斛,送着寺中。

(《六度集经·卷四》)("着"在语义上相当于"到")

到了唐代，出现了一个重要变化："着"可以处于"V＋着＋O"结构中，"着"后面可以跟实体名词，"着"变为动态助词。

[3]余时把着手子，忍心不得。

（张锈《游仙窟》）（"着"表动作的持续）

[4]莫为此女人损着符(府)君性命。

（《敦煌变文·叶净能诗》）（"着"表动作的实现）

例[1][2]的"着"还有一定的实义，而例[3][4]的"着"则演变为表体意义的虚词了。例[3][4]的"着"分别由例[1][2]的"着"演变而来。**这种由实到虚的过程或现象就是我们通常说的"语法化"（grammaticalization）**，即指一个意义实在的词转化为无实在意义、表语法功能的成分，或者一个意义不太虚的语言成分变成一个更虚的成分。① 语法化的结果，一方面是该语言成分使用范围的扩大，另一方面是该语言成分的具体意义变得空灵。

语法化历来属于历史语言学的范畴，直接跟研究语言的演变相关。19 世纪它是历史比较语法学家关注的现象。"语法化"这个术语是法国语言学家梅耶（A·Meillet）在《语法形式的演化》（1912）一文中首先提出的。跟语法化相类似的概念，在中国叫作"实词虚化"。元人周伯琦在《六书正讹》中说："大抵古人制字，皆从事物上起。今之虚字，皆古之实字。"这个提法比西方人早几百年。但"语法化"的范围比虚化广，不仅包括实词虚化为语法成分，也包括语法范畴（如量词）的产生和形成。

二、语法化研究的意义

语法化可以解释从语言系统内部无法解释的一些语言现象。语法化现象表明语言并不是一个自足的系统，它跟语言外的因素，如人的认知能力密不可分。例如，"她在厨房"和"她在做饭"，"在"

① 参见沈家煊《"语法化"研究综观》，《外语教学与研究》1994 年第 4 期。

由空间引申为表时间，而不是相反，这是人的认知总是从空间转移到时间的规律在起作用，是人的认知引起了语言的变化。

语法化可以解释许多共时平面上难以解释的语言现象。语言研究中，有许多共时现象要结合历时因素才能得到更清楚的解释。例如现代汉语语法中的介词，有些是较地道的介词（如“从”“把”“被”），有些带有很强的动词性（如“到”），有些则介于两者之间（如“给”），这种现象只有结合汉语的介词历史上都由动词虚化而来这一事实才能得到合理的解释。

三、语法化研究的主要内容

实词的虚化 着重研究实词如何虚化为语法成分。偏重于从人的认知规律来探究语法化的原因。比如，语言中普遍存在从空间认知域转移到其他认知域的现象。这一现象背后的认知动因是：空间概念是人类最基本的概念，因此，语言中表空间的词是最基本的，它们是派生其他词语的基础。这种派生通过隐喻或其他引申从空间这个认知域转移到其他认知域，如时间域、目的域，等等。例如“在”这个词，在“她在厨房”中代表空间域，在“她在做饭”中代表时间域，在“她喜欢做饭，不在吃而在消遣”中代表目的域，“在”表时间、目的的概念是由表示空间概念转化而来的。

篇章成分的转化 着重考察章法成分如何转化为句法成分和构词成分。偏重于从语用和信息交流的规律来探究语法化的原因。例如：

[5]“哎，你看！”她停住脚步惊叫起来，“你看，这是什么？”他看见一条水沟里满满的堆着彩陶的碎片。

（张承志《北方的河》）

[6]她爸爸前年落实政策了，又补发了工资、定息。要是不跟我结婚，她完全可以办回上海去。有一次，我一高兴，多喝了两口，我说：“你看，你懊悔了吧，要不跟我结婚，不就回上海照样当小姐

了么？”

（张贤亮《肖尔布拉克》）

例[5]的“你看”是让听话者在视觉上注意某一实际存在的对象，而例[6]的“你看”则演变为一个话语标记了，即由视觉上的注意某一对象语法化为提示听话者注意某一情况。

四、语法化的动因

某个语言成分或语法结构的语法化，有一定的内在原因。语言表达的需要和人类认知规律的驱动是语法化的主要原因。一方面，从组织信息的角度来看，我们在组词造句时，需要淡化、弱化某些信息，而强调、突出另一些信息，例如时体标记的作用是让说话人在提供时间信息的同时不像用实词那样将这一信息突现出来，不让它干扰句子主要信息的传递。因此，在语言表达中，用一些虚化的成分来表达语法关系或语法概念是语言表达所需要的。另一方面，人类认知规律由具体到抽象的不断发展，也会导致语法化。人类认知规律引起语法化的原因很多，最主要的是隐喻和转喻。

隐喻引起的语法化　如本章第一节所述，隐喻是从具体的概念映射到相似的抽象的概念。例如“咫尺”本来表空间距离近，多作宾语；引申为“微小”，常作定语；空间意义虚化为表“短暂”的时间意义，当用作状语时其意义和功能进一步虚化，形成表“立刻”的时间副词。分别举例如下：

[7]终日行不离咫尺，而自以为远，岂不悲哉！

（《淮南子·道应训》）

[8]虽有高世之名，而无咫尺之功者不赏。

（《战国策·秦策》）

[9]宁知翻手明朝事，咫尺人生不可期。

（晁补之《芳仪苑》）

[10]一封书札逡巡到，半万雄兵咫尺来。

（王实甫《西厢记》）

“咫尺”由表空间距离近引申为表“微小”义，是由空间域隐喻到表性质域；“咫尺”由表空间距离近引申为表“短暂”的时间意义，再进一步语法化为表“立刻”的时间副词，这是由空间域隐喻到时间域。

转喻引起的语法化　语法上的转喻通常是指在一定的语境或上下文中，通过推理，使得一些词语的隐含义逐渐明确化、固定化，从而使一个词由 A 义转化为 B 义。比如动词“却”虚化为副词的过程中，可以表示时间副词“又、再”，由于此时往往连接两个事件，如果纯粹从时间的角度来看，“却”表示动作的重复，如果从逻辑的角度来看，“却”表示逻辑关系的转折。例如：

[11]今投甚处，兴得军兵，却得父业。

（《敦煌变文·前汉刘家太子传》）

[12]逢人便觉乡音异，却恨莺声似故山。

（司空图《漫书五手之一》）

[13]诸侯道是贼来，都起兵至，却无贼人，褒姒大笑。

（郑镇孙《直说通略》）

例[11]中“却”是时间副词，“得军兵”与“得父业”是同类事物的累加；在例[12]这样的语境中，“却”隐含着表转折的意思，即既可以分析为表重复，又可分析为表转折。例[13]的“却”表示转折的隐含义已经固化了，取代了原来表重复的意义。

人类从具体向抽象的认知规律和语言表达中组织信息的原则相互作用，导致语言在使用中不断产生新的语法成分，使某些有实在意义的词语法化为表抽象的语法概念或语法功能的词。

此外，语言接触也会引起语法化。一种语言在发展演化过程中不可避免地要与别的语言接触，在接触过程中，该语言的语法形态、句法结构会因语言的借用等因素发生变化。如现代汉语中动词词缀“化”的产生就是语言接触的结果。

五、语法化的机制

导致语法化的过程实现的基本机制主要有两种，一是“重新分析”，一是“类推”。

重新分析 重新分析是指在没有改变表层结构形式的情况下，一个可分析为(A,B),C 的结构由于认知角度的变化，经过重新分析变成了 A,(B,C)的结构。例如，“落花如雪鬓如霜，醉把花看益自伤。”(白居易《花前有感兼呈崔相公刘郎中》)中，“把＋N＋V”结构，可以由“VP＋VP”连动结构重新分析为“PP＋VP”即“介词＋动词”结构，“把”由“握持”义动词重新分析为表处置的介词，这是“把”由动词语法化为表处置的介词的中间环节。重新分析最典型的特征是引起语言成分的重新切分，如语言成分之间的融合、边界的转移或消失。比如“明月看欲坠，当窗悬清光”(李白《拟古十二首之二》中，如果认为“看”为“眼看着”的意思，可以分析为动宾结构；如果认识到“看”已经虚化为“渐渐地”，就应该分析为状中关系。再如，汉语的体标记“着”“了”“过”开始作为一般动词常处于“动＋宾＋补”结构的补语位置，在动和补之间没有插入宾语的句法环境中，它们逐渐粘附于其前面的动词，原来的切分边界也随之消失。

虚化现象作为语言发展过程中的一种趋势，是客观存在的。在语法化过程中，转喻会导致重新分析，而重新分析并不都是转喻引起的。重新分析作为一种主观行为，其作用就是从认知的角度把各种虚化过程加以确定，使之明确化和形式化。

类推 类推是语法规则从相对有限的范畴扩展到更广范畴的泛化或优化过程，即一种形式以一种或多种其他形式为模型而产生的过程。英语 swell(膨胀)的过去分词原先是 swollen。由于绝大多数过去分词的形式是在词干后加－ed，在类推的作用下，不规则的 swollen 也被拉到合规则的行列里来。再如，在古汉语中，

“动＋宾”是占优势的结构格式，“宾＋动”只在一定的条件下出现。在发展的过程中，“动＋宾”逐渐替代了“宾＋动”。古代汉语代词宾语从前置变到后置，也是类推作用的结果。上述“逢人便觉乡音异，却恨莺声似故山”中，“却”已隐含有表转折的意义，在类推的作用下，“却”便可用于“诸侯道是贼来，都起兵至，却无贼人，褒姒大笑”这类只表转折意义的语境中。

重新分析与类推在语法化过程中互为条件、交替地起作用。类推可诱发一个重新分析过程，并使得通过重新分析而产生的语法构式扩展到整个语言中去。

六、语法化的原则

语法化是一个复杂的语法变化过程，人们对它们的研究还开始不久，就到目前为止的认识来看，这一过程主要体现的原则有以下几条：

并存　指一种语法功能可以同时有几种语法形式表示，一种新形式出现后，旧的形式并未消失，新旧形式并存。比如，古汉语表示假设的连词有“如、若、苟、为、假、设、诚、使”等十多个，都由不同的渠道虚化而来。现代汉语里表示被动的“被”字产生于战国末期，至今仍和后起的“叫、让、给”等字并存。并存原则造成汉语历史上虚词繁复和分歧的现象。

择一　指表达同一语法功能的多种并存形式经过筛选，有的被淘汰，只剩下一二种。例如汉语里面的“将”和“把”先后由动词虚化为以引进受事为主的介词，在相当长的一段时间中，“将”“把”并用，后来的结果是“把”在通语中淘汰了“将”，成为唯一以引进受事成分为主的语法成分。

保持　指实词虚化为语法成分之后，多少还保持原来实词的一些特点。例如“叫”作为被动标记是从使令意义的动词“叫”演变来的，而表使令意义的动词“叫”通常构成兼语式，必须后续名词性成分，如“衣服你叫她去洗”。演变成被动标记之后，一般要有一个名词性成分跟在后头，也就是说，用“叫”构成的被动句，动词的施事一般要出现，不出现施事的情况是非常少的，如“好好的宝玉，倘或叫这蹄子勾引坏了，那还了得。”（《红楼梦》）中的“这蹄子”就不能去掉，这跟另一个被动标记“被”有所不同。“被”作为被动标记是由表遭受义的动词演变来的，本来就可以带谓词宾语，演变成被动标记之后，常常可以直接附在动词之前，亦即可以不引出施事成分。“保持原则”有助于我们探寻语法成分的来源，残留的特点往往成为我们考求某个语法成分来源的线索。

降类　指实词虚化总是伴随着词性的降格，即由主要词类降为次要词类（这是按词义的虚实排出词类的等级，把意义实在的词类看成主要词类，把意义较虚的词类看成次要词类），或由开放的词类变为封闭的词类。这条原则已经包含在语法化的定义之中了。

歧变　指一个实词朝一个方向变为一种语法成分后，仍然可以朝另一个方向变为另一种语法成分，结果是不同的语法成分可以从同一个实词歧变而来。例如“在”原本是动词。它在连动结构中充当第一动词时，这个“在”演化为介词（在黑板上写字）。它又在连动结构中充当第二动词，这个“在”演化为语气词（“天下道理更阔在。”《朱子语类》卷22）这是第一个层次上的歧变。介词“在”构成处所结构（“在这里/在那里”），位于动词之前的“在”字结构语法化为表示动作进行的副词（“屋子里有人在小声说话”），位于动词之后的“在”字结构语法化为表静态持续的助词（“灯亮倒在”。湖北宜都方言）。这是第二个层次上的歧变。

滞后　指语形的变化落后于语义的变化，其结果是同一词形既表虚义，又表实义。虚化表现在语义和语形两个方面。语义的虚化包括泛化、抽象化等；语形的变化是由大变小，由繁变简，由自由变为黏着。就汉语的情况来说，通常是语音的弱化，由自由变为黏着。有些实词在虚化为语法成分之后，并没有改变原来的语音形式，如介词、副词，词头“老”和形容词“老”也取同一形式。有的则由本调变为轻声，韵母也相应弱化，如动态助词“了、着、过”，不过这种语音形式的改变仍然是在它们由实词变为语法成分之后。

频率 是指一个词发生虚化，必须有很高的使用频率，高频使用是虚化的必要条件。汉语里面很早就有“动＋宾＋完成动词”这样的句式，进入这个格式的完成动词有“毕、竟、已、讫、了”等。大约到了唐代，“了”成为用在这个格式中最为常用的完成动词，所以“了”后来发生虚化，逐渐演变成完成体助词，其余的几个由于使用频率不高，就没有演变成完成体助词。

渐变 指语法化是一个渐变的过程。这条原则意味着，一个词由 A 义转变为 B 义，一般总可以找到一个既有 A 义又有 B 义的中间环节。如“逢人便觉乡音异，却恨莺声似故山”中表重复兼表转折的“却”。

单向性 指语法化的过程是以“词汇成分＞语法成分”或“较少语法化＞较多语法化”这种特定方向进行的，如“伴随动词＞伴随介词＞并列连词”的语法化链就是一个典型代表：

[14]昔吾尝共人读书，言及王莽形状。（颜之推《颜氏家训·勉学》）

[15]后于中间，共他交往。（《百喻经·妇诈称死喻》）

[16]落花与芝盖同飞，杨柳共春旗一色。（庾信《三月三日华林园马射赋》）

“共”在例[14]中是伴随动词，例[15]中是伴随介词，例[16]中是并列连词。“共”的语法化过程应是由“伴随动词”语法化为伴随介词，再进一步语法化为并列连词，而不是相反的方向。

【习　题】

1. 认知语言学中的隐喻和转喻跟中国传统修辞学的比喻和借代分别有什么相同之处？又有什么不同之处？

2. 汉语词类的划分是个老大难的问题，试用原型理论，从典型成员与非典型成员的角度谈谈你对汉语词类划分的看法。

3. 普通话中，用“这个日子过不下去”来表达日子难过、无法摆脱眼前困境，但在有的方言如安徽宿松方言中，却用“这个日子过不出来”来表达类似的意义，试从认知上来分析这两种表达的差异。

4. 从认知的角度分析下列句子是如何运用转喻的。

(1)铅笔折了。

(2)我吃了一个梨子。

5. 下面的句子是如何运用隐喻的？

(1)山脚、背阳、桥头、门面、圆心

(2)又过了一年。

从星期一干到星期五。

唱起来　发展下去

醒过来　昏过去

6. 他差一点儿摔倒了(没摔倒)

他差一点儿没摔倒(没摔倒)

他差一点儿考上大学了(没考上)

他差一点儿没考上大学(考上了)

他差一点儿进班房了(没进)

他差一点儿没进班房(没进)

他差一点儿进前五名了(没进)

他差一点儿没进前五名(进了)

她差一点儿结婚了(没结婚)

她差一点儿没结婚(歧义：结了婚或没结婚)

请从认知的角度说明“差一点儿没 vp”格式为什么会产生歧义。

7.“上街购物”和“红色的木桌子”可以说，但不说“购物上街”和“木的红色桌子”，请用象似性原则来加以解释。

8.我们可以说“墙上那棵钉子旁边有一只蚊子”，但通常不说“墙上那只蚊子旁边有一棵钉子”，请从认知上加以解释。

9.语法化跟我国的实词虚化有何相同之处？有何不同？

10.为什么近些年来语法化重新受到许多语言学家的关注？

11.请举例说明语法化的动因和机制。

12.请举例说明语法化的原则。

13.重新分析是语法演变中比较常见的现象。结构的重新分析，一定会经过三个历史阶段，分析下面句子中“把”字的意义和用法，并指出哪个句子可作重新分析。

(1)无把铫推耨之劳，而有积粟之实。

（《战国策·秦策》）

(2)明年此会知谁健，醉把茱萸仔细看。

（杜甫《九日蓝田崔氏庄》）

(3)莫言鲁国书生懦，莫把杭州刺史欺。

（白居易《戏醉客》）

14.汉语的“被”字原来是一个动词，有两个意义，一是“覆盖”义，一是“蒙受、遭受”义。表被动的介词“被”由遭受义动词发展而来，试根据下面的句子分析“被”的语法化过程。

(1)平阳侯曹参身被七十创，攻城略地，功最多，宜第一。

（《史记·萧相国世家》）

(2)今兄弟被侵，必攻者，廉也；知友被辱，随仇者，贞也。

（《韩非子·五蠹》）

(3)今月十三日，臣被尚书召问。

（蔡邕《被收时表》）

15.结构助词“的”早先写作“底”,大约到元代才有“的”的写法,字形的改变透露出语音变化的消息。请指出这种现象是语法化的什么原则在起作用。

参 考 文 献

陈昌来.现代汉语语义平面问题研究.上海:学林出版社,2003

戴浩一,薛凤生.功能主义与汉语语法.北京:北京语言学院出版社,1994

郭锐.现代汉语词类研究.北京:商务印书馆,2018

胡壮麟.功能主义纵横谈.北京:外语教学与研究出版社,2000

李宗江.现代汉语语法演变研究.长春:东北师范大学出版社,2010

刘坚.二十世纪的中国语言学.北京:北京大学出版社,1998

卢英顺.形态和汉语语法研究.上海:学林出版社,2005

陆俭明.现代汉语句法论.北京:商务印书馆,1993

陆俭明.现代汉语语法研究教程(第五版).北京:北京大学出版社,2019

陆俭明,沈阳.汉语和汉语研究十五讲(第二版).北京:北京大学出版社,2016

吕叔湘.现代汉语八百词(增订本).北京:商务印书馆,1999

吕叔湘.吕叔湘自选集.上海:上海教育出版社,2019

马庆株编.语法研究入门.北京:商务印书馆,1999

邵敬敏.汉语语法学史稿.北京:商务印书馆,2006

邵敬敏.现代汉语通论(第三版).上海:上海教育出版社,2016

沈家煊.不对称和标记论.北京:商务印书馆,2015

石毓智,李讷.汉语语法化的历程——形态句法发展的动因和机制.北京:北京大学出版社,2001

王力.汉语史稿.北京:中华书局,2015

吴福祥.近年来语法化研究的进展.《外语教学与研究》2004

第2期

邢福义.汉语特点面面观.北京:北京语言文化大学出版社,1999

叶蜚声,徐通锵.语言学纲要(修订版).北京:北京大学出版社,2010

袁毓林.汉语语法研究的认知视野.北京:商务印书馆,2004

袁毓林.汉语词类的认知研究和模糊化分.上海:上海教育出版社,2010

张斌,胡裕树.汉语语法研究.北京:商务印书馆,1989

张敏.认知语言学与汉语名词短语.北京:中国社会科学出版社,1998

赵元任.汉语口语语法.吕叔湘译.北京:商务印书馆,2005

朱德熙.语法讲义.北京:商务印书馆,1982

朱德熙.语法答问.北京:商务印书馆,1999

下　编

现代汉语修辞

第七章 现代汉语修辞概述

第一节 修辞及修辞要素

一、修辞与修辞学

(一)什么是修辞

1. 修辞的含义

"修辞"有两层含义。这里先看一下它的第一层含义:**指适应特定的目的与语境,运用恰当的语言手段,获得意图明确的交际影响或表达审美效果的言语行为及其规则。**修辞并不玄妙,它既存在于名作名篇中——我们可以从古今中外的佳作中体会到各个层次、各种风格的修辞艺术,也时时刻刻表现于现实生活中——在社交活动越来越频繁的今天,无论在严肃庄重的公共活动中,还是在纯私人交往中,优秀的修辞表达艺术无疑能起到使工作成功和生活快乐的催化作用。下面这几个为我们所熟知的成功用例就可充分地显示出修辞的实质:

[1]北大荒使他(美国专家)联想到了开拓初期的美国的西域。一下吉普车,在迎接他的人面前,专家摔了一跤,爬起来后,他情不自禁地扬臂大呼:"朋友们,我是为你们的北大荒而倾倒的!"

(梁晓声《荒原作证》)

很显然,面对意外,这位专家不是简单地说一些让大家不要担心之类的话，而是运用了具有双关含义的“倾倒”一词。这一言语活动恰当而富有效果：既表达出自己的惊喜，也避免了摔跤可能给双方带来的窘迫。

日常口语中可以随处见到巧词妙语带来的欢乐，在庄重严肃的交际场合也同样需要表达的技巧。有一则流传甚广的故事是这样描写罗斯福总统的口才的：

[2]据说，罗斯福在当总统之前，曾在海军里担任要职，一天，一位朋友向他问起海军在加勒比海的一个岛建立潜艇基地的计划。罗斯福向四周看了看，压低声音问：

“你能保密吗？”

“当然能。”那位朋友答道。

“那么，”罗斯福微笑着说：“我也能。”

罗斯福先生用暗设圈套的办法，让对方得出否定自己要求的结论。既坚持了原则，又没让对方难堪。

口语交际中词语、句子的选择以及表达方式的合理运用很重要，书面语中也同样不能忽视。所谓“语不惊人死不休”就体现了古人对文章词句选择和锤炼的理想与决心，许多写作佳话也给我们留下了他们对美文佳句可贵的追求精神。如对“春风又绿江南岸”中“绿”字经多次改换才得，又如对“僧敲月下门”中“推”→“敲”选择的故事等，我们都已非常熟悉。现代著名作家在自己的写作过程中，对语言表达也同样是精雕细刻、孜孜以求的。鲁迅先生在《为了忘却的记念》中有一首诗：

[3]惯于长夜过春时，挈妇将雏鬓有丝。
梦里依稀慈母泪，城头变换大王旗。
忍看朋辈成新鬼，怒向刀丛觅小诗。
吟罢低眉无写处，月光如水照缁衣。

其中第三句中“忍看”原为“眼看”，“刀丛”原为“刀边”。鲁迅先生所以要这样修改，目的在于能更悲愤地表达出自己的痛苦：不愿看那残酷的现实，但无法逃避；在于能更强烈地表现他对黑暗统治的控诉：举目看去，似摆满了杀害青年志士的屠刀，遍地都是屠场。虽仅更换两字，但前后境界确实大不相同了。

可见，在一切口语或书面语中，有助于使自己的思想或情感表达得更得体、更具审美效果的言语行为及其规则，就是修辞。

2. 修辞的作用

语言符号为我们提供了无穷无尽的材料和规则资源，似乎只要稍加了解便可像一个工具一样供我们随意差遣；运用语言符号的方式也同样多种多样、多姿多彩，似乎也只要能遣词造句便能表情达意。事情远非我们想象的那么简单：大量而丰富地掌握了语言成分、精通各种组合规律的人，其语言表达水平不一定能让人恭维，同样，熟悉各类表达技巧的人也不一定能把话说得得体。如《中国青年报》曾报道过这样一件事：

[4]一个青年人口普查员，碰到一位年逾七十的老大娘，便照着普查表上的语言问她："有配偶吗？"大娘愣了半天，反问道："什么配偶？"小伙子解释道："就是你丈夫。"老大娘笑了，说："你说丈夫不就得了，俺们哪懂你们文化人说的什么配偶哩。"

普查员原来也并没有说错，但他没有考虑到接受对象对词语掌握和理解的水平，"配偶"用得不得体了。从这里看来，词语的选择和运用的好坏不仅仅是掌握语言符号多少所能解决的。同样，一种表达方式的选择也会给交际效果带来直接的影响。话剧《日出》中就描写了一个因表达方式错误而给职业乃至生活带来重大负面影响的实例：大丰银行职员李石清自恃平日勤苦，且又帮助经理潘月亭在公债市场投机成功，被升职为襄理，便忘记了自己的身份，忽略了修辞行为中的礼貌原则，竟当面直呼经理的名字为"月亭"，甚至以"你"相称：

[5]李：我提议，月亭，这次行里这点公债现在我们是绝对不要了。我告诉你，这个行市还要大涨特涨，不会涨到这一点就完事。

并且我现在劝你，月亭，我们最好明天看情形再补进，明天的行市还可以买，还是吃不了亏。

殊不知听者早已忿忿然。潘月亭最后终于找到一个机会将他辞退了，并在辞退时将这股闷气发了出来：

[6]"你以后没事可以常到这儿来玩玩，以后你爱称呼我什么就称呼我什么，你叫我月亭也可以；称兄道弟，跟我'你呀我呀'地说话也可以；现在我们是平等了！再见。"

又如，比喻是使用频率很高、具有很好的表达效果的一种修辞手法，但比喻的构拟和使用并非那么容易，既要注意本体和喻体之间相似性的关联，还有顾及使用的具体环境与对象的特点。不久前，一位著名主持人因自己所写的书遭到批评，他恼火异常，竟口不择言地说："我简直觉得他们是消灭不绝的一群苍蝇。"将批评者比喻成他赶而不走灭而不绝的苍蝇，对他来说固然是很痛快，但他没有想到的是："苍蝇"喜欢的是些什么东西呢？显然，这个喻体选择得并不好。

由此可见，修辞虽然处处存在、处处需要，但并不是一件非常容易的事。正因为修辞是我们离不开的行为，且有相当的技巧和规律，对交际活动和表情达意有重要影响，所以，自古以来，修辞就很受重视。

远在先秦时代，就有很多哲人对修辞行为表现出浓厚的兴趣和深切的关注。孔子曾说过"言之无文，行而不远"(《左传·襄公二十五年》)，"情欲信，辞欲巧"(《礼记·表记》)。老子、庄子等哲学家也同样对修辞现象非常关心。后世许多大家对修辞行为给予的关注就更多了，有时候甚至将它放在安国全身的高度来看待。汉代的刘向就曾引用前人的语录强调了修辞的重要性：

子贡曰："出言陈词，身之得失，国之安危也。诗云：'辞之绎矣，民之莫矣。'夫辞者，人之所以自通也。"主父偃曰："人而无辞，安所用之？昔子产修其辞而赵武致其敬，王孙满明其言而楚庄以惭，苏秦行其说而六国以安，蒯通陈说而身得以全。夫辞者，乃所以尊君、重身、安国、全性者也。故辞不可不修，而说不可不善。”

（刘向《说苑·善说篇》）

在现代生活中，随着社交面的扩大，生活节奏的加快，每个人都常常要与他人、社会交往，语言表达就是其中首要的中介手段：从纯私人生活的交往，到行政公文的起草修改；从商业性的谈判及相关报告准备，到各类文艺创作；从短小精悍的广告词构拟，到长篇年终报告，等等，这一切无不需通过语言文字运用才能完成。为了理想地完成这些言语行为，对较为成熟的修辞技巧与规律的掌握和科学使用，对每个现代人来说，都是非常有意义的。

3. 修辞的层次与效用类型

（1）修辞行为从其构成特征来看，可以分为两个层次。

第一层次是常规修辞。**所谓常规修辞是指在合乎语言规范的前提下，有效调动语言的一切因素，在表达上获得音节节奏协调、寻常词语使用艺术化、句子格式得到最佳组配等效果的言语表达行为。**这一层次的修辞行为应该是较规范表达更高水平的活动。其结果能让接受者明显地感到表达者的精心安排，也能获得接受上的特殊审美效果。如鲁迅在小说《阿Q正传》中描写阿Q从城里中兴回来在未庄酒店摆阔时的情貌，作者并没有使用特殊手法，而是白描：

[7]但阿Q这回的回来，却大与先前不同，确乎很值得惊异。天色将黑，他睡眼朦胧的在酒店门前出现了，他走近柜台，从腰间伸出手来，满把是银的和铜的，往柜上一扔说，“现钱！打酒来！”

阿Q从城里回来，显出与往日不同的派头：掏钱买东西，钱不再是“拿”出，并数给掌柜，更不是孔乙己式的“排出九文大钱”，而是“满把”的钱，且“往柜上一扔”，并高叫道：“现钱！打酒来！”整段描述并无超语言规范等神奇之处，但却通过寻常词句的运用，将阿Q的神态以影像、动画的形式描摹出来，让我们看到了一个可怜且可叹的暴发户般的丢人表现。鲁迅用词虽平，可力透纸背，入木三分！又如下面这段对话：

[8]孩子：妈妈，我想看动画片了。

妈妈：你作业做好了没有？

乍看上去，妈妈答非所问。实际上，妈妈正是违反了修辞合作原则中的关联准则，直接提出了孩子看动画片的大前提（条件），而这一表达比正面回答要好：既没有对要求本身作出否定（她估计作业可能没有做完），又给出了实现这一要求的条件。

第二个层次是超常修辞。**所谓超常修辞是指故意对语言基本规则或特点进行偏离，以取得内容上、形式上以及逻辑上的超常规表达效果为目的的言语活动。**这一层次的修辞行为是言语表达最高水平的活动，对表达者来说需要丰富的生活阅历、不同寻常的语言智慧；对接受者来说，接受这一层次的修辞活动会带来思想上的启迪、形式上的愉悦、情感上的享受等审美效果。如下面几个例子就属于此类：

[9]绕到丹桂商场，老李把自己种在书摊子面前。李太太脚有点吃力了，看了几次丈夫，他却是种在那里了。

（老舍《离婚》）

[10]我不相信

一九七六年的日历

会埋着这个苍白的日子

（李瑛《一月的哀思》）

[11]她的眼睛并不顶大，可是灵活温柔。反衬得许多女人的大眼睛只像政治家讲的大话，大而无当。

（钱锺书《围城》）

以上三例中画线部分从结构或语义上看，都属“违规”之作，但在修辞天地里，反倒是极富创造性和审美价值的言语行为。这也是传统修辞学研究的重点。

现代汉语修辞部分将从上述两个方面对修辞艺术及规律作简要的分析。

(2)修辞行为从实现效果上看,可以分为三种类型。

修辞行为是借助一定的话语形式最终实现修辞价值的,具体的话语形式各有各的修辞功能,如果把每一个修辞行为(可以是一个句子,也可是一个完整的篇章)看作一个言语行为形式,那么,概括起来看,修辞行为的实现效果可归纳为三种:

首先,是**叙事效果**。所谓叙事效果就是指言语形式或修辞行为本身所表达的意义,是指说话人运用语言符号描述或陈述客观事实,表达思想内容和情感。如"屋子里有点儿冷"这句话,就首先陈述了这样一个事实:这间屋子里温度较低,让人感到冷。这个效果是语言符号本身就能充分实现的,这样的修辞行为也称为"以言指事"行为。

其次,是**施事效果**。所谓施事效果是指言语形式在完成叙事作用的同时,也实现了一种意图的表达,实施了一个行为。如上面这句话,就用语言"断定"了一个事实。句子"你再不住口,我就不客气了"则发出了一次"威胁",句子"你明天能来我家吗?"则是表达了一个"请求"等等。具有施事效果的修辞行为也称"以言行事"行为。

最后,是**成事效果**。所谓成事效果是指修辞行为借助语言符号等完成叙事和行事效果后,给接受者或其他人所带来的影响,使他们思想上产生变化乃至使他们有所行动。如说话人在说过"屋子里有点儿冷"这句话后,使听话人接受或反对这个事实,从而可能使听话人关上窗户或打开空调等,所有这些都是这一修辞行为所具有的成事效果。这样的修辞行为也称作"以言成事"行为。

当然,成事效果与上面两者不同,叙事效果和施事效果是修辞行为本身所同时具有的效果,而成事效果最终能否完成并不完全取决于言语行为本身,与交际双方的地位、关系乃至听话人的配合、领悟能力等都有关系。有的言语行为本身可能没有"成事"的迹象，但却可以通过暗示，实现成事效果。如下面这段对话就很能说明问题：

[12]周蘩漪　四凤的年纪很轻，她才十九岁，是不是？

鲁侍萍　十八。

周蘩漪　（委婉地）那就对了，我记得好像她比我孩子大一岁的样子。这样年轻的孩子，在外边做事，又生的很秀气的。

鲁侍萍　（急切地）四凤有什么不检点的地方么？请您千万不要瞒我。

（曹禺《雷雨》）

从周蘩漪的言语行为上看，她只实施了叙事与施事两种行为，但由于其言语行为本身所具有的暗示性，在鲁侍萍那里产生了明确的成事效应。

（二）什么是修辞学

以上我们从不同侧面介绍了修辞作为一种言语行为的内涵，**而对人们在使用语言的言语行为艺术中所隐藏的内在方法、规则进行观察、描写和总结，就形成了一门关于语言符号应用的研究科学——修辞学。**可见，修辞学就是研究人是如何运用语言以完成交际或表达任务的学问。因此，现代修辞学应该是既包含以研究词句选择、辞格构造以及语体等为主要内容的传统修辞学，也应有机地融入言语交际和话语分析的内容，即语用学所涉猎的部分范围。这是“修辞”的第二层含义。对修辞行为的关注，从很早时期就有了。在我国，先秦诸子就作过很多论述，比如《论语》《礼记》等文献中就有孔子对修辞活动认识和评述的言论。当然，从先秦一直到19世纪末，我国的修辞学都处于朴素的阶段。以陈望道的《修辞学发凡》(1932年初版)为发轫，开始了我国现代修辞学的发展历程。近一个世纪以来，我国现代汉语修辞学的研究事业蒸蒸日上，出现了一批著名学者，产生了很多有重要意义的论著。从上个世纪80年代以来，国外语用学（Pragmatics）引入国内，给传统修辞学研究拓展了一个新的视野。

一种语言中，修辞行为及其规则所构成的体系只有一个。但对修辞进行研究而得到的理论或应用体系却有多种，这取决于研究者的研究方法、目的甚至研究功力。因此，我们会看到学术界多种修辞学体系的存在，也就会看到，对一个具体现象会有不完全相同甚至完全不同的分析和解释。

本教材将取长补短，在继承传统修辞学研究方法和成果的基础上，接纳现代西方相关研究方法和成果，力争更全面更科学地描写和解释现代汉语修辞规则系统。

二、修辞要素

修辞是一个综合性语言表达行为，顺利完成这一行为，需要多方面因素的共同作用。修辞活动过程中所涉及的要素主要包括这样两个方面：

（一）间接要素

修辞间接要素是指修辞行为发生之前表达者积蓄修辞知识、培养修辞能力所关涉到的背景因素。无论对修辞知识的积蓄和修辞能力的培养是自觉的还是不自觉的，这些间接要素对修辞行为的产生来说都是必不可少的。自觉与否的不同在于：有时候人们是自觉地通过修辞理论、文化知识等的学习而获得，但更多的时候是在大量的语言实践过程中以耳濡目染、不自觉的方式获得的。概括地说，修辞的间接要素主要包括这样一些内容：

1. 丰富的文化知识积累

任何一个修辞行为能力强、表达独具特色的人，一定会在某一个或多个知识面（包括修辞知识本身）上有丰富的积累。修辞行为具备了扎实的知识基础，才能给自己的表达增添色彩，也才能给接受者带来美的感受。当然，这里的文化知识，不一定仅指从各类书本上汲取的营养，也包括从口头或生活中吸收的丰富的文化滋养。从古代的屈原、司马迁、李白、韩愈、曹雪芹等到现代的胡适、鲁迅、老舍、钱锺书等，都有高超的修辞水平，但他们无不都是学富五车的人。“熟读唐诗三百首，不会作诗也会吟”说的就是这个道理。文化知识传承的另一种形式就是口头传诵，因此，我们也会发现有些有较高的修辞表达艺术的人，并没有经过长时间的文化教育。实际上，或因为职业，或因为兴趣，他们已经在生活或工作中逐渐地吸取了丰富的文化知识，与前一种途径相比，只是殊途而同归罢了。

2. 大量的修辞实践经历

掌握了丰富的文化知识以及基本的修辞技能，还必须有大量的修辞实践，只有这样才能将吸收的知识、能力转化为自己的财产。没有哪一个人不需要辛苦的实践就能出口成章、语惊四座的，古今中外那些传承不朽的名篇大作，都是浸润着大量的汗水、倾注了非同寻常的精力的精神产品，大量的写作修改记录和耳熟能详的“推敲”故事，就是这类过程的真实再现。与书面修辞一样，口语修辞也不是一蹴而就的，同样需要耐心、毅力和胆量，历史上多少人经过刻苦的努力，最后从拙于言说到擅长言辞。所有这些都表明，出众的修辞水平是离不开辛勤的努力、持久的实践的。

（二）直接要素

修辞直接要素是指修辞行为发生时所直接关涉的因素，其中有些因素是可见的，有些则是隐藏的。这些要素既是修辞行为得以完成的基本元素，也是评价一个修辞行为成功与否的参考项。它们主要包括下面几个方面：

1. 修辞动机

任何修辞活动总是有其特定的目的或主旨的，这就是修辞的动机。修辞动机是修辞活动过程最早起作用的因素，因此，可以说动机决定了修辞活动本身的形式特征。下面这段话是在岳母与女婿间发生的：

[1]（庄建非见岳母躺在破椅上休息，不想惊动她，想径直上楼找逃回娘家的妻子吉玲。）

"她不在家。"

庄建非吃惊地转过身来。岳母睁着充满红丝的眼睛。

"她去哪儿了？单位说她请了假。"

"你是在跟谁说话？唤狗都要叫声'嗨'。"……

前不久她还一口一个"我儿"地叫唤着他。问寒问暖，怕他饿怕他渴怕他受她女儿的气。今天怎么说变脸就变脸了。

（池莉《池莉文集2·不谈爱情》）

从这段描写我们可以看出，"岳母"对庄建非说话的方式、态度出现了截然不同的变化。原因在于：当初"岳母"为自己的女儿——一个普通的书店职员能"攀上"一位大学教授的儿子且身为医生的他，着实欣喜异常，因此，在准女婿初次登门时，当然受到倾情的招待，言辞上也就十分巴结。但女儿出嫁后，女儿和她娘家还一直没有被男方真正接纳，"岳母"已非常恼怒，现在，女儿又被庄建非打回了娘家，本来就率直凶蛮的她当然没有了过去的温情，言语上也就不再有丝毫的客气了。

又如对表达的繁简问题，一般都认为"删繁就简三秋树"是最高的境界。实际上，表达的繁与简本身都很难绝对化，关键是要看修辞的具体目的。不论是书面作品，还是口头表达，有时候，会出现舍简就繁的现象。如：

[2]然而现在呢，他莫名其妙地坐了好长时间的车，要按一个莫名其妙的地址去找一个莫名其妙的人办一件莫名其妙的事。

（王蒙《布礼》）

[3]汇今古幽默之珍品　集天下笑料之精华

笑笑笑　百年少

笑笑笑　千愁了

开卷一阅　笑煞三天

（《幽默大王》征订广告）

动机决定修辞的现象我们还可以从一些名家的改笔中真切地看到。如秦牧著名散文《土地》中原来有这样一段文字：

[4]在农村里，看到一个老农捏起一把泥土，仔细端详，想鉴定它究竟适宜于种植什么谷物和蔬菜……

后来将动词"捏"改成了"捧"。作出修改的直接原因就是，作者想通过这一动作更准确地描写出农民对土地的深厚感情，含有郑重、认真和虔敬意味的"捧"显然比"捏"能更好地达到这一目的。

2. 修辞语境

(1)语境及其作用

修辞语境是指修辞行为发生时所涉及的场景或因素，它包括修辞行为的主体（交际者）特征、时空环境、角色关系等因素，也包括具体的上下文。任何一个修辞活动都是在具体的场景中进行的，这其中的很多因素会给修辞活动带来表达形式的制约。"一句话，百样说"，"到什么山唱什么歌"等熟语说的也正是这一意思。如下面这些例子就充分说明了具体语境特征在修辞活动中的重要性：

[5-1]兹介绍我系×××等两位同志前去贵单位联系有关×××同志工作调动事宜，请予接洽，并大力协助为荷。

[5-2]现在有两位同志，他叫×××，他叫×××，是我们系的干部，去跟你们商量个事儿，是×××调动工作的事儿，请帮忙，支持支持。

[6]陈中柏这样前思后想（猜测林卓文工作上出错误的事——引者注），好费了一番琢磨，就在下班前摆好了棋盘，扯着嗓子喊："卓文，卓文，你个臭棋篓子，敢不敢再让我教练你两盘？"

林卓文应声跑过来，也是哈哈大笑："就你？今儿跟夫人请假啦？不急着先接孩子后做饭啦？"……

（多日以后，林果真因工作上的失误受到处分，陈想安慰林。）

陈中柏说，要注意劳逸结合啊，下两盘棋怎么样？林卓文说，我不在状态，服输了，我服了你了还不行吗？陈中柏听话中有话，知他心情，误会很深，想再说两句什么，可忍了忍，终是没说。

（孙春平《白了少年头》）

[7]他从破衣袋里摸出四文大钱，放在我手里，见他满手是泥，原来他便用这手走来的。

（鲁迅《孔乙己》）

第[5]例前后有两种表达法。很显然，第一种是合适的选择，因为是公文往来，需要讲究形式上的规格和语气上的庄重。例[6]前后对话形式的改变是因为交际者之间的关系发生了质的变化：从工作上相互合作、生活中关系友好转变成互相猜忌提防（主要是林误以为陈在暗中整他），因此，言语也从随便轻松的形式变成了冷言冷语、语中带刺的应付。例[7]则是典型地根据上下文而进行修辞的范例：孔乙己原来为了显示其自尊，在柜上"排出九文大钱"。可是因为窃书被打折了腿，需用手"走"到酒店，此时的他更加困窘了，因此，一个"摸"词是多么准确而形象地刻画了他的可怜与可叹！

如果不考虑修辞行为的具体语境，势必给交际效果带来不利影响，有时可能是致命的，如前面所举《日出》中的李石清生活的失败，就与说话的修辞失误有重要的关系。

语境不仅决定了修辞方式的选择及其效果的好坏，而且决定了接受者对修辞行为的理解与评价。被选入中学语文教材的散文《风景谈》（茅盾著）中有这样一段文字：

[8]这几位晚归的种地人，还把他们那粗朴的短歌，用愉快的旋律，从山顶上飘下来，直到他们没入了山坳，依旧只有蓝天明月黑黝黝的山，歌声可是缭绕不散。

有人曾著文批评说这段话有语法错误，是病句，理由是搭配不当：种地人把……短歌……飘下来或种地人……飘下来……歌声。

之所以会形成这种想法，是因为批评者对文句所处的语境未作充分的分析，把这段文字看作了纯粹写实的说明文或实验记录，误读了"语境"。很显然，新潮甚至不乏奇异的时装表演是不应该按日常生活着装标准来要求和审视的。这段文字记录了作者对这一风景的感受，而非如实的拍照，它带有很强的文学虚拟性。散文体裁本身也为写作上的艺术化手法提供了充分的语境支持。虽然改"飘"为"唱"更合乎行为事实，但使可能蕴藏的诗意感荡然无存。从作者角度看，种地人在山顶上"唱"出的短歌与旋律，宛如美丽的彩霞从山顶上"飘"过来，没入山坳、进入耳鼓，并通过文字的转述，将听觉效果改换成了视觉形象，从而大大地增强了这一行为的诗化色彩，真正将对事实的记录上升到文学化的表现。这一"违规"既有语体语境的支持，也产生了美妙的审美效果。这种"违规"非但不属语病，相反，正是文学语言美感的灵魂所在。

(2)语境的构成

语境很重要，但语境包括哪些成分，修辞学界有不同的认识。本书认为，语境可划分为这样两个层次：

狭义语境　指与修辞行为直接相关的语言符号因素，即上下文所形成的修辞情境。狭义语境既决定着词句以及修辞方式的选择和使用，也是修辞行为所产生的结果。如说话或行文中，要注意前后词语的色彩搭配、句子结构的协调，也要注意前后内容的连贯、统一等等。

广义语境　除了上下文等语言符号因素外，语境还指与修辞行为直接相关的非语言符号因素，具体包括修辞形式(如是单向还是双向交际、是直接还是间接交流、是书面还是口头表达以及语种差异选择等)、修辞主体(如交际双方的身份背景、性别年龄差异等)、修辞场合(如轻松与庄重、私人性的与社会性的等)、修辞时间(包括历时意义的差异，也包括修辞行为发生时的时机条件等)以及文化观念(如同质文化交际还是异质文化交际等)等几个方面。

如果修辞行为在上面任何一个方面出现不协调，就会产生“意外”。如：

[9]“他看不上咱，咱还看不上他哩。”她娘劝道。

“俺大[①]俺娘，吃吧！”大志子端起一碗稀饭，慢慢地喝起来。……

忽然，她娘把碗朝桌上一搁：“俺不能叫人家这么摆乎，说成就成，说算就算，俺也得发表发表意见。”

小龟子龇牙咧嘴地作出一个不屑的表情：“咦唏，俺娘说的啥词儿！”大志子也跟着笑了一下。

（王安忆《大刘庄》）

“俺娘”的话之所以让儿女们笑话，就是因为她在口头言语中意外地插进了书面语词语——“发表发表意见”，使得修辞行为与场合产生了矛盾。

3. 修辞手段

具有了明确的修辞动机和具体的修辞语境，只是具备了修辞行为产生的前提基础，特定的修辞手段才是修辞活动得以完成的最终因素，也是修辞活动得以完成、修辞效果得以实现的表达形式，这些形式一定是借助于语言符号实现的，也包括借助于与语言符号有关的应用规则而实现的。具体地说，修辞手段可以分为两种类型。一种是语言文字材料本身所能提供的一切潜在条件。如现代汉语语音为修辞活动中的韵律协调、押韵以及谐音双关等提供了材料基础；词汇则为方言词、外来词以及色彩词等的使用、语义双关等提供了条件，等等。第二种类型是在长期的言语活动中产生和固定下来的有效表达格式与应用规则，它包括传统的修辞格，如比喻、比拟、对偶等等；也包括一些话语表达与衔接手段，如预设、修辞原则、言外之意等等；它还包括由以上诸因素综合作用

① 大：在北方一些地区，称父亲为“大”。

所形成的语言表达特征体系即语体。修辞手段的构成特征及其应用原则、表现和价值，就是修辞学研究的重点对象，因此，我们在下文对现代汉语修辞所作的分析，就是以修辞手段为线索展开的。

要强调的是，修辞手段本身的表达色彩不一定直接决定其产生相应的修辞效果，就是说“好话”不一定产生好的效果，“坏话”“难听的话”也不一定就不能说。一个具体语言表达形式的成功与否，既取决于其修辞动机，也随修辞语境而变。

最后，要注意的是，表达者与接受者的语境认知可能会出现脱节现象，这个时候任何一方如果没有及时有效地注意选择或调整，说出的话就会产生理解的分歧，导致交际上的语误，有时候会产生严重的误解或矛盾。当然，文艺创作者常常运用这个方法构拟包袱，制造幽默效果。下面两则故事就很典型：

[10]有卖木器者，有事出门，着妇守店。一人来买床，因价少色潮，争至良久，勉强卖与。次日又来买凳，妇人急怒曰：“你昨日在床上已经占了我的便宜，今日又想在凳上来占我的便宜。”

（石成金《笑得好》）

[11]刘鬃二子，俱登进士。……次媳入京，适公卧疾，呼之床前，而以手拍枕曰：“老年头畏风，速买一帕寄回。”明日登程，诸亲毕会，忽又呼媳曰：“勿忘昨夜枕上之嘱。”众人大骇。问其故，乃抚掌。

（冯梦龙《雅谑》）

类似细节在现代影视作品以及曲艺节目中也常可碰到。

三、修辞与语言规则、逻辑规则的关系

修辞活动是一个综合性言语行为，它是在逻辑思维规律的制约下对语言材料和规则的有效运用。但修辞在运用这些规则时又不是简单地被动遵从，而是在遵从的前提下有条件地违规。另外，这三个方面最终都是以语言符号为媒介来完成自己的任务，因此，

清楚地说明修辞与语言规则、逻辑规则三者之间的关系是有必要的。

首先，修辞行为与语言规则、逻辑规则各有自己的规律特征，是三种各自独立的规则系统。语言规则是语言系统得以构成并用以满足人际交流需要的法则体系，如语音上要清晰、明确，遵守音变规律，减少语音模糊，避免同音歧义等；词义上要准确理解和使用词语的各项意义与附属色彩，遵守构词法则等；语法上则要求按照词语的功能特点去使用，按照语义关系去组合，不能有违规现象出现，等等。可见语言规则关注的是语言表达要“正确”“通顺”，即传统上说的“通不通”。逻辑规则是决定人们思维行为得以运行的内在方法系统，如概念定义是否明确，现象、行为之间的判断、推理是否合理，等等。因此，从语言表述的角度上看，逻辑所关注的是对事实进行的陈述等是否“正确”，即传统上说的“对不对”。而修辞是关于人们如何利用语言材料和规律，在合乎逻辑规律的情况下提高自己的表达效果，理想地达到自己的修辞目的，从而顺利地完成自己的交际任务。可见，修辞所关注的是如何找到并怎样使用更好的语言表达形式以完成交际任务，亦即修辞对言语活动所关注的是“好不好”“怎样好”等问题。这样看来，修辞行为与语言规则、逻辑规则各有自己的属性，是三种不同学科的研究对象。

其次，修辞行为与后两者之间又有相互依赖的关系。语言规则和逻辑规则是修辞活动得以顺利进行的基本前提，在一般情况下，只有遵守语言和逻辑规则，语言才是有效的，否则就会产生不合要求的话语行为——语病，前面一章所分析的病误就是代表。又如下面几例，同样很难被接受：

[1]他被稀饭咯碎了牙齿，痛得笑了起来。

[2]妻子很幸福地望着野心勃勃的丈夫上班去。

[3]国庆节的夜晚，广场上欢乐的人们像蚂蚁一样地载歌载舞。

[4]一篇伟大的文学作品，具有划时代的意义，能使人们了解古今中外各个时代的生活情景。

例[1]显然违反了逻辑事理。例[2]则是在色彩词语的搭配上出现不当。例[3]将欢乐的人群比作蚂蚁，喻体选择不当，而且，蚂蚁也不会有后面的动作。例[4]则违反了基本的逻辑事理：既然是“划时代”的作品，它怎能让人了解“古今中外各个时代”的生活情景？上面表述连基本的句子结构都搭不起来，正确的意思表达不清楚，更何谈修辞呢？可见，语言与逻辑规则是修辞表达必须遵守的前提。

再次，在特定的条件下，修辞可以违反语言和逻辑规则，创造性地组织句子和话语，完成特殊的交际任务，取得理想的表达效果。特定的条件一般是指这样几种情形：从形式上，为了获得特殊的外在的美学审美效果，如语音协调、对称、排偶等；从内容上看，在一定语境中，可以取得超出寻常接受心理的审美效果，如幽默、风趣、震惊、联想等等，修辞手段中的比喻、夸张、移就等就能较好地完成这些任务；从语体上看，主要适用于文艺、政论等语体。因此，我们将这种在一定条件下的合理违规称作有效偏离（具体可详见第八章）。下面几例就是有效偏离的代表：

[5]在我心中，曾经有一个梦，要用歌声让你忘了所有的痛。
灿烂星空，谁是真的英雄，平凡的人们给我最多感动。
再没有恨，也没有了痛，但愿人间处处都有爱的影踪……

（《真心英雄》歌词）

[6]那天早上，辛楣和李梅亭吃了几颗疲乏的花生米，灌半壶冷淡的茶，同出门找本地教育机关去了。

（钱锺书《围城》）

[7]张大哥叼着烟斗，由嘴的右角挤出这么两个字，与一些笑意，笑的纹缕走到鼻洼那溜儿便收住了。

（老舍《离婚》）

[8]白丽美容香皂的奥秘所在
今年20明年18

（香皂广告词）

例[5]中词语"影踪"顺序颠倒了，但是取得了押韵的效果。例[6]、[7]中画线部分的搭配，显然在一般表达中是不被允许的，但由于作者对故事场景、人物行为和情感的描述等的铺垫，读者在接受它们时就没有了突兀之感，反而为作者的神来之笔叫好。例[8]则是违反逻辑常情的——用了这种美容香皂能把人变年轻吗？但这句话出自广告，而非科技或公文等语体，因此，它可以通过夸张的手法，强调产品的效果——可以让你"显得"更加年轻，可见，话虽不合理——年龄不可能减少，但却合情——切合爱美者的心理期盼。

第二节　现代汉语修辞的属性

作为一种应用行为，现代汉语修辞具有鲜明的特点。抽象性、递归性等特点使语法规则可以脱离语言环境而存在，对它的研究，也能够而且应该避免具体交际因素的参与。但修辞不同，它是使用者以语言文字为中介，满足人们社会交际需要的言语活动，这一切决定了修辞本身既是一种有规律可循的语言应用行为，又是凝结着浓厚民族属性和使用者个人特点的人文现象。可见，修辞行为本身是一个复杂的言语活动，其内在特点也同样表现出显著的人文性。修辞的主要属性有：应用性、抽象性和民族性等。

一、应用性

修辞是运用语言文字符号传达思想内容、表述情感态度的社会交际行为，因此，应用性是修辞的基本属性。修辞的应用性可以从这样几个方面来理解：

首先，修辞就是对语言符号的运用过程。修辞作为一种社会交际行为，它始终以应用的形式表现自己。人们掌握了语言符号，目的就在于如何使用它们并确保自己的使用能恰当地实现自己的表达目的，既能准确而得体地表达出自己的思想内容与情感倾向，也能使对方有效地接受，从而获得最佳的表达效果。可见，修辞就是语言实践。

其次，修辞手段具有明显的应用性。语言文字符号及运用语言符号所产生出的修辞方式、话语手段等，也同样产生于言语实践，活跃于交际活动中。任何一种修辞形式或手段，只能在具体的应用行为中才能得到实现和解释。如鲁迅先生用“排出九文大钱”（《孔乙己》）这一修辞方式来描写孔乙己的生活窘境，与被描写者的性格特征与人生悲剧色彩是密不可分的。如果离开了这一应用背景，“排”这个动词本身是无所谓“好坏”的。即便是可以归纳出抽象格式的修辞手段，其实际价值也只能在应用中表现出来。如比喻，我们可以概括出这样的格式：本体＋喻词＋喻体（＋相似点）。但“本体”与“喻体”的实际而巧妙的连接却要依赖于具体的描写对象、语境，乃至取决于表达者的语言能力和思维能力。

再次，修辞效果的评价，必须结合具体的应用语境。同第二点相关，一个修辞活动，其最终效果的评价，往往并不能就事论事，只能结合具体的言语行为过程，才能作出恰当的解释，得到准确的认识。如下面这首诗，如不知道它的产生背景，也只能当作一首打油诗了：

[1]黄浦江上有座桥，
江桥腐朽已动摇，
江桥摇，
眼看要垮掉；
请指示，
是拆还是烧？

（《天安门诗抄》）

实际上，这首诗写于1976年“天安门事件”中，它用谐音双关的形式，顽强但不得不委婉地表达出了当时民众对当政者江青、张春桥、姚文元等人的愤怒之情。有了这一语境，该诗就具有了非同一般的深刻内涵和意义了。

又如，在修辞行为中，许多从语言符号一般属性上看来都严重违反规则的现象，却都成为妙词佳作。下面是一首歌的开头几句，即有多处“违规”。但这些“违规”并没能妨碍歌曲在大江南北广为传唱，相反，正是它们将浓浓的诗意化入了歌曲：

[2]带走一盏渔火，
让它温暖我的双眼，
留下一段真情，
让它停泊在枫桥边，
无助的我早已疏远了那份情感……

（《涛声依旧》歌词）

二、抽象性

从具体的修辞行为来看，每一个修辞案例都是某个修辞者在具体语境中的言语实践，带有很明显的主观性和个体性，如鲁迅文学作品中人物的勾画、细节的描写，用词造句具有鲜明的个性，很难被替代。这就很容易给人产生一个印象：修辞活动是纯感性的行为，其中蕴藏的道理也似乎是只可意会而不可言传，对修辞行为的研究也只能作鉴赏式的评点，似乎辞格是其中唯一可以捉摸的东西。总之，一句话，修辞无规律，也就谈不上抽象性。

这显然是误解。具体的修辞个案表现出很强的感性特征，但任何一个可以被评说的修辞行为，显然都不是无意识的率尔而为，无论是生活中的即兴言谈，还是可以精雕细刻的书面表达，修辞主体一定是经过了充分的权衡、取舍，从复杂、众多的形式中选出与修辞动机、修辞语境能最佳协调的表达手段。这种存在于修辞动机、修辞语境与修辞手段之间的复杂关系一定具有可以描写的规则性，否则，修辞者不会作这种选择与确定，接受者也不会产生相应的共鸣。从另外一个侧面看，我们可以断定某一个修辞行为有错误，这从反面说明客观上有一个可资评判的标准，这一标准也就是规则，就像我们可以根据语法规则来断定一个句子语法上的对或错一样。所有这一切都说明，我们不仅能为修辞者富有天才的言语行为而惊叹，我们也能探索出它们背后所隐藏的规律。制约修辞行为构成和产生效能的内在机制本身所具有的规律性，就是修辞行为的抽象性。修辞学的任务就是要揭示、描写和解释这些具有抽象性的内在机制。

传统修辞学对辞格的研究就做得较为出色，无论中外，研究者都已经描写出了许多辞格的构成和应用功能，虽然对其产生和演变机制的研究以及形式化描写还有待进一步努力。又如对语体特征的描述和概括，也已经得出了若干区别特征。对言语交际的一些原则的分析和总结也有力地说明了修辞行为规律及其抽象性的存在。

当然，由于研究方法的局限和研究水平的限制，在过去以及现在，也许还不能如我们所期待的那样好地实现这一目标，但探索过程中所作出的任何努力都是有意义的。

三、民族性

修辞的民族性，是指作为一种社会交际行为，修辞行为更多地浸染着与适用民族相对应的浓厚的文化关联。从交际观念的选择到具体修辞方式的构成和表达，常常能够折射出一个民族的文化心理、审美观念乃至与表达媒介不可分割的共生关系。

就中国文化而言，从宏观方面看，直到今天，社会上仍然有不少人“沉默寡言”“不善言辞”为一个人诚实可信的判断标准，而一个能言善辩的人，往往被说为油嘴滑舌，甚至被当作虚假的代名词。对言语交际行为持有的这样一种与西方完全不同的判断原则，显然不是天生的，而是与几千年来儒家文化观密不可分的，也与几千年来封建专制对思想以及对思想表达加以钳制的统治方式紧密相联。在孔夫子那里，我们就常可看到他对“美言”“巧言”的否定，所谓“巧言令色，鲜矣仁”（《论语·学而》）、“巧言乱德”（《论语·卫灵公》）等等，他认为谨慎用辞，最好是“讷言”“不言”才是“仁”“礼”的最高境界，所谓“刚毅木讷，近仁”（《论语·子路》）、“君子隐而显，不矜而庄，不厉而威，不言而信”（《礼记·表记》）等。几千年来占据中国哲学统治地位的儒家思想对修辞的这一态度，不能不对修辞实践产生直接影响。另外，实际生活中延续不绝的封建专制统治，在思想上对民众的残酷钳制，也从政治上给言语交际以根本的否定。这一切便使得人们谨守“祸从口出”等古训。当然，这一切在现代生活的冲击下已经大有改观，但仍可见到过去的影响。我们相信，随着民众文化水平的普遍提高，社会现代化意识的逐渐增强，国人对言语行为的认识会改变，人们的修辞能力也会大为改观。

从微观方面来看，修辞手段的选择和使用也同样凝结着民族文化色彩。

第一，修辞方式与民族伦理相关。例如国人面对表扬所产生的自抑性反应、公文报告以及书信往来中的尊卑表述的选择等都明显地反映了传统的压抑自我的生活准则（从另外一个侧面看，也可解释为良好的礼貌文化）。

中国是一个有数千年悠久文化传统的国家，至今仍然保留着自古以来就有的礼仪和礼貌原则，如无论是当面交谈还是间接书信往来，对对方的称谓要注意辈分高低或社会地位的差异，如一般不能直接称呼长辈、领导、老师的姓名或名，在与同辈交往时，也倾向于抬高对方的辈分，如称比自己小的男子为“某某兄”、女子为“大姐”，对居副职的职员往往面称时就省去了“副”，直接称为“某某科长”“某某教授”，等等。

当然，由于儒家文化过于强调等级伦理，有些带有明显儒家尊卑等级观念至今还残存在生活中，有时候不经意间浮现于人们的话语甚至媒体用语中，就会产生不必要的误会。几年前南方某报在报道著名香港影星刘德华将在一部电影中饰演一名厨师的消息，报道的标题用的是：

[3]刘德华沦为厨师

该报面世当天报社就接到很多厨师的抗议，他们认为该标题有轻视甚至侮辱厨师人格的倾向。究其原因，就是其中“沦”字用得不当。其本意是“沉下水”，后来引申为人的社会地位等级等下降，如“沦为罪犯”，有明显的贬斥色彩。

第二，修辞方式与民族心理不可分割。如无论是口语还是书面语，总喜欢用“玉”“花”“草”去描写女子的美貌、肤色等，用“梅”“松”“竹”来指代人品与对生活的追求，喜欢用整齐对仗的文字来构拟具有对称美的言语表达等等。因此，我们当然可以通过修辞观察到人们的深层意识。如我们就可以透过下面这段话，看到国人心中事实上存在的男尊女卑意识，尽管这一意识是以预设的形式潜藏着的：

[4]2001年湖南省某重点中学的一位语文教师因为向学生灌输不正确的人生价值观而受到社会舆论的批评，最终被教育主管部门开除。他的观点是：“读书增强了自己的本领，提高了自己的资本，将来能找到一个好的工作，挣下大把的钱……甚至找一个漂亮的老婆，生一个聪明的儿子。所以，我强调读书应该是为了自己！”

（杭州《都市快报》）

将读书的最终目标给予这样庸俗的定位，当然是不对的。但对这位老师的观点进行批评时还有一个隐藏的预设却没有被注意到，而这个预设也同样是应该被批评的：读书是男子的事。从画线部分就可看出他所讨论的读书的施事只有男性，没有女性。这一个可能连他自己也没有注意到的预设深层次地赤裸裸地反映出他脑中存在着陈腐的重男轻女观念。

第三，修辞方式与民族生活密切相关。“(你)吃过了吗?”这句问候语就是过去我国民众生存状态在言语表达形式上的标记。几千年来，我国一直是个农业社会，许多言语行为方式的选择也会折射出农业生活的特点，如熟语“靠山吃山，靠水吃水”就反映了汉民族求稳定、不喜迁徙的特点，用“老牛拉破车”形容行动慢也体现了农耕社会的形象，而英语里更喜欢用“snail”(蜗牛)作喻体。

第四，修辞活动与民族语言文字符号水乳相融。任何一个民族的修辞行为都必须用语言文字作为实现手段，汉语修辞也不例外。但语言文字符号在作为工具使用时又绝非仅仅实现其工具功能，它还可能作为材料直接影响或参与某种修辞形式或手段的形成。由于汉语在语音、词汇、语法以及记录汉语的汉字上的特点，汉语修辞行为中有不少表达形式都与汉语言文字有直接或间接的关系，这就构成了汉语修辞民族性的一个重要方面。这些手段和活动中，有相当一部分是无法用其他语言文字来表述的。这一方面的具体表现将在下一章作详细分析。

因此，现代汉语修辞行为带有明显的汉民族文化色彩，只有理解和接受这一属性，我们才能更好地理解和接受汉语修辞的总体意义。对异文化背景的人来说，这一点表现得更加明显，对跨文化交际来说，理解和掌握这一点，也尤为重要。

第三节　修辞原则

所谓修辞原则就是指修辞行为发生时应该遵从的基本准则。这些准则是修辞行为得以进行、修辞效果得以产生的重要保障，它们对一切修辞行为都有制约作用。传统修辞学对此曾有过研究，简洁性、规范性、生动性、得体性等就是其中的主要成果。这一方面，西方“语用学”进行了更为深入而成功的探索，并将它们归纳为合作原则、礼貌原则、得体原则、幽默原则和许多相关次准则。这些原则同样适用于各种修辞行为。

根据需要,这里重点介绍其中的合作原则和礼貌原则。

一、合作原则

在一般情况下,一个修辞行为要正常而顺利地进行,修辞行为主体,无论是单向性的还是双向性的,彼此间必须遵守一些基本的准则,**这种确保修辞行为顺利进行的基本准则就是合作原则**(Cooperative Principle)。根据现有的语用学研究成果,一般认为合作原则应包含这样四个方面:

1. 数量准则

指在修辞行为特别是言语交际活动中,修辞主体所提供的信息要适中,不能过多,也不应过少。在大多数情况下,人们为了交际行为的正常进行,一般是会遵守这一准则的。如下面这段对话中交际双方就是这样:

[1]周朴园　你不知道这间房子底下人不准随便进来么?

鲁侍萍　不知道。

周朴园　你是新来的下人?

鲁侍萍　不是的,我是找我女儿来的。

周朴园　你的女儿?

鲁侍萍　四凤是我的女儿。

(曹禺《雷雨》)

但是,如果修辞主体中的一方因为某种原因而违反数量准则,如果是无意的,常会使修辞行为中断,或产生病句;如果是故意的,则会产生特殊的含义(见第九章)。如下面这段对话的不快就是因为乙所提供的信息量不足而造成的:

[2]甲:“喂,这手机怎么打呀?”

乙(不耐烦地):“揿上面的数字就可以了。”

甲："得，我不烦你了还不行吗？"

而下面这句话又因为提供了不必要的信息而出现信息冗余，不自觉地泄露了自己的心态：

[3]（赵雅秋问）"你有女朋友吗？"（李慧泉答）"……我……不喜欢……不习惯跟女的在一起。我一直一个人，我没有女朋友……上学的时候，有个女同学……她是我们家邻居，可是，那不能算女朋友……"说那么多话干嘛！他暗暗骂自己。

（刘恒《本命年》）

2. 质量准则

指修辞行为中确保自己所说的话真实、有足够的证据和理由，使提供的字面信息与事实相符。这是维系修辞行为尤其是社会交际活动能够正常进行的基本道德要求。修辞行为中，违反质量准则一般有这样几种情形：没有任何提醒却违反的就是谎言，尽管有的谎言是恶意的，有的谎言是善意的；有明显的暗示和提醒而违反，则会产生言外之意（见第十章）。

3. 关联准则

指修辞行为中的话语之间应该前后连贯或相关，不能出现脱节或枝杈。当然，违反关联准则也有两种情形：一是无意识岔开了话题，使修辞出现病误或中断交际；另外一种情形是修辞主体故意违反相关性，想借此表达言外之意（见第十章）。

如下面两例就是无意违反关联准则而造成的失误：

[4]30年代初，有一个在初中毕业以后就失了学，失了学就完全自学的<u>青年数学家</u>，寄出了一篇代数方程解法的文章，给了熊庆来。

该句出自徐迟《哥德巴赫猜想》原稿，后来编入《报告文学集》时，将"青年数学家"改成了"青年人"，这样才使前后意思相协调。下面这个例子则是因为违反关联准则而误接了言语，从而招来了"妈妈的批评"。

[5]第二天，妈妈和姐姐在厨房里说着话，我隐约听姐姐说："我再也不想看见他了。"我以为姐姐还在生姐夫的气，在向妈妈诉苦，便伸出头说："姐姐，我支持你，跟姐夫离了得了！""瞎说什么呢？你姐夫晚上还要来吃饭呢！"妈妈责怪我道。原来，她们说的是姐姐的老板。

4. 方式准则

指修辞行为中要注意形式适当，尽可能做到信息传输简便快捷有效，就是要避免晦涩、歧解，做到简洁明了、条理清晰。否则也可能造成两种结果：如果是无意违反该准则，就会产生语病，或影响信息的准确传输；如果是故意违反该准则，则可以借此产生言外之意，实现特殊的修辞效果。本章第一节的[4]例中，普查员之所以交际失败，就是因为他没有注意交际语境，使用了对老太太来说过于晦涩的词语"配偶"而造成的。又如下面这段话中的误解也是因为违反了方式准则中的避免歧解这一要求而造成的，好在后续的谈话消解了误会：

[6]他转身进了办公室，拿起电话，呆呆地想了想，就给孙景梅拨了。

孙景梅接了电话，笑道："想通了。"

冯志恒笑道："想通了。"

孙景梅笑道："你明天就来吧，公司把办公室都给你弄好了。"

冯志恒笑道："你替我谢谢你们的老板，我不去了。"

孙景梅一愣："你发什么神经啊？"

（谈歌《商敌》）

二、礼貌原则

合作原则是常规情况下修辞主体应该遵守的。但现实生活里，无论是口头交际还是书面来往，往往会出现与合作原则不相一致，甚至会因为某些主观或客观原因而完全违反合作原则的情形。这种“违规”从逻辑上看，应属于无意义甚至欺骗性的行为，但从修辞行为的效果看，却是值得肯定的。如西方人见面谈天气，实际上是交际中的寒暄套话，但确实是谈话的润滑剂。又如当一位母亲让你说说对她刚出生两天的女儿的看法时，你是该根据事实说她女儿现在很难看之类的话呢，还是该夸赞她女儿潜在的美丽？显然应该选择后者，虽然它违反了质量准则，但它却获得了礼貌效果。

可见，为了使修辞行为能更顺利地进行，除了合作原则外，还需要礼貌原则。根据语用学理论，礼貌原则主要包括这样一些内容：

1. 得体准则

指在修辞行为中应最大程度地维护他人的利益，最小程度地伤害他人。言辞不得体，出口伤人，正如一面双刃剑，受到伤害的绝不仅仅是对方。

2. 赞誉准则

指在修辞行为中尽可能少地贬低别人，而要最大限度地赞扬别人。设身处地想想，只要是凡人，孰能无过？积极而真诚的肯定，不仅有益于修辞行为的完成，也有助于创造出一个和谐愉快的工作和生活环境。

3. 谦虚准则

指修辞行为中处理自己与他人的关系时，尽可能少地赞誉自己，最大程度地贬低自己。在任何一个文化环境中，一个自以为是、目中无人的人，也一定不会具有很好的合作意识，从而不受伙伴欢迎；相反，一个进退有据的谦谦君子，到哪儿都必定会广受欢迎。

4. 一致准则

修辞行为中，修辞主体常常会出现意见分歧乃至思想差异等情况，如果要使修辞活动能正常进行并取得最佳结果，任何一方都应该尽量减少与对方的分歧，增加在意见或观点上的一致，这是社会交际特别是产生观点或利益冲突时的交际中起码应该遵守的准则之一。

5. 宽宏准则

又称慷慨准则，指修辞活动中，修辞主体在交际时，用语还应该为对方考虑，尽可能少地使自己受益，在一定条件下还应最大程度地让自己受损。使用幽默而成功化解一些交际活动中的冲突，常常是修辞主体实践了宽宏准则的结果。著名演说家曲啸对自己的一次演说经历的回忆，就很能说明问题：1983 年，他应邀去监狱给犯人做报告，但首先遇到怎样称呼他们的难题——“叫‘同志’吧，不行，因为对方不够格；叫‘罪犯’吧，也不行，因为犯罪之人讨厌‘罪犯’这个词”。最后他选择了“触犯了国家法律的年轻的朋友们”这一避免刺激、拉近关系的称呼，首先在心理上赢得了对方。毫无疑问，曲啸若选择“罪犯”，无可非议，但损伤了他们的自尊心。

6. 同情准则

在修辞行为尤其是有明显的矛盾冲突的修辞行为中，应尽可能减少双方的反感程度，增加双方的同情程度。有时候，修辞主体能主动地为对方考虑，理解和同情对方，就有利于化解一些可能加深的矛盾和冲突。如下面这段话就是典型——因为彼此同情的态度，使本来如水火的关系化解开了：

[7]刘志军叹了口气：“咱俩之间没有什么。”

方晓莲猛地哭了：“你对不起我，要不是你，我……我好恨。”

刘志军身子颤了颤：“也许我当初不该那样对你。”

方晓莲掏出一串钥匙，递给刘志军：“你拿去吧，你替我向小曹道歉。”

刘志军接过钥匙，泪就淌下来：“方晓莲，你还是那样，没有我想的那样坏。我上次不该打你的。”方晓莲摇头苦笑笑，转身走了。

（谈歌《商敌》）

需要说明的是,第一,礼貌原则不能成为不顾客观事实捏造谎言或从事违反道德标准行为的借口,也不是鼓励修辞主体委曲求全本末倒置地去附和、阿谀。礼貌原则纯粹是在一定的限度内为了使修辞行为更加顺畅或更加完美等而采用的积极的指导性准则。第二,由于礼貌原则和合作原则是从不同的角度概括出来的,两者之间并不完全是平行的关系,应该说,礼貌原则是制约修辞行为的基本态度和精神,而合作原则更涉及修辞行为的具体操作技巧。因此,我们会发现有这样的事实存在:有时候为了礼貌而放弃合作,如当面评价一个出生两天的婴儿的容貌,可能更应该遵守赞誉准则,而放弃质量准则;又如曾答应为朋友保密,而不能对第三者说出事实,这也同样遵守了得体准则,而违反了质量准则等等。第三,修辞主体对两个原则的态度是不同的:当人们因为遵守合作原则而违反礼貌原则时(如没有正确理解对方意图而答非所问等),常表示歉意,但是,为了遵守礼貌原则而违反合作原则时(如谎言等),却不能有任何表示,甚至不作任何暗示;对礼貌原则的遵从是基本的交际准则,人们一般不能公开声明,而违反合作原则时,却常常否定这一事实。

【习 题】

1. 请比较下列修辞修改案例,解释作者加以修改的理由。

(1)原句:二弟,二弟,你的精神已经有人<u>受了传授了</u>,你在黄泉地下当然是心满意足的吧?

(《棠棣之花》,北新,1938 年)

改句:二弟,二弟,你的精神已经<u>得到传授</u>了。你在黄泉地下当然是心满意足的吧?

(《沫若文集》第三卷,文学出版社,1957 年)

(2)原句:太子殿下这一年多来,在东宫里面,<u>储蓄</u>了不少的武器。

(《武则天》,《人民文学》1960/6)

改句：太子殿下这一年多来，在东宫里面，储备了不少的兵器。

（《郭沫若全集·文学编》第八卷，1987年）

（3）中学版：有时太阳走入云里，它的光线却仍从云里透射下来，直射到水面上。这时候，人要分辨出何处是水，何处是天，很不容易，因为只能够看见光亮的一片。

小学版：有时候太阳躲进云里。阳光透过云缝直射到水面上。很难分辨出哪里是水，哪里是天，只能看见一片灿烂的亮光。

（巴金《海上日出》）

2. 日常修辞活动中，词句选择要注意与场合、对象等语境因素相吻合。请按照下列提示的语境条件，使用不同的形式表达“请吃饭”的意思。

（1）对家庭成员用：＿＿＿＿＿＿。

（2）对亲朋客人用：＿＿＿＿＿＿。

（3）餐厅服务员对顾客用：＿＿＿＿＿＿。

（4）大型招待宴席上主人对来宾用：＿＿＿＿＿＿。

3. 请阅读下面这段文字，你能准确理解其中“热火朝天”这个短语的真正含义吗？请以此说明语境在理解修辞行为过程中的作用。

1958年初秋，盛夏过后，**“热火朝天”**的日子开始降温。上海音乐学院党委向全校师生提出了“解放思想，大胆创作，以优异的成绩向国庆10周年献礼”的口号，在校园里激起了一阵阵波澜。

（烁渊《寿命最长的蝴蝶》，南方日报出版社，2002年）

4. 阅读下面这段文字，请说明其中所记录的修辞现象反映了修辞活动的什么特点。

吴乡长和孙县长刚通了几句话，老吴就骂骂咧咧地姐夫舅子起来。有时候他也是骂给近旁人听的。这是一种炫耀，试问你们哪个敢和上级领导这样说话呀？老吴就敢，不值得炫耀吗？

（卢万成《狗肉》，《小说月报》1992/12）

5.请分析下面两段话中对“爱”的不同表达方式，分析它们所反映的修辞的文化差异。

(1)她指着水桶：“那你就一天给我挑两趟水吧。”魏德胜：“那容易，我就一天给你挑两趟……”玉贞：“挑到我儿子娶媳妇，挑到我闺女出门子，给我挑一辈子！”魏德胜：“挑一辈子？”他并不假思索。一抬头，接触到玉贞热情、温柔、羞怯的目光，震动，愕然。玉贞重述：“挑一辈子！”

(李克异《归心似箭》)

(2)“您别生我的气，”涅莉答道，她忍不住又笑了起来，“我一定要服(药)，……可是您爱我吗？”“要是您能听我话，我就非常爱您。”“非常？”“非常。”“现在您不爱我吗？”“现在也爱。”“要是我想吻您，您会吻我吗？”“是的，只要您应该得到吻的话。”

(陀斯妥也夫斯基《被侮辱与被损害的》)

6.请分析下列语句，指出哪些在词句运用上有不妥之处，并加以修改。

(1)许海峰“零”的突破，使用的是一支瑞士产的“哈默利”牌名枪。鲜为人知的是，他过去用过的第一支枪，却是价格仅几十元的一支街头供人们打气球玩乐的“工”字牌国产汽步枪。

(2)今后遇事我将多作自我批评，虚心向别人请教，不做影响团结的事，不说影响团结的话，树立团队精神、全局意识和一盘棋的思想。

(3)现在，唐教授已经为国家培养了数以百计的从事理论化学教学、科研的骨干，50多名硕士生、研究生……

(4)请您在接到录取通知书的三天内，首先接受为期半年的军训……

(5)在中国，一个城市的市长是这个城市的最高行政长官。在美国也是这样，不同的是，美国的市长可以做得很实，也可以完全挂个虚职图图名而已。像李琬若承担的市长之职就是属于这种情况。

(6)毛岸英,是父亲毛泽东和母亲杨开慧的亲生儿子。

(7)(抗战时期,面对日本使馆的邀请,苏步青的夫人松本米子回答说)十分遗憾,我自下嫁苏君,已过惯了中国人的生活,吃惯了中国人的饭菜,譬如中国的皮蛋,还有绍兴的乳腐。

(8)今天,德高望重的周有光先生以其94岁的高龄欣然为本刊敬献此文,令我们十分感动。

(9)这次研讨会开始时气氛有些沉闷,多亏张教授抛砖引玉的一番话,才使大家的发言积极起来。

(10)你刚刚乔迁新居,房间宽敞明亮,只是摆设略嫌单调,建议您挂幅油画,一定会使居室蓬荜生辉。

(11)春节期间,在全国各地求学的学子们回到家乡,相约来到原来的班主任家里,师生们回顾过去,展望未来,共享天伦之乐。

(12)在纪念抗美援朝战争五十周年之际,邱少云的英雄事迹在神州大地上重新掀起了轩然大波,他依然深受人们敬仰。

(13)如果将中国政府的严正声明和强烈抗议置之度外,一意孤行,必将自食其果。

(14)眼下一些领导大慷国家之慨,一次几个人的宴请竟然就一诺千金,群众对此腐败现象深恶痛绝。

(15) 通过这些修辞手段才使《论语》达到极高的文学水平,无论在文学史上还是在散文史上都有很高的文学价值。

7.分析下面各段对话,指出它们分别违反了什么修辞原则而造成了交际障碍或冲突。

(1)“现在有什么好书?”

“哟,……一下子还真想不起来……琼瑶什么的……我也没正经看过……”

“琼瑶是谁?”

“可能是华侨,女的,听我妹妹她们整天念叨……据说故事编得挺好，你到街上转转，哪儿都有卖的。”

“女的我不爱看。”刘宝铁看着他，好像没听懂。

“我不爱看书。”

（刘恒《本命年》）

（2）瑞英抬头问小波：“哎，明天去妈妈那儿，带点什么好呢？”“随便。”正专注地研究围棋的小波答道。“说什么呀？明天是妈妈的生日，什么叫随便哪？”瑞英急了。

（3）“废话，我妈胖，你丫装不知道！”

“你妈胖跟我有什么关系？”

“废话，我妈胖，我妈过不去！”

“1米多，你妈过不去？汽油桶都能过去，你妈过不去？你妈腰围4尺4，是腰围！展开了量摊平了量，4尺4当然过不去，一围不就过去了吗？4尺4也甭除4，也甭除3，你就除以2，能过不去？两个妈都过去了！……亮子，你认为我分析的有道理吗？”

翻砂工站在废墟上浑身哆嗦。

“我妈腰围多少？”

“4尺4，胡同口儿裁缝说的。”

“你丫再说一遍！”

“不是4尺4？4尺6？”

“你丫敢再说一遍吗？”

“4尺8？”

“我他妈……”翻砂工哭出来了。

“真是4尺8？那就不好办了，两个妈都得侧着身子才能过去了。”

“我他妈碎了你杂种操的！”

（刘恒《贫嘴张大民的幸福生活》）

8. 分析下面各段文字，指出它们遵守了什么礼貌原则。

（1）破风筝　……王先生，我居然也有了稿费，太阳由西边出来的事！我得分给你一半！要不是你给我修改，就能登出去，才怪！

王　力　这不是请我吃饭了吗？就不分稿费啦！

破风筝　哼，今儿的饭，跟我的稿子差不多，光是豆腐青菜，找不到几块肉！

（老舍《方珍珠》）

(2)王　均　鲁总，您看明天去跟他们谈协议好不好？

鲁达方　王均，你以后再这样叫我，我可要生气了。都几十年的战友了，就我俩，还讲究个啥？

9.阅读下列文字，请指出其中的不妥之处，并解释你是怎样得出这个结论的。

（张五民终于考上了大学，且是远离北京的西北农大，他可以逃离生活了十多年的窄屋，在为哥哥三民办的喜酒宴上他激动地说）

"我受够了！我再也不回来了。毕了业我上内蒙，上新疆，我种苜蓿种向日葵去！我上西藏种青稞去！我打个宽敞地方住一辈子！我受够了！蚂蚁窝憋死我了。我爬出来了。我再也不回去了。哥，我有奖学金，你们别给我寄钱！我不要你们的钱！你们杀了我也不回去了……"

（刘恒《贫嘴张大民的幸福生活》）

10.请阅读下面这段文字，谈谈作者使用了什么修辞手法，取得了哪些效果。

美国已故前总统理查德·尼克松先生在《一九九九：不战而胜》这部书里说："中国人多为天生的企业家，他们不论移民到哪个国家都能发财致富，就足以说明这点。大多数俄国人则不是。"

学者兼政治家的聪明睿智，使尼克松一语中的。但他无缘看到中国企业家在俄国的成功，非但没给一些俄国人送去启示，反而使他们心生妒忌，公然明火执仗地抢劫。请看《上海译报》一九九九年一月份的一篇报道:《查税,还是抢劫?》——

去年九月十四日,莫斯科著名华商皮货市场"兵营",被俄罗斯税警未开单据抢走三十万美元,紧接着华商河北楼、燕山楼也碰到类似遭遇。

而最令人震惊的是扩东东商商贸中心被三百名军警临时检查纳税情况,执勤人不出示任何证件强行进入,经过五个小时翻箱倒柜后,开收据取走现金一百一十余万美元,而未开收据取走的金额是开收据的数倍。事后俄罗斯军方称"没收来路不明的七万美元"。

……

临时检查时还带着四家电视台的记者到场,所以俄罗斯媒体把这次行动说成大规模查税行动。俄罗斯媒体特意强调俄罗斯经济不景气,这里华商竟然会拥有那么多现金!

强盗。土匪。流氓。野蛮之极!

（王居卿《俄罗斯断想》）

11. 阅读下面这段文字,请划出富有超常手段的句子或段落,然后分析本段文字幽默风趣的原因。

汽车夫把私带的东西安置好了,入座开车。这辆车久历风尘,该庆古稀高寿,可是抗战时期,未便退休。机器是没有脾气癖性的,而这辆车倚老卖老,修炼成桀骜不驯、怪癖难测的性格,有时标劲像大官僚,有时别扭像小女郎,汽车夫那些粗人休想驾驭了解。它开动之际,前头咳嗽,后面泄气,于是掀身一跳,跳得乘客东倒西歪,齐声叫唤,孙小姐从座位上滑下来,鸿渐碰痛了头,辛楣差一点向后跌在那女人身上。这车声威大震,一口气走了二十里,忽然要休息了,汽车夫强它继续前进。如是者四五次,这车觉悟今天不是逍遥散步,可以随意流连,原来真得走路,前面路还走不完呢!它生气不肯走了,汽车夫只好下车,向车头疏通了好一会儿,在路旁拾了一团烂泥,请它享用,它喝了酒似的,攲斜摇摆地缓行着。每逢它不肯走，汽车夫就破口臭骂，此刻骂得更利害了。骂来骂去，只有一个意思：汽车夫愿意跟汽车的母亲和祖母发生肉体恋爱。骂的话虽然欠缺变化，骂的力气愈来愈足。

（标劲：倔强的脾气；觉悟：领悟。钱锺书《围城》）

第八章　修辞与语言符号要素间的关系分析

本章将分析修辞行为怎样充分地利用语言符号所具有的潜在特点和能力，为提高语言表达效果服务。这里的语言符号是个广义的概念，它包括由语音、词汇、语法为主要成分所构成的第一符号系统——语言（汉语），也包括用来记录汉语言的书写符号系统——汉字。

修辞活动可以充分利用语言文字符号各要素的潜在特点，提高表达效果，产生审美价值。这种利用表现在两个层面上：一是在规范的层面上使用相关要素及其特点，实现常规修辞表达效果，如把握汉语双音节特点做到节奏和谐、韵律谐调；利用词汇的多种类型实现准确而恰当的意义表述、感情抒发，实现寻常词语的艺术化表达；利用汉语语法形态特征不明显等特点，灵活地改换句子结构顺序或省略成分，以突出信息焦点，等等。另一个层面是利用语言符号各要素所具有的潜在特点构造各种修辞手段，以获得特殊的修辞审美效果。如故意利用同音特点构造谐音双关；故意违反词义表达约定，实现反语、易色和语义双关表达等；故意违反汉语结构和语义组合限制，构造拟人、移就等辞格，等等。

第一节　修辞与语音

现代汉语语音形式和特征为汉语修辞提供了丰富的资源，汉语修辞也在此基础上产生了一些独具民族特色的表达手段和作品。两者的密切联系主要表现为：

一、音节特点与节律谐和

(一)从音节本身来说,现代汉语音节有鲜明的特点

现代汉语单音节表意,元音占优势,每个音节都有声调。现代汉语音节的这些特点可以给修辞在语音上提供这样一些手段：

现代汉语词语以双音节形式为主,但这些双音节的词绝大多数是由两个语素组合起来的合成词,每个音节都有独立的意义。单音节表意给语句组合在音节上带来很大的灵活性,从而为表达的活泼、幽默或讽刺以及简约服务。这些灵活性可以体现于政论、文艺语体,也可以体现于广告等事务语体。如：

[1]我可以想见,每次开这样的会,都有这样一组镜头,两种力量在较量着,最后的结果,也只能是以王志科恭而不顺、服而不帖地立着而告终。

(李小平《桑树坪纪事》)

[2]储蓄有利,利国利民利社会；
存款方便,便你便他便人民。

(某储蓄所广告词)

元音占优势的音节为现代汉语诗、词、歌等韵文的押韵提供了材料基础。我们可以在各类诗歌、歌词、广告词乃至民谣等多种表达形式中领略到这一表现。如：

[3]最是那一低头的温柔,
像一朵水莲花,
不胜凉风的娇羞,
道一声珍重,道一声珍重,
那一声珍重里,有着蜜甜的忧愁。

(徐志摩《沙扬娜拉》)

[4]都说长城两边是故乡，
　你知道长城有多长，
　它一头挑起大漠边关的冷月，
　它一头连着华夏儿女的心房。
　……

（阎肃《长城长》歌词）

在散文中，我们也可以利用上述特点，插入押韵的表达，取得别致的审美效果，如：

[5]我们有些人的价值观念正在发生怎样的变化：原来终生追求的现在不屑一顾；原来可以株连九族的现在可以光宗耀祖；原来引以为荣的现在羞与为伍；原来避之不及的现在趋之若鹜。

（陈祖芬《共产党人》）

每个音节都有声调，为构成语音链中的抑扬顿挫与节奏感提供了条件，使得汉语语音具有鲜明的音乐性。从而不仅使汉语诗歌等韵文节奏鲜明、起降有致，如前举多例；而且连其他散文也同样可以朗朗上口。[①] 这也构成了汉文学作品审美特点的民族性表现之一。如：

[6]阳光/打在/你的/脸上，温暖/留在/我们/心里。有/一种/
　平平　仄仄　仄平　仄仄　平仄　平仄　仄平　平仄　仄　平仄
　力量，正从/你的/指尖/悄悄/袭来，有/一种/关怀，正从/
　仄仄　仄平　仄平　仄平　平平　平平　仄　平仄　平平　仄平
　你的/眼中/轻轻/放出。
　仄平　仄平　平平　仄平

（《总有一种力量让我们泪流满面——〈真相〉代序》）

汉语音节的三个特点可以综合地运用于修辞行为中，形成节

---

① 有人甚至认为声调与意义、情感之间有相应的联系，其中（日本）僧人了尊的观点就很有代表性，虽然他是针对古代的平、上、去、入声调而言的："平声者哀而安，上声励而举，去声清而远，入声直而促。"（《大藏经·悉昙轮略图抄·卷一·四声事》，台湾新文丰出版社1992年版）

奏感鲜明、组合灵活、独具汉语特色的修辞表达。这一现象不仅常见于精雕细刻的书面文学语言中，即便在脱口而出的口头表达中同样可以看到。曹禺《日出》中的这段台词就很典型：

[7]你骂了我，你挖苦我，你侮辱我，哦，你还瞧不起我！我现在快活极了！我高兴极了！明天早上我要亲眼看着你的行里挤兑，我亲眼看着那些十块八块的穷户头，也瞧不起你，侮辱你，挖苦你，骂你，咒你，——哦，他们要宰了你，吃了你呀！你害了他们！他们要剥你的皮，要挖你的眼睛！

（二）从词语的语音特征上看，现代汉语词具有双音节化的趋势

现代汉语词语在语音上具有明显的双音节化趋势，词语的这一特点给表达带来了这样的表现：在搭配和音感上，体现出明显的音节节奏均衡特点。

词语在组合时，偏向于2+2结构，或1+1结构。如果没有特殊语境（如对偶等）的允许，很少有2+1结构；句子的末尾多要求以双音节词结尾：

漂亮衣服（？衣、服）、语义类型（？类、型）、不断说笑（？说、笑）

学习思想（？思、想）、加以改革（？改、革）、贩卖烟酒（？烟、酒）

电脑坏了、电视机好了、他哭了、把垃圾扔掉（？把垃圾扔）

访问美国⇒访美、看望爸爸和妈妈⇒看望爸和妈⇒？看望爸爸和妈

双音节化不仅给句子的组合带来了明显的音节均衡语感，而且有些短语或句子在结构上可能并不是2+2节奏，但在拼读或接受时，仍然倾向于将它们双音节均衡化。如：

一衣带/水　弦外之/音　丧家之/犬　闻/所未闻

望/而生畏　乘/人之危　狐/假虎威　利/令智昏

上述短语从结构和语义上看，都应是以斜线处为第一层次切分点，而不能从它们中间切开。但在拼读这些成语时，却只能以2＋2节奏来表达。否则，读起来拗口，听起来也不顺耳。

下面的新闻标题就注意到了音节节奏的均衡，读起来节奏鲜明，朗朗上口：

[8]主意太多　成果太少

大国民议会一团乱麻

（杭州《都市快报》）

反之，如果不注意音节节律的协调，语句在语音表达上就会失去平衡和美感。

下面两则广告在音节节奏均衡上处理得不理想，或给人以头重脚轻之感，或拗口难读：

[9]诱人的貌

迷人的音

醉人的心

喜人的价

（某收录机广告词）

[10]这种助听器造型小巧，机身总重量仅18克，属国内首创，噪音、失真、语言清晰、放大效果等技术指标，均属国内领先水平。

（《杭州日报》）

二、双声叠韵与音乐美感

从语音特征上看，现代汉语双音节词语中存在较多的双声叠韵和叠音词，它们为修辞特别是文学表达中的修辞提供了丰富的谐音音乐美感材料。下面两段文字就积极利用了汉语词语的这一特点，从而造就了表达上的优美的音乐感：

[1]我站在高山之巅，

望黄河滚滚，奔向东南，

金涛澎湃，
掀起万丈狂澜；
浊流宛转，
结成九曲连环；
从昆仑山下奔向黄海之边，
把中原大地劈成南北两面。

（光未然《黄河颂》）

[2]南京的日光，大概没有杭州猛烈；西湖的夏夜老是热蓬蓬的，水像沸着一般，秦淮河的水却尽是这样冷冷地绿着。任你人影的憧憧，歌声的扰扰，总像隔着一层薄薄的绿纱面幂似的。它尽是这样静静的、冷冷的绿着。

（朱自清《桨声灯影里的秦淮河》）

三、同音条件与谐音双关

现代汉语语音共有音节约410个，加上声调也只有1200个左右。用这些有限的音节形式去组合成数万乃至数十万条词语，大量同音词的产生就成为必然的结果了。仅据对《汉语拼音词汇》（文字改革出版社1963年版）词汇的统计，同音词达5500多个，已经占总数（59100多个）的9.5%。话语中同音词过多且处理得不好，就会造成同音歧义，影响人们的交际。如下面这段会话中就出现了这种情况：

[1] 早上。北京一大杂院。王军在刷牙，看见楼上老张搬下煤气瓶，招呼道：

“张师傅，你们家又没气了？”

“客人多，煤气用得快。”

“也是，现在煤气质量差，用了好像不到一个月吧？就断气了，你们！”

“你们才断气了呢，怎么说话啦，大清早的。”

“哎哟，张师傅，我不是那意思，不是那意思！”

这段会话中，由于王军没注意“断气”一词同音异义的特点，给张师傅带来了不快。

当然，同音词也不一定就是消极成分，只要我们注意具体的环境和上下文，一般还是能避免歧义的。从另外一个方面看，同音词还能为我们创造特殊的修辞表达手段提供材料，这个手段就是谐音双关。双关的具体分析详见第八章，这里仅举一段相声为例：

[2]乙：那怎么去呀？

甲：坐专车去。

乙：专门送你的车？

甲：不，专车。

乙：怎么个专车？

甲：就是公司拉砖的车。

乙：噢，这“砖车”呀！

该段相声就是利用了“zhuānchē”这个同音成分，一步步抖开“包袱”的。

有时候，谐音双关还可以借助于汉语的其他特点如构词灵活语序固定等来综合构拟。如下面这段小品中的对话：

[3]小沈阳：别吵吵了，一会万一要有咋整啊？我的岁数小，可我总结了，人的一生很短暂，有的时候跟睡觉是一样的，眼睛一闭，一睁，一天过去了，哈嗷——眼睛一闭，不睁，这辈子就过去了，哈嗷——

毕福剑：精辟。

赵本山：精辟啥，他是屁精。

（2009年春晚小品《不差钱》部分）

上面对话中有多个令人捧腹的地方，其中赵本山由“精辟”转换成“屁精”就很典型，还原其产生过程应该是：精辟 →（换序）辟＋精 ⇒（谐音）屁精。这两个词语的成功转换体现了表演者机智的思维与灵活的表达能力，也正是这一复杂的转换，似乎在不经意间构拟了一个生动的“包袱”。可见，该小品的编者确实具有非常惊人的语言组织能力。

第二节　修辞与词汇

词汇是语言的建筑材料，词汇丰富多样的形体和应有尽有的意义为信息的交流和情感的表达提供了基础。从规范的意义上说，词汇知识告诉我们应该了解词汇构成的形式特征与作用类型，懂得词义的产生途径和特征，了解理性意义与附属意义的区别与运用价值，掌握同义词、反义词、古语词、外来词等相关知识，并能够规范而精确地使用它们，为自己的语言表达增添色彩。除了上述层面的词语运用知识和技巧外，从获得富有超常表达价值的修辞角度上说，词汇也同样像一个取之不尽的材料仓库，为满足我们的多种表达需要服务。修辞与词汇的关系主要表现在以下这些方面：

一、词形的规范与偏离

词形规范包含构成要素的规范与结构关系的规范。任何一种语言，其词语形式是相对稳定的，在一般语境中，使用者应该遵守词语形体上的规范要求。如“秋千”“灿烂”等是联绵词，由一个语素构成，不能拆开使用和理解，“沙发”“坦克”等译音词，也不能理解为两个语素构成的合成词。很多久经使用得以流传的词，也不应随意化改。如果在常规表达中（例如科技论著、公文文本以及日常修辞行为），违反了词形的规范要求，就可能产生病误。如下面例中的“渺大”与“安步当车”就属于这类情形：

[1]经过这件事后，他在我们心中的形象不是渺小了，而是更加渺大了。

[2]当时暴雨如注，满路稀泥，汽车无法行走，我们只好安步当车，匆匆跋涉了1个小时赶到大坝上。

当然，修辞在追求规范这一表达效果的同时，也追求更高的目标，即生动、形象等。在文艺、演说等提倡个性表达色彩的修辞行为中，为了实现超常的表达效果，可以有条件地违反词形规范。这包括：

（一）结构关系的合理扭曲

任何一种语言，其词汇形式一定有相对固定的形式特征。对现代汉语而言，词语大多数是双音节的，而且就其构成方式来看，主要有复合与附加两种。但不管哪种形式，一般来说，词语的结构关系较为紧密，不能随便拆开，如“火车”“黑板”“白菜”等就是典型。但在特定的语境中，表达者可以故意扭曲词语的内部结构关系，以使表达具有新奇等效果。修辞手段中有仿词和别解格（详见后文），其中有些就是通过对词语结构关系的扭曲而获得的。如：

[3]翻身，翻身，翻了一身破衫裤，这像啥话？

[4]过去有些批“洋奴哲学”批得最起劲的人，现在拍资本家的马屁拍得最响。别说人格了，连“狗格”都够不上。这样下去，还得了！

（陈国凯《离情》）

例[3]中对“翻身”结构的曲解虽然不合词语原来的结构特点，但联系到实际情况，倒也生动。例[4]中的“狗格”是临时组合的，应该是违反规范要求的，但在文章中与“人格”对照，将某些人的嘴脸更富揭露性地描画了出来，不能说是错误，应该算作合理偏离。

（二）特别词汇成分的有效借用

除了某些特殊的语体，在日常修辞中，词语的选择和使用，很难甚至不可能做到类型的单一。为了实现特定的修辞目的，我们可以选择一些与现时语体或表达场景不完全吻合的词语。这种修辞行为就叫特别词汇成分的有效借用。它主要包括：

1. 古语词的借用

产生并应用于古代的词语（包括历史词和文言词）叫古语词。

作为传承成分留在词汇系统中，古语词在书面语色彩浓厚的语体或特定的题材作品中仍然有其活力；在日常生活或事务语体中，只要能取得特定的效果，也可以征用。如：

[5]本军奉命歼灭国民党匪军，解放北平、天津、塘沽、张家口诸城市。兹特宣布约法八章，愿与我全体人民共同遵守。

（《平津前线司令部约法八章》，新华社 1948 年 12 月 22 日电）

[6]热烈欢迎卫生检查团莅临我市指导工作！

[7]我的骆驼冉冉地向前，向左向右，点头鞠躬致敬似的；而我，和我的骆驼一致，也是一步一步低首顶礼这肥沃的原野，这炎炎的太阳，这铿锵和鸣的飞泉，以及这崔嵬庄严的连山。

（茅盾《我们落手越来越重了》）

作为用电讯形式向广大民众发布的公告，按理应该浅显易懂。但为了体现该公告形式上的庄重感和内容上的严肃性，例[5]中适当的文言词的使用是允许的，也确实取得了好的效果。例[6]虽为口头致辞，但“莅临”词语的使用，可以适当地表示对对方的尊重，体现表达者的郑重。例[7]用了多个文言词，有助于使文章的书卷色彩更浓。

2. 方言词的借用

方言词是指流行于某一(些)方言区，尚未进入普通话词汇系统的词语。因此，一般情况下，滥用方言词是违反语言规范要求的。但在某些特定的语境中，有助于体现人物的地方色彩，或有利于实现作者(表达者)的修辞意图，恰当地选用方言词是可以接受的。如：

[8]嫂子膝下的小男孩爬竹床一下子摔跤了，哇地大哭。她丈夫远远叫道：“你这个婊子养的聋了！伢跌了！”

嫂子拎起小男孩，说：“你这个婊子养的么样搞的吵！”

猫子说：“个巴妈苕货，你儿子是婊子养的你是么事？”

嫂子笑着拍了猫子一巴掌，说：“哪个骂人了不成？不过说了句口头语。个巴妈装得好像不是武汉人一样。”

（池莉《冷也好热也好活着就好》）

池莉多篇小说描写了武汉人的生活形态，上面这段对话中的方言词就记录了普通百姓日常生活的话语表现，很有地方色彩。

3. 外来词的移用

现代汉语词汇，不可避免地要使用**来自其他民族并带有原来语言形式特征的外来词**，这是语言在接触过程中取长补短的必然表现。如我们已经使用惯了的“基因”“幽默”“啤酒”等词语，就是其中的代表。但我们在实际生活中，也会看到另外一种并非出于取长补短考虑的“反常”现象，就是在汉语词语中夹杂着纯外文的形式，而这些形式所表达的意义却并非是汉语中所没有的。出现这种现象，一般情况下，如果不是因为技术性原因（如为了简洁、准确地表达原意，像 WTO、CEO、SOHU、YAHOO 等词语）或心理原因（如避讳等）而使用，很容易被视为洋化，被看作装腔作势，如《日出》（曹禺著）中的张乔治就是典型，又如下面例[9]中的“张先生”回答方鸿渐的一段话就是代表。而我们所说的“移用”是有特殊修辞价值的借用，不能简单地用“崇洋”去看待、去否定，如例[10]：

[9]鸿渐拿了几件，看都是“成化”“宣德”“康熙”，也不识真假，只好说：“这东西很值钱罢？”“Sure！值不少钱呢，plenty of dough。并且这东西不比书画。买书画买了假的，一文不值，只等于 waste paper。瓷器假的，至少还可以盛菜盛饭。我有时请外国 friends 吃饭，就用那个康熙窑‘油底蓝五彩’大盘做 salad dish，他们却觉得古色古香，菜的味道也有点 old-time。”

（钱锺书《围城》）

[10]“我常爱一个人叫上一杯在这泡着，为此，我 wife 老跟我吵架……”他的开场白是这样的漫不经心。

Wife！蓓沁心口一颤。怎么她从来没想过，他有 wife！

“现在，我 wife 带着儿子去美国了，去了两年了……我 wife 是英语专业毕业的，……”

他极其聪明地用 wife 替代使他难堪的“爱人”或“妻子”之类的称呼。

……

就是今天，他握着她的手，噙着泪水望着她说：“等我病好了，我就和我的 wife 办妥手续，我要娶你！”

“我要娶你，做我的妻子吧！”他紧紧地抓住她的手，似乎她不点头，他就不会放过她。而且，好像为了区别他的前妻，这里，他用了“妻子”两字而不用“wife”。

当她向母亲汇报的时候说：

“他虽是单身一人，但结过婚，”蓓沁又来了个补充，“wife 在美国，他正打算和她离婚呢！”她也忌讳“妻子”这个字眼，不知不觉也用“wife”来代替。

（程乃珊《女儿经》）

（三）词语形体的故意偏离

每个合成词语都是运用已有语素按照一定的方式组合而成的，我们在规范层面使用时，必须遵守其形式与意义的固定性特征，而不能歪曲其形式结构上的固定关系与内容上的整体抽象特征。如“新闻”是指①“传媒播发的消息或最近发生的社会性事件”，并非表示②“新鲜的听闻”。又如“天才”是指①“有卓绝的能力或智慧（的人）”，并非指②“天上的才气（子）”。因此，在规范表达中，我们都只能按照第一层意义去表达和接受。

但在修辞活动中，完全可以违反词语的这种规范。词语形式和意义的这种约定属性给偏离带来了表达的价值：与已有词语的特点与固定理解形成对比，使得表达产生出人意料的奇曲美感。这种对词形与意义的整体偏离产生了仿词修辞格。

在一定语境中，根据已有的词语，相对应地仿照出一个词语，

以取得讽刺、幽默等效果，这种修辞手法叫仿词。被仿的词可能不在话语中对应地出现，但一定是较为大家所熟悉的；仿照出的新词从规范的角度上看，一般是不符合词语结构或意义常规的，脱离具体语境不会被普遍理解和接受。如：

[11]我也笑着答应一两句，还没有等说完，就被小妹拉到后院里葡萄架下，叫我和她一同坐在椅子上，要我说故事，我一时实在想不起来，就笑说："古典都完了，只有今典，你听不听。"

（冰心《两个家庭》）

[12]对嘛，文化革命就是改造人的大革命。那几年，我不就被改造成家庭妇男了吗？不信，你问文婷，我什么不干？什么不会？

（谌容《人到中年》）

例[11]中根据前面的"古典"仿出"今典"，体现出"我"的风趣。例[12]则根据生活中常用的"家庭妇女"仿出违反常情的"家庭妇男"，表达出"我"的苦闷与不满。

二、词义的规范与偏离

词语的内容就是词义。词义规范要求我们要正确地理解和运用词义的理性意义和附属色彩。如下面句中的划线词语，虽然都很寻常，但选择准确，就很好地表达了思想和情感。

[1]两年前的此时，即一九三一年的二月七日夜或八日晨，是我们的五个青年作家同时遇害的时候。当时上海的报章都不敢载这件事，或者也许是不愿，或不屑载这件事，只在《文艺新闻》上有一点隐约其辞的文章。

（鲁迅《为了忘却的记念》）

[2]雨是最寻常的，一下就是三两天。可别恼。看，像牛毛，像花针，像细丝，密密地斜织着，人家屋顶上全笼着一层薄烟。树叶儿却绿得发亮，小草儿也青得逼你的眼。

（朱自清《春》）

如果违反了词义使用的规范要求，就会产生病句。如下面几个句子中划线的词，就属于这种情形：

[3]时间是一只不倦的鸟，总在追寻她善意的巢。

[4]她非常敬佩地看着老师在讲台上喋喋不休地讲着历史故事。

例[3]中的"追寻"的意义应该是"跟踪寻找"，其所及对象应该是变化行动且能留下踪迹的东西，如可以说"追寻失散的同伴"等，因此，应将"追寻"改为"寻找"。例[4]则将词义的感情色彩用错了，既然对他是"敬佩"的，其滔滔不绝的说话就不应该是让人心烦的"喋喋不休"。

不过对词义而言，并非是任何形式的违规都会造成病句。在修辞范畴内，如果语境许可，能实现表达者的特殊修辞目的，有条件地偏离词义规范要求不仅不应视作病句，反而应被看作词语的妙用。这类偏离包括以下几种情形：

（一）词义的完全偏离

所谓词义的完全偏离是指**在一定语境中，某个词语实现的并不是其原来的意义，而是与它相反的意义。这就是反语辞格。**如下面句子中的划线词，就很典型：

[5]她是我们村里最勤快的人，整天忙着睡懒觉。

[6]我真"恨"这月牙湾，不光是相见恨晚！我"恨"这月牙湾的滩，恨她这如诗如画的名，恨她那勾魂夺魄的美，恨她这隔绝了尘世的喧嚣的宁静。

（叶文玲《痴问月牙湾》）

[7]该大衣的唯一缺点是——将使您不得不忍痛扔掉以前购买的大衣。

（广告词）

例[5]中的"勤快"实际意思是懒惰。这种褒词贬用的修辞，多能使思想或情感在对比中表达得更加强烈、鲜明。这类反语带有明显的讽刺性。例[6]中的“恨”表达的却是发自内心的“爱”。这种贬词褒用的修辞,往往使情感表达更加风趣。所以说这类反语带有明显的风趣性。通过上下文,我们发现例[7]中的“缺点”显然是反语,实际要说的是该大衣有着无与伦比的优点。[①]

(二)词义的部分偏离

相对于词义的完全偏离,实际表达中,有时候实际意义并不是与原来意义完全相反,而是部分性的表达了原来的意义,另外一部分则又与原意不符或相反。修辞手段中的别解与易色就是这一原因所造成的。

1. 理性意义的部分偏离

现代汉语中的合成词或固定短语,在结构上具有凝固性,在意义上具有整体性。一般情况下,我们只能遵从词语的上述特点。但修辞活动中,表达者有时可以偏离这些特点,即**违反词语结构或语义,故意歪曲地去理解或运用一个词语,以取得生动、幽默等效果。这种修辞手法叫别解,也称曲解。**如:

[8] 女(边洗衣服边叹):哎,我记得结婚前,你经常说我像天使一样漂亮,可现在,看我都像个老妈子了!

男(笑):没有错啊,天使天使不就是天天使唤吗?现在我仍然叫你天使呀。

[9]对于和文艺工作有些关系的人,虽不一定是领导,文化修养也不一定高,却有些实权,好摆官架子,并能承上启下,汇报情况的人,我却常常应付不得其当。

(孙犁《孙犁散文集》)

例[8]中将“天使”解释为“天天使唤”,当然是歪解词义,以图

① 当然,反语还包括通过短语或句子所构造的表现形式,如:“怎样?欢迎我去吧?”“不欢迎。”马丽琳有意这么说,说完了她的眼睛向他一瞟,露出非常欢迎的神情。(周而复《上海的早晨》)

逗乐。例[9]的“承上启下”则是只取其表面意义，以批评那些官场政客的奸猾作风。

2. 附属色彩的有效偏离

词义除了理性(概念意义)外，有的还有附属色彩。附属色彩主要包括感情色彩、语体色彩、形象色彩等几种。在规范表达中，我们必须使得附属色彩与表面内容一致，否则就会产生语病。但为了修辞的需要，我们可以故意不按照词义本来的附属色彩去运用，在一定的语境中，这类偏离不仅能被接受，而且还能取得超常的表达效果。这种行为就是词义附属色彩的有效偏离。这种偏离就是**对感情色彩和语体色彩的偏离，产生易色辞格。**如：

(1)对感情色彩的偏离

[10]我与内子均好，阿米巴似与海婴告别，但这家伙却非常顽皮，两三日前竟发表了“颇为反动”的宣言，说“这种爸爸，什么爸爸！”真难办。

[11]你找他算找对人了，他是我们班最足智多谋的人，什么样的坏点子他都想得出！

例[10]出自鲁迅给友人的信中，其中“颇为反动”一语，基本意义不变：儿子敢于表达对父亲的不满，虽然这不满在鲁迅看来并无道理。但附属色彩上却相反：表达出“我”——鲁迅对儿子天真顽皮的欣喜与疼爱，并非真的认定海婴的话“反动”、不可饶恕。例[11]的“足智多谋”，基本意义未变：智谋多，但其附属色彩变了：在句中显然有批评意味而非真的夸赞。

(2)对语体色彩的有效偏离

词义所具有的感情色彩可以临时改变，词义所具有的与特定的场合相对应的表达色彩，在恰当的语境中，同样可以改变，并且还能使表达更富有幽默风趣的特点。**这种对语体色彩的有效偏离就构成了常用的修辞手法——降用**(有人称为“大词小用”，是易色辞格的一种)。如：

[12]有一回纪刚刚和陈醇喝酒，喝在兴头上，陈醇卡着钟点要回家，纪刚刚一怒之下骂他笨蛋，“你好歹也给咱公安干警争口气，回家治理整顿一下你老婆！”

（张欣《永远的徘徊》）

[13]曹千里挪动了一下身体，他本以为改变了一下姿势就可以减轻一点痛苦，缓和一下肚内的局势。

（王蒙《杂色》）

例[12]中的“治理整顿”一般是针对国家大的形势而言的，这里移过来指“整”他的老婆，显然使语言活泼了许多。例[13]中的“局势”也由本来指某个国家或地区的形势转而形容肚子不舒服的情况，颇有点苦中作乐的意味。

第三节　修辞与语法

在语言规范层面上，修辞行为必须遵守现代汉语语法规则：每种词类都有自己的语法功能，因此在充当句子成分以及相互组合时就应该照章行事；词语的搭配有结构和语义关系的制约，表达者当然也要首先服从这些规则。否则，就会产生在第五章中介绍过的种种病误。

但任何一种语言的语法规则既有强制性的一面，这就是规范层面；也一定有灵活性的一面，这就是修辞层面。现代汉语语法的特点（如形态化不明显、语序和虚词是两个重要语法手段等等），为语言表达中的灵活性提供了条件，如第四章第三节所描写的倒装、省略、插补等句子变化形式就是其典型表现。

我们还可以有效地利用句子形体结构的差异、句型和句类内部差异等句式所具有的修辞价值以及其间的转化来创造灵活多变的表达形式，以丰富修辞表达形式，提高表达效果。**这类具有一定的形式特征，也有特定修辞价值的句子类型，就叫修辞句式。**这里对几种主要的修辞句式及其作用作一些简要的分析。

(一)句子形体结构的选择与调整

所谓句子形体结构的选择与调整是指对句子的长短、整散等形式的相对选择加工,以适应特殊的语境,达到特定的表达目的。它包括:

1. 长句与短句

从修辞表达形式上看,**有的句子结构复杂,修饰成分多,命题前后停顿间的时间跨度大,这就是长句。有的句子结构简单,修饰成分少,命题前后停顿跨度小,这就是短句。**句子的长短是相对的,但根据形体特征和语义构成,还是能够对它们作出区别的。如下面两句,显然前面一个应看作长句,后一个句子属于短句:

[1]在今天这个物质主义横行、到处都在要求俗人权利的时代,诗歌艺术的皇冠辉煌不再,信誉正在与日俱失,其真实性甚至受到质疑;洁身自好的诗人落落寡合,步履维艰。一方面写诗的人像无节制生育一样到处泛滥,形形色色的诗人四处爬行并霸占着各自的一方天地与角落,显得好一派生机勃勃欣欣向荣景象;另一方面大大小小的诗歌刊物自下而上地全面发生危机,作为文化产业一部分的诗歌生产入不敷出,行业性亏损已经持续多年,其生存状态已然节节溃败到破产的边缘。

(广州《南方周末》)

[2]端丽看看床上的棉帽棉裤,知道这一切已是不可挽回了。想了一想,她弯下腰扶住婆婆:

“姆妈,你不要太伤心,你听我讲。弟弟这次被批准,说不定是好事体。说明领导上对他另眼看待,会有前途的。”

婆婆的哭声低了。

“你看,这军装军裤,等于参军。军垦农场嘛……”

“不是军垦,是国营。”文光冷冷地纠正她。

(王安忆《流逝》)

一般来说，长句多见于科技、事务、政论等用于说理、论证等的书面语体中，可以使表达周密、严谨；短句则多见于日常谈话、演讲等口语中，可以使表达形式活泼、内容简洁明快。

2. 整句与散句

在一个话语结构体中，表达者故意将两个以上的句子组合成结构整齐、形式划一的句群模式，在修辞上将这类句式称作整句。这类句式往往能产生形式整齐美观、语势连贯铺排等修辞效果。具有上述效果的整句一般多见于具有文学色彩的语体中，如文学作品、演讲、影视等等。获得整句效果的方式多种多样，排比、对偶、反复等几类辞格就是常用的手段，后面将作专门介绍。下面这段演说辞就利用整句实现了很好的表达效果：

[3]昨天对夏威夷群岛的进攻，给美国海陆军部队造成了严重的损害。我遗憾地告诉各位，很多美国人丧失了生命。此外，据报，美国船只在旧金山和火奴鲁鲁之间的公海上也遭到了鱼雷袭击。

昨天，日本政府已发动了对马来亚的进攻。

昨夜，日本军队进攻了香港。

昨夜，日本进攻了关岛。

昨夜，日本军队进攻了菲律宾。

昨夜，日本人进攻了威克岛。

今晨，日本人进攻了中途岛。

……

（富兰克林·德兰诺·罗斯福《1941年12月7日——一个遗臭万年的日子》）

在一个话语结构中，作者故意用零散的句子结构组织话语，以取得灵活多变、错综多彩的表达效果，修辞上将这类句式称作散句。散句主要用在叙事性文学表达中。如：

[4]果然，过了一会儿，那里出现了太阳的小半边脸。红是红

得很，却没有亮光。太阳像负着什么重担似的，慢慢儿，一纵一纵地，使劲地向上升。到了最后，它终于冲破了云霞，完全跳出了海面，颜色真红得可爱。

（巴金《海上日出》）

（二）句法结构类型的选择与调整

这里主要指在修辞行为中，有效利用句法结构类型的特征，选择相应的句子以达到突出信息焦点、统一话题成分、强调内容或情感的目的。例如主动句与被动句，把字句与被字句等的选择与调整就是常见的两种情形。

1. 主动句与被动句

主动句一般指由施事成分作主语构成的主谓句，其作用在于将施事成分作为话题加以突出；而被动句则一般是由受事成分作主语构成的主谓句，其作用在于将受事成分作为话题加以强调。两种句型各有自己的修辞价值，能适用不同的表达需要。北宋沈括在《梦溪笔谈》中记载了这样一件事：有一天，有官员穆修和张景两个人，走在上朝的路上，忽然看见一匹马飞奔过来，把一条黄狗踩死了。两人都记下了这件事，再加上沈括的记述，共有三种表述：

[5-1]马逸，有黄犬，遇蹄而毙。

（穆修）

[5-2]有犬，死奔马之下。

（张景）

[5-3]适有奔马践死一犬。

（沈括）

事件本身很简单，但记录的方式却不一样（《唐宋八家丛话》另记有三种描述），原因在于其描述的焦点不同，强调的重点也就不一样了：前两例将黄犬作为主语，强调的是受事的遭遇；后一例将奔马作为主语，强调施事实施了某种行为。至于各句效果好坏，则要根据修辞动机、语境等因素才能作出判断。现代汉语修辞中也同样要注意根据修辞需要对两种句型作出合理的选择与调整。下面这则作家改笔就很有代表性：

[6-1]他会捶死那样一位能征惯战的老将，那样一位赤心耿耿的忠臣，他实在做得太过分了。

[6-2]那样一位能征惯战的老将，那样一位赤心耿耿的忠臣被人捶死，他实在做得太过分了。

前例摘自1951年版的《郭沫若选集》，它将施事作为陈述对象，突出了“他”的所作所为；后例摘自1978年版的《沫若剧作选》，将受事作为陈述对象，突出了“老将”所受到的迫害与遭遇。显然，两个句子各有修辞价值。

2.“把”字句与“被”字句

“把”字句是将宾语提前，使施事主语对受事宾语加以处置这一属性得到强调；而“被”字句则是将受事作为话题主语，强调受事所面临的遭遇。如：

[7-1]我底话还没有说出口，我就被人摔倒在地上，而父亲就被人带走了。

（《巴金短篇小说选集·奴隶的心》，人民文学，1955）

[7-2]我的话还没有说出口，他们就把我摔倒在地上，父亲就给人带走了。

（《巴金选集·上·奴隶的心》，人民文学，1980）

前后改过的两句话，深层意义是一样的，但陈述对象和强调重点却大不一样了。

其他如一般述宾谓语句与主谓谓语句等也和上面句式一样，具有不同的修辞表达价值。

（三）句子语气类型的选择与调整

不同的语气，具有不同的修辞表达价值。同一意义，同样可以选择不同的语气类型去表达，这取决于表达者的修辞动机，也取决于修辞语境。试对比下面三句：

[8-1]冬天来了，春天还会远吗？

[8-2]冬天来了，春天不会远了。

[8-3]冬天来了，春天不会远了！

很显然，前一句用反问的形式表达出一种昂扬乐观的精神，而且语气中饱含信心和希望，很有感召力。第二句则用陈述句形式，陈述了一个事实，但似乎欠缺一点强烈的情感倾向。第三句在情感上较第二句强烈，表达出对未来坚定的期待。

又如祈使句语气直露而强烈，除非在命令或指使语境中需要合理使用外，一般情况下，也可以换用疑问句形式实现祈使意图，以和缓言语气氛，促进交际行为良性氛围的形成。在课堂教学语境中，下面两句话，毫无疑问，第一句的效果要好得多：

[9-1]××同学，说一说你自己的看法好吗？

[9-2]××同学，说一说你自己的看法！

不仅如此，现代汉语语法的这些特点，甚至还为现代汉语修辞产生和应用多种偏离常规语法规则但却富有表现力的手段准备了充分的基础。尽管这些偏离现象可能并非只有汉语修辞里才会有，但毫无疑问，它们在汉语修辞行为中表现出更大的灵活性，也有更高的使用频率。对语法规则的有效偏离主要有这样几种形式：

一、词类功能的规范与偏离

从理论上讲，每一个词都应该属于某一个词类，每一个词类都有自己相对稳定的语法功能。只有遵守词语的语法特点，我们的语言表达才能合乎基本的规范。否则就会产生词性误用的错误。

但同前面两节中介绍的一些违反规则的情况一样，**人们在修辞活动中也会故意地突破词的一般语法性能，以满足富有个性的**

思想或情感的表达，也期望能借此让接受者产生意外的语言美感。有的课本将这种修辞手段称为**转类**。

转类有时候是为了表达上的简洁，有时候是由于上下文的表达惯性而造成的，这种转类往往不会有特别显著的表达美感，但能给人以新鲜感受。从语法上看，它们具有明显的使动效应，具有可类推的特点，有的词语使用多了以后，还可能成为一个兼类词。如"精神""丰富"等词的兼类功能就是这样产生的。因此，我们将这种词性变化形式称作弱转类。如：

[1]××护肤霜，白洁你的肌肤。

（某化妆品广告词）

[2]十年流亡，五年牢监，虽苍白了你的头发，但更坚强了你的意志。

（周恩来《"四八"烈士永垂不朽》）

[3]是啊，(结婚)就那么回事。他不再欣赏你宝贝你，不再用有光彩的眼神看你，不再认为陪你逛大街是他的荣耀。

（池莉《锦绣沙滩》）

例[1]中的"白洁"原为形容词，但因为广告词的简洁和创新特点，使它带上了宾语，作用有点类似于古汉语中的使动用法。例[2]两个形容词都违规带了宾语，但这种变异搭配使得主语的致使意义更加突显了出来，言说者内心的愤慨表达得更加强烈了。例[3]中名词"宝贝"也带了宾语，其作用也一样具有使动性，但与前文"欣赏你"所造成的语势是不可分割的。

具有更突出修辞价值和审美意义的转类是在特定的语体(多为文艺语体)中，因文学描写的需要，出人意料地改变词语平常的语法功能，大大增加了修辞信息量，产生了不同寻常的艺术审美效果。一般这种转类行为具有很强的创造性，也只能存在于相关语境中，被转变功能的词也少有成为兼类词的可能。在书面形式上，这种转类有时用引号、破折号等加以强调。我们可将这类转类称为强转类。如：

[4]在他的内心深处，他似乎很怕成为张大哥第二——“科员”了一辈子，以至于连自己的事情都不敢豪横一下。

（老舍《离婚》）

[5]富知识分子，贵族知识分子，标签式的知识分子，不用扶植。人家已经很富了，很贵族，很标签了，你还扶植个啥劲儿？

（阿成《凡世风景》）

[6]有一天，我和一位新同事闲谈。我偶然问道：“你第一次上课，讲些什么？”他笑着答我：“我古今中外了一点钟！”他这样说明事实，显示谦逊之意。

（朱自清《“海阔天空”与“古今中外”》）

例[4]不说“当了一辈子科员”，而直接让“科员”作动词，在简洁的同时，也将这一角色悲剧性的特征加以了强调：窝囊地守着这个官阶几十年，令人心酸；也表现出“他”的满心不屑。例[5]将名词“贵族”“标签”临时转变成形容词，仿佛让我们看到了这类知识分子的表面庄严实则可怜的滑稽模样，强烈地表达出作者的嘲讽倾向。例[6]则是将“古今中外”这个体词性短语当作动词用，用所讲课的范围直接指称“讲了什么内容”这件事，既回答了“我”的提问，又不必直接介绍内容。形式活泼，内容丰富。

二、句法关系的规范与偏离

句法规则就是词语在横向组合时应该遵从的句法结构方式。这个规则系统使语言交际的正常进行有了基本的保证，否则就会产生各类语法病误，妨碍日常交际的正常进行。当然，我们可以因为语言交际的需要而临时改变语序，用倒装语序的方式强调信息重点；也可以用省略或插补等形式突出信息焦点，等等。这虽然仍属于规范表达的范畴，但也可以给语言表达带来一定的灵活性（见第四章第三节）。

但修辞表达不满足于这些灵活性。它可以充分利用汉语言语法所具有的特点，在词语组合中创造性地产生超常的形式，以满足表达丰富的思想内容和感情倾向的要求，并同时取得具有新意的表达形式上的审美感受。对句法规则有效偏离而产生的修辞手段主要有：

（一）列锦

按照句法要求，即便是体词性非主谓句，一般也是以单个形式出现的，如："小王！""妈妈！""多么好的天气呀！"等，绝大多数的句子是需要有动词性成分来组配的。但在文艺语体、演说语体等的修辞行为中，我们常常看到，**连续将两个以上的名词性成分并列在一起，铺排成句，形成一个有强大语势的语链，给人以振奋或警醒等效果。这种修辞手段称作列锦。**如：

[1]租界边还有悠闲的处所，是住宅区。但中等华人的窟穴却是炎热的，吃食担、胡琴、麻将、留声机、垃圾桶、光着的身子和腿。相宜的是高等华人或无等洋人住处的门外，宽大的马路，碧绿的树，淡色的窗幔，凉风，月光，然而，也有狗子叫。

（鲁迅《秋夜记游》）

[2]巍巍天山，浩浩长江。骏马西风塞北，杏花春雨江南。

（袁鹰《〈海天·岁月·人生〉序》）

例[1]中两处分别用了多项名词性成分铺排，描写出两种截然不同的境况：一个是那么嘈杂、零乱，另一个却是那么优美、宁静。并在此基础上，通过对比，表达出作者心中的不满与批评倾向。例[2]则通过列锦的方式描写出祖国南北不同风景，倾泻出作者对祖国河山的爱恋之情。

其实，由于汉语语法的特殊性，列锦这种修辞手段在古代就已经在诗词等文体中广为使用了。如：

[3]凌波不过横塘路，但目送，芳尘去。锦瑟年华谁与度？月台花谢，琐窗朱户，只有春知处。

碧云冉冉蘅皋暮，彩笔新题断肠句。试问闲愁都几许？一川烟草，满城风絮，梅子黄时雨。

（宋·贺铸《青玉案》）

作者用列锦的手法将三个比喻串联在一起，将无形却可感的“愁思”形象而隽永无比地描画了出来，堪作千古妙句。

（二）回环

将一个短语或句子颠倒其顺序再次组合，构成两个在形式上具有回环往复效果，在内容上表达具有内在依存关联的结构体。这种修辞手法称回环辞格。其格式可表达为：甲＋乙⇒乙＋甲。汉语语法缺少形态这一特点为这种修辞手法的运用提供了极大的便利。古人已有佳句，如“美言不信，信言不美”（老子）等。生活中有些上口的俗语也是用这一方法构造的，如“来者不善，善者不来”，“用人不疑，疑人不用”等。现代汉语中这一手法在多种语体中都有使用。如：

[4]长城电扇，电扇长城

（长城电扇广告词）

[5]我和九兹去南洋时是两袖清风，从南洋回来时依然是清风两袖。

（胡愈之《南洋杂忆》）

[6]有人说诗是无形的画，画是有形的诗。（一作“画是无声的诗，诗是有声的画。”）从状物与抒情的作用上看，它们都有共同之点。

（王朝闻《美术的特殊性》）

[7]近来呀，我越帮忙，她越跟我好，她越跟我好，我越帮忙，这不就越来越对劲了吗？

（老舍《女店员》）

例[4]用回环手段巧妙地利用了产品与品牌之间的关联，构造出内容含蓄、易记易诵的广告词。例[5]则用回环的形式描写了同样的内容，给人以表达方式上的新鲜感，也表现出表达者内在的诙谐心态。例[6]用往复的形式指出了诗与画的相类关系。例[7]作为回环的一种变体，写出了“我帮忙”与“她跟我好”之间的依赖关系。

三、语义关系的规范与偏离

词语的组合除了遵守句法规则的制约外，还应该符合语义关系的要求。所谓语义关系就是指词语在内容上所具有的逻辑搭配关系限制特点。比如一般来说，同为表示“脂肪多”的意思，“胖”多用来形容人，而“肥”却用来形容其他动物。因此，从句法上看，“她真肥。”这句话是“合法”的；但从语义关系上看，用来随便对别人说，就不妥当了。当然，这句话在下面这类语境中是可以用的：即用来嘲笑她或骂她。

但修辞事实告诉我们，语言表达实践中又存在大量违反语义关系组合的现象。这些组合是表达者故意造成的，接受者也不以为错，反倒产生了非常好的表达效果，给欣赏者带来妙趣横生的审美愉悦。当然，这类“违规”表达同样得到了汉语语法形态特征不明显等属性的支持。同时在修辞上也有一定的条件：多见于诙谐生动的口语表达以及文艺语体，有强烈而超常的情感铺垫。具备了上述条件，这类对一般语义关系偏离而产生的表达才能具有修辞的合理性。对语义关系有效偏离而产生的修辞手段主要有：

(一)拈连

在一个合乎常规搭配的述宾或主谓结构(甲＋乙)后，再用其中一个词语(甲)与一个本不能搭配的成分(非乙：与乙不是同一个语义类)组合，这就形成了拈连修辞格。其格式可写成：甲＋乙⇒甲＋非乙。如：

[1]我这么失魂落魄地坐着，要惹人奇怪的。已经有人在注意我。他一面咀嚼着白斩鸡，一面咀嚼着我。

（汪曾祺《落魄》）

[2]遥隔两地，平日，我只好静静地坐在电脑前，用指头敲出我心底的思念。

例[1]里前面有"咀嚼着白斩鸡"，然后因景顺势地带出"咀嚼着我"这样在语法上不通，在情理上却是极佳的组合，表示那人正在琢磨他，应属有效偏离。例[2]则是拈连的变体，它省掉了前面的常规搭配——"敲出字符"，直接组合成一个超常结构，在意料之外，但又在情理之中。

（二）移就

用一个本不能与中心成分（乙）组合的成分（非甲）直接修饰乙，构成一个语义关系违规，但情感表述上又极富表现力的偏正结构，这就是移就辞格。其格式可写成：非甲＋乙。例如：

[3]随着爷爷的枪声，道路东西两边的河堤后，响起了几十响破烂不堪的枪声，又有七八个日本兵倒下了。

（莫言《红高粱》）

[4]孩子们醒来
比花朵醒得还早
任性的色彩和任性的声音散放着
六月，任性地散放着

（傅天琳《六月》）

[5]劳动后，躺在床上，她又没完没了地回想起她女儿那甜甜的笑脸和丈夫有力的臂膀。

"枪声"本无所谓"破烂不堪的"，但例[3]这样的组合既描写出伏击者武器的破损情况，又写出了他们射击的零乱状态。例[4]中"任性"本不能修饰"色彩"和"声音"的，但花朵与孩子一块成为作者所要描写和赞赏的对象，"花朵"娇艳的色彩也似乎变得"任性"，孩子们欢快的"声音"也毫无忌讳。两个意象的超常并联，在语言上也就产生了这一跳跃式的超常搭配，给我们的审美带来了不寻常的感受。例[5]有人称为通感，"甜甜"这一味觉属性转移来修饰一个视觉对象——脸,使小女孩的笑脸越发可爱。

（三）比拟

直接用描写或陈述乙的词语来描述或陈述甲,从而实现将人当作物或将物当作人来写的表达目的,这就是比拟辞格。比拟的辞面应该由三个因素构成:本体(甲)即描写对象,拟体(乙)即用来描写本体的对象,拟词即用以描写拟体的陈述或判断。但是,辞面的表层因素只有两个,即本体与拟词。从形式上看,“甲＋乙”构成的结构主要为主谓关系;但语义上,“甲”与“乙”的组合是违反常规的。如:

[6]因为公演的地方,恰巧是孔夫子的故乡,在那地方,圣裔们繁殖得非常多,成了使释迦牟尼和苏格拉底都自愧弗如的特权阶级。

（鲁迅《在现代中国的孔夫子》）

[7]路旁的树枝不断地切割着夕阳,把光的碎屑不断地洒向他的全身,这给他一种捉摸不定的行进的感觉。

（王蒙《蝴蝶》）

[8]告诉你,祥子,搁在兜里,一个子,永远是一个子,放出去呢,钱就会下钱。

（老舍《骆驼祥子》）

[9]车往上升,太阳往下掉,金碧的夕晖在大片山坡上徘徊顾却,不知该留下来依属山,还是追上去殉落日。

（张晓风《常常,我想起那座山》）

既然是“圣裔”,肯定是人,而且是圣人的后裔,他们的代代发展怎能用只有一般动物才能用的词——“繁殖”来说呢?可例[6]中,鲁迅就大胆地将这些所谓“圣裔”们当成了并无头脑但有特权的动物来写,表达出鲁迅对他们的憎恶。例[7]则将“路旁的树枝”当作有运动能力的人来看,赋予它们“切割”夕阳并把“光的碎屑”洒向人的能力。作者为我们描绘了一副拟人化的动感画面。例

[8]将“钱”当作另一种动物，将贷钱所生出利息说成“下钱”，这将一个精于算计的底层人物心理刻画得更加生动了。例[9]则是作家将“金碧的夕晖”拟人化，当作一个有血有肉的人在活动，在思想：夕晖映照在山坡上成了“徘徊顾却”，似乎满心的留恋，一副不舍模样，还出现了生动的心理活动——是该留下来与大山相依，还是该追上去与落日同逝。实际上这一切都是作者将自己的情感和心理投射到了夕晖，将它幻化为一个灵动的有生命的人。从而把无生命的事物描摹得生动灵活，也将自己的所思所感借助于比拟变成有生命有爱恨，让自己也让读者心动的文字。

第四节　修辞与汉字

汉字是记录汉语的书面符号体系。与其他表音文字不同，它是由形体直接或间接表示词义或语素意义的平面型方块字构成的体系，与语音中的音节相对应。由于汉字所具有的上述特点，它也给汉语书面语的修辞活动带来了具有民族特色的手段：利用部分汉字的象形特点构成摹绘表达，利用汉字平面型多部件的形体特点构成拆字手法，根据汉字与汉语音节的对应以及音节表意等特点产生汉语修辞独有的对偶辞格，等等。下面分别对以上手法作简单介绍。

一、直接利用汉字形体特点

汉字的形体特点具体表现在两个方面：一是很多独体汉字是通过模拟事物外在形貌而构造的，如“山”“水”“火”“木”“田”“手”“目”“鸟”等等；即便有些汉字本身不完全是模拟事物外型特点，其字体本身也具有明显的几何特征，如“国”可用来描写方方正正的形体。二是合体汉字都是由两个以上的部件组合而成的，而这些构成部件又都表意；从外型上看，它们呈现出整齐的平面型特点。

汉字形体的这两大特征，给汉语修辞带来了一些独具表现力的手法。

1. 直接以字摹形

利用汉字的象形表意特点，在表达中直接用汉字模拟相关事物或人的部位形状，使描述更加具体、形象。如：

[1]他的睡相实在不敢恭维，瞧，他躺在竹床上像不像一个写得不正的“大”字？

[2]一幢幢青砖青瓦的学生宿舍楼，鳞次栉比，间以花坛、篮排球场、小卖部、书亭和邮电所，组成了几组“圭”字形和“目”字形的建筑群。

（康式昭、奎曾《大学春秋》）

例[1]用“大”字的外形描绘人物睡觉的样子，使得文字的描画产生了视觉效果。例[2]则用汉字形体来状绘建筑物的外观，也取得了同样的视觉效果。

生活中，我们还常见这一手法的运用，如“丁字尺”“中形栏杆”“国字脸”“十字街头”等名称就是典型。

2. 拆装部件会意

一般来说，合体字都是由两个以上部件构成的，而且这些部件同样也是有意义的。因此，在汉语修辞活动中，可以充分利用汉字的这一特点进行拆解组装，来含蓄地表达思想内容。这种手法也称作拆字格。古人就经常将这一方法用来作对联、灯谜。如：

[3]四口同圖，内口皆归外口管；
五人共傘，小人全仗大人遮。

[4]左看马靠它，右看它靠马；
左右一齐看，脚踩万里沙。

（灯谜：打一字）

例[3]巧用了汉字结构特征，制作成一副绝佳对联。例[4]则巧妙利用汉字结构部件，用拆解的方式组织成一道谜面，其谜底应为:驼。

当然该方法也可以用来隐晦地传递严肃的内容,古代很多谣谚就是通过拆装法构成的。如东汉后期,董卓当政,民不聊生。民间流传这样一首谣谚:

[5]千里草,何清清,十日卜,不得生。

(《后汉书·五行记》)

其中"千里草"是拆"董"字而得,"十日卜"为拆"卓"而成。该谣谚表达出"董卓必死"的信息。

不仅古代常用这一手法,现代修辞中也常见这一方法。如:

[6]旧军队中的士兵不满他们的军官吃空额和说空话,这样发泄他们的愤慨:"你们'官'字两个口,吃空额,我们'兵'字两只脚,开小差!"

(秦牧《语林采英》)

[7]昨天编完了去年的文字,取发表于日报的短论以外者,谓之《且介亭杂文》。

(鲁迅《且介亭杂文二集·序》)

例[6]中巧用"官""兵"等字型特点,表达出士兵的愤恨。例[7]中鲁迅将其杂文集命名为"且介亭杂文",其中"且介"两字有特殊来历。据《鲁迅全集》注解,它们就巧用了汉字拆解方法:"当时作者住在上海北四川路,这个地区是'越界筑路'(帝国主义者越出租界范围修筑马路)区域,即所谓'半租界'。'且介'即取'租界'二字之各半。"

日常生活中,我们也可用拆字法来达到避同音或曲指对象等目的,如"古月胡""口天吴"等说法;如用"十八子"称"李"、用"草字头"指革命党(见《阿Q正传》)、用"言身寸"表示"谢"意等等。

二、综合利用汉字形音义特点

从整体上看,汉字与汉语音节相对应,而汉语里表意的基本单位是词(古汉语中尤其明显)或语素(现代汉语中表现较为明显)。因此,从语义链的组成过程看,能单独表意并与音节对应的汉字具有非常大的灵活性,为构造成前后对应工整的表达矩阵格式提供了形体上的可能。加上前面所述的汉语语法形态特征不显著等特点,汉字的形音义特征就为形成汉语修辞中独有的对偶等修辞手法准备了充分的条件。

对偶就是用一对结构相同或相近、字数相等的句子(或短语),并列起来表达相联、相对或相反的意思的修辞手法。对偶要求:对偶结构字数相同,结构关系相类,意义相关,平仄相协。下面就从语义关联角度对对偶作简要分析。

1. 正对

前后相对部分从不同的侧面描写某一个事物、行为,两个部分在意义上有补充的关系。如:

[1]书山有路勤为径　学海无涯苦作舟

[2]可是做工是昼夜无休息的:清早担水晚烧饭,上午跑街夜磨面,晴洗衣裳雨张伞,冬烧汽炉夏打扇。

(鲁迅《聪明人和傻子和奴才》)

[3]为公忙,为私忙,忙里偷闲,且喝二两酒去;
劳心苦,劳力苦,苦中有乐,再炒一盘菜来。

(某酒店门联)

2. 反对

前后相对部分从正反两个方面描写两个事物、行为或一个事物、行为的两个侧面,以获得对比映衬的效果。如:

[4]死者长已矣!死而能伸民志,伸国权,死犹不死;
生者为何乎?生而成为奴隶,为牛马,生亦徒生。

[5]总之,在任何工作中,都要记住:“虚心使人进步,骄傲使人落后。”

3. 串对

前后相对部分之间具有先后关联或因果、假设等关系，并通过这种逻辑关系描写或陈述某个事实、道理等。如：

[6]为有牺牲多壮志，敢教日月换新天。

[7]增加绿化意识，改善生存环境。

对偶这种修辞手法主要用于诗歌、对联等较为严肃、庄重的语言表达。但也可用于民间谣谚的构造，当然，这时的对偶的作用主要在于结构整体、朗朗上口而易于传唱，其形式本身要求就比较松了。如：

[8]人心齐，泰山移。

[9]关系浅，抿一抿；关系深，一口闷；关系真，一口吞。

（劝酒谣）

除了较为常用的对偶辞格外，利用汉字及其与汉语的关系所具有的特点，汉语修辞还产生了其他一些修辞手法，“镶嵌”就是其中的典型。

镶嵌就是利用汉字、汉语的形音义及语法特点，将特定的字、词暗藏在句子中，巧妙地连缀成文，曲折地表达思想或情感。这种辞格多用于爱情诗歌中，也常见于政治性诗文。政治高压比较明显的“文革”时代就常有人用这种手法表达自己的观点和感情。如1976年4月5日在悼念周恩来逝世的诗文中就有多首运用了这一手法。其中一首是：

[10]悼词花圈献碑前，
周围广场尽肃然。
总理恩人功和绩，
理应哀悼泪连绵。

其中每一句的开头一字，连起来就是“悼周总理”，含蓄而顽强地表达出了人民的哀思。

【习　题】

1.请分析下列作家改笔，说明所作修改的修辞作用。

(1)原句：那车夫摊开手心接受钱，就藏在车子坐垫的底下。

改句：那车夫摊开手心接钱……

（叶圣陶《在民间》）

(2)原诗：一杆红旗要大家扛，

红旗倒了大家都糟糕！

改诗：一杆红旗要大家扛，

红旗倒了大家都遭殃！

（李季《王贵与李香香》）

(3)原句：朋友们，用不着繁琐的举例，你已经可以了解到我们的战士，是怎样的一种人。

改句：朋友们，用不着多举例……

（魏巍《谁是最可爱的人》）

(4)原句：累累的果实把树枝都压弯了，有的树枝竟然被苹果压断了，而大多数树枝不得不用木杆撑住。

（峻青《秋色赋》，见同名散文集）

改句：果实累累，树枝都被压弯了，有的树枝竟然被压断了，大多数树枝不得不用木杆撑住。

（峻青《秋色赋》，见高中《语文》第二册）

(5)原句：一个从后面挤向前来的三十左右的纠察队员表示殷勤的回答……

改句：一个三十岁左右的纠察队员从后面挤向前来，殷勤地回答……

（叶圣陶《在民间》）

2.分析下列句子，指出它们分别使用了哪些辞格，并说明这些辞格是借助于什么方法产生的。

(1)恩特骇然道:“各位误会则个,小的不谙足球也!”

市长慈祥笑道:“想您老人家此三年中去了东方孔学礼仪之邦,学得如此谦逊!实在令人汗颜汗脚!”

(王蒙《球星奇遇记》)

(2)品泉茶三口白水;

竺仙庵两个山人。

(西湖天竺竺仙庵对联)

(3)假若当时我已经能够记事儿,我必会把联军的罪行写得更具体、更“伟大”、更“文明”。

(老舍《小花朵集》)

(4)最后,张腊月无可奈何地笑骂道:“我现在才认识你,你是个顶坏顶坏的女人啊!”

(王汶石《新结识的伙伴》)

(5)团结全国各族人民,调动一切积极因素,同心同德……建设现代化的社会主义强国。……我们全党全民都要把这个雄心壮志牢固地树立起来,扭着不放,“顽固”一点,毫不动摇。

(邓小平《目前的形势和任务》)

(6)前些时候,工人在这一带做土坯,正挖着土,突地这里出来个脑袋,那里出来条大腿。原来这一带埋葬着他们的骨肉,他们的亲友,只是埋葬不了他们惨痛的记忆。

(7)健康骨骼,挺拔体态

(广告词)

(8)《红楼》一书,英雌多而英雄少,英雌中又以丫头比姑娘出色。

(林语堂《论泥做的男人》)

(9)他们大都忍耐着一切,两脚两手都着地,一步步挨上去又挤下来,挤下来又挨上去,没有休止的。

(10)东山的糜子西山的谷,

肩膀上的红旗手中的书。

米酒油馍木炭火，
团团围定炕上坐。

（贺敬之《回延安》）

（11）“你没看门上挂了牌子：‘非公莫入’。”

“看了，不是公的不能进来。我是男孩，是公的，可以进来。”

（沙叶新《告状》）

3.请利用汉字形体特征解开下面的灯谜。

莫等日落近黄昏（打一字）

4.请朗读下面这段文字，从语音上分析其中音节节奏组合失衡现象，并加以修改。

秋风起，天气凉。树叶黄了，一片一片地从树枝上落下来。树叶落在地上，甲虫爬过来，躲在里面，把它当作屋子。树叶落在沟里，蚂蚁爬上来，坐在上面，把它当作船。树叶落在河里，小鱼游过来，藏在底下，把它当作伞。树叶落在院子里，燕子看见了，低声说：“电报来了，催我们到南方去过冬呢。”

（《树叶落了》，浙江省编《小学语文课本》第三册）

5.下面是一则广告，请从语音的角度分析其中有没有不妥的地方；如有，请加以修改。

精品　精致　精彩

尽在毛源昌　湖滨名品厅

（《都市快报》）

6.阅读下面两段文字，指出它们所存在的语法或修辞病误，并加以修改。

（1）我们学校已成为一所现代化的学校，除计算机室、语言教室外，校园宽带网、多媒体教室等先进的教学设备，崭新的实验大楼也落成。

(2)成年累月的战事,每况愈下的社会治安,经济的不断衰退,动荡不安的政局,生存环境的日益恶化,使世界上越来越多的人的正常生活受到威胁,甚至连生命财产都没有保障。

7. 请阅读下面这段故事,然后指出其中危机的化解与汉语言文字的哪些特点有关联。

传说清朝末年,慈禧太后请一位著名的书法家为她的扇子题诗。那位书法家写的是唐朝诗人王之涣的诗《凉州词》:

黄河远上白云间,
一片孤城万仞山。
羌笛何须怨杨柳,
春风不度玉门关。

由于匆忙,书法家漏写了其中的"间"字。慈禧大怒,说是欺负她不懂诗词,要杀他。他急中生智,连忙解释道:"老佛爷息怒,这是用王之涣的诗意填的一首词。"并当场断句,读给慈禧听:

黄河远上,白云一片,孤城万仞山。
羌笛何须怨,杨柳春风,不度玉门关。

慈禧听后,转怒为喜,连声称赞。

第九章　辞格分析

第一节　辞格的定义与确立依据

一、辞格的定义与分类

在言语行为中，人们常常不满足于常规的词语组合、句子构造等语言规则和表达原则，而是在符合语言表达常规的基础上，运用一些在词语、句子组合及语义实现上有所“违规”的表达手段，来取得特定的修辞效果，这种**在言语行为中对语言规则或语言运用规则进行有效偏离形成的具有特定表达价值的固定模式，就是辞格。**

从形式上看，辞格是由两个部分构成的，**一个是辞格得以传载的表层结构体，可以将它称作辞面或辞体；另一个部分是通过辞面所指称的对象（如借代、借喻等）或能实现的修辞功能或深层意义（如反语、双关、排比）等，可以将它称为辞里。**如：

一间阴暗的小屋子里，上面坐着两位老爷，一东一西。东边的是一个马褂，西边的是一个西装。

（鲁迅《写于深夜》）

其辞面就是“马褂”“西装”，其辞里就是它们分别指代的两个人：穿马褂的人、穿西装的人。

有的辞面与辞里的关系较为直接，如借代、比拟、明喻、暗喻等；有的辞面与辞里的关系就很隐晦，如借喻、反语、双关等。

从辞格形成的特点看，有的辞格是在词、句组合以及语义表达上故意偏离一般语言规则构造，其目的是强调语义内容的超常表达。这类辞格没有特别明显的辞面识别标志。如比拟，本体与拟词的搭配就偏离了一般词语组合规则，实现了语义的超常组合；又如反语，表达意义与原义恰好相反。此类辞格还有：比喻、移就、夸张、双关、拈连、易色、借代等。

有的辞格则主要是在语义表达的具体形式上刻意求美而故意偏离一般语用原则构造，其目的是在不违反一般词、句组合等语言规则的前提下达到强调超常形式表达的效果。这类辞格在结构形式上有明显的辞面识别标志。如对偶、排比、顶真、回环、反复等就属这样的辞格。

实际言语行为中的辞格较多，而且随着生活的发展，还会有新的辞格产生。我们这里介绍的主要是一些常用的具有较明显的特征和特定修辞功能的辞格。

二、辞格确定的依据

作为修辞行为中一种特定的表达格式，不同的辞格，其产生途径、表现形式以及修辞价值都不完全一样，因此，判断和确定辞格的原则也应该针对具体的对象，从不同的角度去衡量。总的来看，辞格确定的依据主要有这样三个方面：

（一）形式特征

所谓形式特征就是指辞格在外在形式上所表现出来的标志性特点。每一种修辞格都应该有其特有的形式特征，差异只在于表现的样式不同。如对偶、排比、比喻、比拟、顶真、回环、拈连、移就等有特定的格式标志，我们比较容易根据外在的结构形式（辞面）加以认定。而有些辞格却以另一种形式表现出来，即辞面与辞里之间所具有的特定关联。如借代，虽然没有特定的外在标志，但我们可以从代体（X）与本体（Y）之间的关系加以判断：设被描写对象是Y，但实际表达中出现的对象是X，如果X与Y之间有不可分割的关联关系，即可确定X实施了借代手法。又如反语，某辞面原来表达的意义是X，但实际表达或理解的意义是与X意义完全相反的Y，那么，X实施了反语表达。可见，对这类修辞格，可假设辞面为X，辞里为Y，我们即可以通过考察X与Y的关系形式来认定。其他如易色、双关、夸张等辞格都可以运用这一方法去认定。

（二）功能特征

辞格之所以形成并有表达价值，关键在于每一种修辞格都是经过长期的语言实践产生并凝固成一个特殊表达手段，因此，它们都有其独特的修辞功能。不同的修辞格的修辞功能是不同的，但有一点是共同的：都能取得规范表达形式所不能取得的审美价值，能取得平常表达所没有的附加信息，具有明显的超常性或偏离性——有的侧重于形式的对称美，如对偶、回环等；有的侧重于内容的变化美，如反语、双关、借代等；有的侧重于想象力的创造和传达，如比喻、比拟、移就等。虽然功能特征尚无法形式化，但它却是可以客观感知和解释的，因此，它也应该是一个重要的参考标准。

（三）语言特征

不同辞格的形式或功能可以是不同的，但它们必须是凭借着语言符号要素这一手段来完成的。有的辞格借助于词语形体、文字结构等形式要素，如仿拟、拆字、对偶、回环等；有的借助于词语意义要素，如反语、易色等；有的则借助于语法结构关系等特点，如比拟、列锦、顶真等；有的则可能是综合地借助于上述要素来构造，如对偶、反复等。语言特征是确定辞格的落脚点，也是判断辞格的最终形式依据，正因此，我们认为过去被有些人认定为辞格的象征、对比、示现等手法，应该归入写作技巧，不应被看作辞格。

一般来说，每一种修辞格都应该具有上述三个方面的特点，我们可以而且应该将这三个特征作为确定辞格的依据。

第二节　常用辞格

在第八章，我们已经分析了反语、易色、移就、拈连、回环、对偶、比拟、列锦、别解、仿词等辞格。下面再对其他几种常用辞格作简单的分析。

一、比喻

用与本体（X）本质不同但有相似性的喻体（Y）来描写或说明本体，从而更形象、生动地表现本体的特征或作用，这种辞格叫比喻。

（一）比喻的结构特征与类型

从结构上说，比喻的辞面应该由四个要素构成：本体、喻体、喻词、相似点。本体是被描写或说明的对象，喻体是用来作比的对象，喻词是用来联结本体和喻体的动词，相似点则是将本体与喻体联系起来的心理要素。要说明的是，相似点是比喻形成的关键要素，从结构上讲，它应该出现。如：

[1]许多女人的大眼睛（本体）只像（喻词）政治家讲的大话（喻体），大而无当（相似点）。

（钱锺书《围城》）

但实际上，相似点多不表现出来，而是以隐蔽的方式存在的，从而给想象留下更多的空间。因此，从表层看，比喻辞面多是由三个要素构成的。如：

[2]幽默（本体）是（喻词）人类心灵的花朵（喻体）。

根据表达功能及形式特征，比喻主要可以分为明喻、暗喻和借喻这三种类型。

1. 明喻

直接、明白地用喻体来描写或说明本体的比喻类型，形式上常

以“像”“似”“如”“宛如(然)”“仿佛”等动词来联结本体和喻体。结构式是:X 像 Y。如:

[3]美式婚姻像吃口香糖,越嚼越乏味,最后吐了;中式婚姻像吃长生果,越嚼越香,最后咽了。

(祝振华《西线有战事》)

这里借助喻词“像”,用“吃口香糖”“吃长生果”等具体形象、可感可想的喻体来描写“美式婚姻”与“中式婚姻”,使我们对两种婚姻方式的不同有了具体而形象的感受。

2. 暗喻

直接将本体等同于喻体以描写或说明本体的比喻类型。常用“是”“成为”“等于”等动词联结本体和喻体。结构式是:X 是 Y。如:

[4]古典主义是低眉的菩萨,浪漫主义是怒目的金刚。

[5]活泼可爱的小女儿就成了他的开心果。

“古典”与“浪漫主义”都为抽象概念,作者用“低眉的菩萨”与“怒目的金刚”来描写它们,使它们的特征变得具体形象。用“开心果”来比喻小女儿,可见“她”的可爱以及“她”在父亲心中的地位。

暗喻除了以上形式外,还有一些具有同样表达功能的变式。它们没有喻词,而是通过特殊的结构或形式来直接联结本体和喻体,实现想象的飞跃。

有的借助于偏正结构(X 的 Y),如:

[6]感情的激流已在胸中奔腾多日,眼看就要破堤而出了。

有的借助于同位结构(XY),如

[7]随着归期的临近,我的心更紧张了,常在心里呼喊:祖国母亲,我就要回来了。

有的则借助于标点符号,如破折号(X——Y),如:

[8]想想个人的未来,也为我的朋友——窗台上的那盆君子兰担一份心。

3. 借喻

不出现本体也没有喻词,直接用喻体替代性描写或说明本体的比喻类型。结构式为:Y(以宾语等成分出现)。如:

[9]在看到学术繁荣的同时,我们也必须承认其中充斥着不少垃圾。

[10]傅家杰是体贴的。他在屋里拉起一块绿色的塑料布,把三屉桌挪到布幔后,希望能在这瓶瓶罐罐、哭哭啼啼的世界里,为妻子另辟一块安定的绿洲,使她能像以前一样夜夜攻读。

(谌容《人到中年》)

"垃圾"比喻学术活动中存在着的一些弄虚作假的行为以及无益的"成果";"绿洲"则是比喻傅家杰为妻子陆文婷在狭窄而吵闹的房子里隔离出来的学习场地。

(二)比喻的功能与运用

恰当地运用比喻:①可以使被描写对象更加形象、生动,如例[10];②可以使抽象的对象或说理更加浅显、可感,如例[6]、[7];③可以揭示事物的本质,表现作者的感情、态度,如例[2]、[8]。

运用比喻要注意:①好的比喻要求本体与喻体是本质不同的两个事物,而且类差越远,接受效果越好。如:

[11]孙小姐给她的旅伴们恭维得脸像初升的太阳。

而下面这个例子只能是估测,不是比喻:

[12]女儿长得很漂亮,像她妈妈一样。

②其次,相对于本体来说,喻体应是为人们更熟悉或更具体生动的事物,否则,比喻的可接受性就差了,如:

[13]他心情紧张,就像坐在飞船上的宇航员一样。

当然,由于喻体的多面性,仅出现喻体不能明白地显示其相似性,也可以采用补出相似点的办法来解决,如:

[14]一切机关的首长的办公室,本来像隆冬的太阳或一生里的好运气,来得很迟,去得很早。

另外，喻体应为人们所"熟悉"，但不一定是真实或确实有或发生过的事物，只要符合常理，有可想象性，也可以用来描写或说明本体，如：

[15]叶子和花仿佛在牛乳中洗过一样，又像笼着轻纱的梦。

③最后，构拟比喻还要注意所运用的语境及情感色彩。在构拟比喻时，由于本体与喻体的对应并不是单一的，要求所选择的喻体在语境或情感色彩等方面与本体相适应。

二、夸张

故意超出事物或行为等在范围、数量、程度等方面的逻辑极限进行表述，从而表达出喜悦、悲伤、惊愕等情感，这种辞格叫夸张。

（一）夸张的结构特征与分类

在一般语境中，人们都得遵守事物或行为等所具有的逻辑属性，如范围、程度等。但在文学或一些特殊语境中，为了体现自己的感受、表达自己的情感，表达者可以故意对这些逻辑极限进行突破，给接受者以鲜明、独特的印象。如例[1]，为了强调"他们"热闹和欢快的程度，便故意违反现实的可能极限，进行夸大性描述，给接受者留下了深刻印象：

[1]那天晚上，他们尽情地跳啊，唱啊，简直都要把楼顶掀翻了。

根据对事实的违反情态，夸张可以分为扩大夸张和缩小夸张两种。

1. 扩大夸张

故意突破事物、行为在范围、程度、时间等方面的属性并往大、高、强、快等方面去描述的夸张。如：

[2]别哭了，就是你哭出一太平洋的泪来，也唤不回他要离开你的那颗心。

[3]那小子是个早上娶媳妇晚上就想抱儿子的急性子，让他不

说话比杀他还难。

例[2]用“一太平洋的泪”来形容“哭”的程度与哭者的悲痛。例[3]则用“早上娶媳妇晚上就想抱儿子”来形容“那小子”的急性子。显然都是夸大其词，旨在突出人物的情状与性格。

2. 缩小夸张

故意违反事物、行为在范围、程度、时间等方面的属性并往小、低、弱、短等方面去描述的夸张。如：

[4]别说你这转不过屁股的小县城，就是在北京，我也不怕你。

[5]小军很贪玩，语文、算术在他心中，只占芝麻绿豆般的地位。

[6]未曾回眸，百媚已生。

（某泳装广告词）

例[4]用“转不过屁股”来形容“县城”之小，表示对该县城的不屑。例[5]用体积极小的“芝麻绿豆”来说明“小军”对功课的轻视。《长恨歌》中有名句“回眸一笑百媚生”，例[6]则将“百媚生”超前性地改在了“回眸”之前，强调了商品的美妙。

（二）夸张的功能与运用

恰当地运用夸张：①可以突出事物、行为的属性，给接受者深刻的印象；②可以表达强烈的感情、态度，增强表达的感染力。

运用夸张应注意：①语体要适用。夸张不能用于科技、事务以及政论等语体，多用于文艺语体，日常轻松交际活动中也可见。②表述要明确。夸张要求超出客观事物、行为的可能允许值，能让人立刻知道是在进行修辞表达，否则只能是不切实际的浮夸，产生不了夸张所应有的审美效果。如例[1]，如果说成下面这个句子就不合适了：

[7]＊……简直要把凳子碰倒了。

③预设须真实。夸张要有合理真实的预设，否则会使夸张失去存在的前提，“广州雪花大如席”所以被鲁迅批评（参见鲁迅《漫

谈“漫画”》,《鲁迅全集》第六卷,第186页),就是因为其预设“广州有(下)雪”是不真实的。

三、双关

在特定的语境中,利用相应的语言条件,故意使一个语言单位(词、句子)关涉内外两层意义,其中“内”义即辞面是通过词或句直接表达的,而“外”义,即辞里,则是通过特定语境因素间接实现的,不过,这个辞里才是表达者真正要实现的意图,这种获得一箭双雕的表达效果的辞格叫双关。

(一)双关的结构特征与分类

有时候,表达者不便、不能或不愿直截了当地把话说白,而想采取“借题发挥”“声东击西”的方法来表情达意,双关辞格就是一种选择。这便使得双关有了这样的特点:首先,有一个符合需要的记叙或描写的“话题”,而且事实上也完成了这一表层话语行为;其次,表达者另有一个想要借此“话题”表现的内容,而该内容不便、不能或不愿直接挑明;再次,双关意义的表达需借助于特定的语言手段或语境因素。双关辞面可以是词、句子,也可以是交际者之间的角色关系。如:

[1]外甥打灯笼——照舅(旧)(双关点)。

从表面上看,它表达的是“外甥打灯笼为舅舅照路”。但实际上,它又多用于一些批评性的语境中,表示对因循守旧的不满,因而,它实际的意义则是因“照舅”联想到同音语“照旧”的内容。

根据辞面与辞里的关系,可将双关分为谐音式、语义式和对象式三种。

1. 谐音式

利用词语的同音或近音关系,使某个词语关涉两个意义的双关。如:

[2]我看你是贾家姑娘嫁贾家,贾门贾氏,明明是熊蛋包,还要

往自己脸上贴金。

例[2]中含有的歇后语也是借谐音而表义的:“贾”在字面上是指一个姓,实际上谐音“假”,“氏”字面上义同“姓”,实际上是谐音“式”,因此,“贾门贾氏”的间接意义是“假模假样”。

2. 语义式

利用词语或句子的多义性,使某个词语或句子关涉两个意义的双关。如:

[3]她们的死,不过像无边的人海里添几粒盐,虽然使扯淡的嘴巴们觉得有些味道,但是不久还是淡、淡、淡。

[4]张敏:嘿嘿,秘书长,你高兴得太早了吧,你看,我这儿还埋伏着一个车哪!将!秘书先生!从全局来看,你输了,你完了,你交枪吧!

(《八一风暴·破晓激战》)

例[3]出自鲁迅杂文《论人言可畏》,是针对当时的影星阮玲玉等的死以及人们的冷漠而言的。其中的“淡、淡、淡”既符合表面的情理:在无边的人海里添几粒盐,时间久了,当然会“淡”下来。同时,又表达出更深层的意义:人情的冷淡、淡漠。例[4]是在形势万分紧张的情况下,打进敌人内部的张敏在与敌方司令戴景臣下棋时讲的双关话:既照应了棋局发展,更暗示出敌人的覆灭的命运。

3. 对象式

指利用交际者之间的角色关系借特殊的话题并使其关涉两层意义的双关。多用于暗示、讽刺、揶揄甚至漫骂,因此,对象双关多为平时所说的“指桑骂槐”。如:

[5]家里人早把饭吃完,只有用过的碗筷狼藉一桌子一炕,等红芳收拾哩。

万存媳妇坐在炕上哄孩子,头也不抬,话也不说,阴沉着脸,像要下雨的阴天。偏巧,她的小女儿噗吃拉了一堆屎。她又是数叨又是骂,冲着窗户,拉着声音叫狗来吃:“花头——花头——”叫了半晌,花狗才进来。它习惯的往炕上一跳,万存媳妇顺势打狗一个大嘴巴,咬牙切齿恶狠狠地骂道:"死狗,要给你脸你偏不要脸!这回,不给你个厉害,你算不知道马王爷三只眼。大雪连天的,还满处浪摇达去,家里的事还不够你揽?看浪够了,谁管你饭?天生贱骨头下流货!"

红芳的脸一红,收了桌子回到自己房里。

(浩然《雪纷纷》)

表面上听,万存媳妇在骂狗,实际上是骂红芳,责怪她家务活干得不多。这种双关一定是在特定的交际场合,而且说话人与听话人之间有某种特殊的社会关系。

(二)双关的作用与运用

恰当地使用双关:①在文学创作以及其他庄重文体中,双关的正确使用,可以增强语言形式的灵活性、含蓄性;②可以在日常交际语境中,增强幽默感,避免尴尬场面。

运用双关需注意:①双关的构拟旨在一箭双雕,但表里两层意义是通过特殊的手段存在于不同层面的。如果两个意义同时存在于字面上,这就成了歧义现象,应该避免。如:

[6]真差劲,他连我都不认识。

②双关的运用,还要注意适用的语体及针对的对象,做到含蓄而不晦涩,生动而不油滑。

四、借代

用与所描写的对象(Y)有直接关联的因素(X)代称描写对象,以突出对象的特征,使表达简练并富于变化,这种辞格叫借代。

(一)借代的结构特征与分类

从构成成分来看,借代只出现与所描写的对象(即本体)直接关联的代体(X),本体一般不与代体同时出现,但如果本体对接受方来说是陌生的,本体多在上下文中以背景形式出现;从句法上看，代体与谓词之间的结合违反了一般的语法搭配习惯。如：

[1]病真生不起啊，这次我母亲只住了5天医院，就花去13张“四个伟人”。

该例取自罗飞《各有各的难处》。“四个伟人”是百姓对印有毛泽东、周恩来、刘少奇、朱德四位领袖头像的百元人民币的代称，因此，直接代用而不需本体也不会影响交际。

根据辞面与辞里间的关系，借代可有许多形式。这里主要介绍七种常见的类别：

1. 特征代

指用与本体有关的特征代称本体的借代。如：

[2]大妈说：“两天前，老王家来了一个红头发小伙子。昨天傍晚，我看见红头发急匆匆地背个包走了。”

“红头发小伙子”门卫不认识，但“红头发”确是其突出特征，因此，下文就直接以特征相代了。

2. 成分代

指用本体的构成成分代称本体的借代。如：

[3]军队驻扎一个月，没有动过群众的一针一线。

[4]为了两国尽早恢复外交关系，北京和华盛顿都秘密地有了惊人的举动。

例[3]的“一针一线”，本为群众财物的必要构成部分，这里用来代指所有财物。例[4]中的“北京”与“华盛顿”分别是中国和美国的首都，这里用来代称两个国家。

3. 地名代

指用与本体(多为商品)相关的地名代称本体。如：

[5]“来他半斤老绍兴，哎？”他自己叨唠着。

伦敦买不到老绍兴，嗐！还是回国呀！老马始终忘不了回国，回到人人可以赏识踏雪寻梅和烟雨归舟的地方去！

(老舍《二马》)

例[5]中的“绍兴”本为出产黄酒的地名，后被用作这种酒的代称。

4. 作者代

指用作者的姓名代称他的作品。如：

[6]西方某些学者对儒学感兴趣，自有他们的道理与自由，但想用孔夫子治艾滋病恐怕不能奏效。

[7]有人说，只有读懂莎士比亚，才算真正了解了英国。

例[6]是用孔夫子代称他所创立的儒学体系，例[7]是用莎士比亚代指莎士比亚的文学作品。

5. 品牌代

指用商品的品牌代称商品，多见于广告。如：

[8]路上有时会飞驰过一辆上海牌小卧车，或者一辆“奔驰”、一辆“丰田”，有时甚至会有来自自治区首府的“红旗”驰过。

6. 材料代

指用本体的构成材料代称本体。如：

[9]我最佩服北京双十节的情形。早晨，警察到门，吩咐道：“挂旗！”各家大半懒洋洋的踱出一个国民来，撅起一块斑驳陆离的洋布。这样一直挂到深夜，——收了旗关门；几家偶然忘却的，便挂到第二天的上午。

（鲁迅《头发的故事》）

这里用旗子的材料——“洋布”来代称旧时的国旗。

7. 具体代概括

用较为具体的对象称代抽象的思想、情感。如：

[10]大学时有很多同学都谈恋爱，阿兵也对一个女同学动过心，关关雎鸠了一番，可惜最后还是各奔东西。

“关关雎鸠”是《诗经》中的第一首诗“关雎”的开头部分，该诗是描写爱情生活的。这里用它来指称“谈恋爱”。

（二）借代的功能与运用

恰当地使用借代：①可以突出事物特征，加深读者印象；②可以使表达富有变化，避免行文呆板；③可以使文字简洁。

运用借代需注意：①代体必须有代表性，能够反映本体的本质或主要特点；②语体要适当，借代一般不用于科技、事务语体。

五、排比

用三个以上字数大体相等、结构相似、语气一致的短语或小句，表达相关意义，以获得形式整齐、增强语言气势等表达效果，这种辞格叫排比。

（一）排比的结构特征与分类

从形式上看，排比辞面需有三个以上的短语或小句，并且在句法上构成单位有相同或相似的结构，短语或小句中的成分允许部分重复；从语气上看，构成单位必须保持一致；从内容上看，各单位之间的意义需有密切的内在关系，如并列、递进等。

[1]时间就是生命，时间就是速度，时间就是金钱，时间就是力量。

这里把四个比喻性的句子整齐地排列起来，强调了时间的重要，也加强了表达语气。

根据构成单位之间的内容关系，将排比分为平排和递排两种。

1. 平排

排比的构成单位之间在内容上具有并列平铺的关系。如：

[2]每间屋子里面的摆设都差不多一样：拣来的一张或两张床，拣来的桌子，拣来的电视机和收录机……

（广州《南方周末》）

[3]层层的叶子中间，零星地点缀着些白花，有袅娜地开着的，有羞涩地打着朵儿的，正如一粒粒的明珠，又如碧天里的星星，又

如刚出浴的美人。

（朱自清《荷塘月色》）

例[2]连续使用“拣来……”的结构描写北京外来务工人员生活的实际状态与困窘，体现出作者对这些弱势人员的关切，这三个排比描写正如静静地用镜头扫过这些景致，给我们心灵的震撼显然要比简单地概括和综述要强烈得多。例[3]则连用三个比喻结构来描写作者心中圣洁的荷花，体现出朱自清对荷花的心仪和钟爱。

2. 递排

排比的构成单位之间在内容上具有逐层递进的关系。如：

[4]《保卫芦沟桥》是我们在战时工作的开始，我们热烈的希望这个剧本能够广泛的上演于前后方，我们更希望这个戏能和我们——和剧中所有的民众士官们相共鸣，高呼：

保卫芦沟桥！保卫华北！保卫祖国！一切不愿作奴隶的人们，起来呀！

（阿英《〈保卫芦沟桥〉代序》）

例[4]中的排比从抗日战争爆发地开始，逐层扩大范围，直至整个中国，表现出中华儿女誓死捍卫民族尊严，争取抗战最后胜利的决心。语势强劲，撼人心魄！

（二）排比的作用

恰当地使用排比：①可以使表达语句结构整齐，突出语言的节奏美和音乐美；②可以增强语言表达的气势，抒发内心的强烈感受，加强表达的感染力。

六、顶真

用前一个句子的结尾部分作后一个句子的开头，使相邻的两个句子头尾蝉联，以取得环环相扣、表意紧凑的效果，这种辞格叫顶真，也称顶针、联珠。

（一）顶真的结构特点与分类

从形式上看，“头尾蝉联”是顶真辞面最明显的特征，它要求上下句间上传下接，榫榫相合，结构紧凑；从内容上看，要求前后贯通，一气呵成，丝丝入扣，层层深入。

顶真的结构式是：甲＋乙→ 乙＋丙……

根据顶真的材料，将它分为词语顶真和句子顶真两种。

1. 词语顶真

以词或短语为材料单位构成的顶真。如：

[1]敌人进村后走了一截，见没有什么危险，这才大起胆子，逢门便捣，捣开便进，进去便翻箱倒柜，搜寻财物。

（马烽、西戎《吕梁英雄传》）

[2]古人说，“修身、齐家、治国、平天下”，这里边是大有讲究的。“修身”才能“齐家”，“齐家”才能“治国”，“治国”才能“平天下”。所以，“齐家”“治国”“平天下”也者，基础在于“修身”。

（康式昭、奎曾《大学春秋》）

例[1]通过词语顶真的手法，连续顶用几个动词，描写了日本鬼子穷凶极恶的掠夺行径。例[2]则通过顶真的手法形象地揭示了“修身”“齐家”“治国”“平天下”四者之间的依承关系。

2. 句子顶真

以句子为材料单位构成的顶真。如：

[3] 要改变文艺界的作风，首先要改变干部的作风；要改变干部的作风，首先要改变领导干部的作风；要改变领导干部的作风，首先要从我们几个人做起。

（周恩来《要造成一种民主风气》）

周恩来用顶真的格式，将“干部的作风”“领导干部的作风”与“我们几个人”的作风之间的紧密关系简明而准确地揭示出来了。

（二）顶真的作用

恰当地运用顶真：①可以将人或物之间的空间关系井然有序

地描写出来，使结构严整，给人以错落有致的语言美感；②可以将事物之间具有的相互依承关系有效地揭示出来，使气势通畅，增强论说的逻辑性和文章的说服力。

七、反复

故意两次以上地使用同一个词语或句子等语言单位，以强调、突出相关内容，加强语气，增强表达感染力，这种辞格叫反复。

（一）反复的结构特征与分类

从形式上看，反复是故意违反修辞方式准则中的简洁性要求，对同一个语言单位重复使用，被重复的单位常见的是词、句子，也有段落；从内容上看，是对同一语义的强化表达，以宣泄特定的感情、思想。

根据反复的辞面特点，将它分为连续反复和间隔反复两种。

1. 连续反复

对同一个单位进行不间断地重复使用。如：

[1]哭、哭、哭！除了哭你还能干什么？

[2]大刀向鬼子们的头上砍去，
全国武装的弟兄们，
抗战的一天来到了，
抗战的一天来到了。……

例[1]对词语“哭”的连续反复，表达出对“你”的软弱的气愤；例[2]则通过对句子的反复，表现了当时中国人民团结抗战的意志与激情，极具号召力。

2. 间隔反复

让某些词或句子有间隔地重复使用。如：

[3]穷人的孩子蓬头垢面的在街上转，阔人的孩子妖形妖势娇声娇气的在家里转。转得大了，都昏天黑地的在社会上转，同他们的父亲一样，或者还不如。

（鲁迅《随感录二十五》）

[4]突然间,他激动万分。他回上楼,见人就讲,并且没有人他也讲。"从来所领导没有把我当作病号对待,这是头一次,从来没有人带了东西来看望我的病,这是头一次。"他举起了塑料袋,端详它,说,"这是水果,我吃到了水果,这是第一次。"

(徐迟《哥德巴赫猜想》)

例[3]的"转"间隔性地出现在整个句中,突出了鲁迅对一些人的糊涂人生实质的勾画,给人深刻的印象。例[4]则用小句"这是第一次"间隔性地贯穿于整个段落,表现出数学家陈景润对所领导给予的重视所表现出的惊喜,同时也揭示出在那荒唐年代所出现的不正常的工作和人际关系。

(二)反复的作用

恰当地使用反复:①可以强调信息焦点,给人以深刻的印象,如例[3];②可以增强诗句的节奏感和旋律美,如例[2];③可以加强语气,表现或抒发强烈的爱憎情感,如例[1]、[4]。

第三节 辞格辨异

前面我们介绍了20种辞格,多数辞格之间的区别是清晰的。但有些辞格或因为功能相近,或因为产生机制相通,或因为外在形式差异不明显,而使得彼此间容易混淆。下面我们将对比喻与比拟、拟人与移就、反语与易色、借喻与借代、对偶与排比、顶真与回环、排比与反复等七组常用且容易混淆的辞格进行分析和辨析,以利于更好地掌握辞格的特征,更好地使用它们。

一、比喻与比拟

1. 相同点

都是依据心理联想关系,在陈述事实、描写事物或行为时,用一个事物(Y)来说明、描写(即"比")另一个事物(X)。如:

［1］听到爸爸的呼唤，小兰便像只小鹿一样跑出院子，蹦跳着牵起爸爸的手。

［2］一听到爸爸的呼唤，小兰便从屋里飞了出来，蹦跳着牵起爸爸的手。

例［1］将小兰比作小鹿，例［2］则将小兰当成了会飞的鸟儿，都是将人与物联系在了一起。

2. 不同点

第一，辞面特征不同。从辞格构成因素来说，比喻大多有本体（X）、喻体（Y）、喻词三个因素，比拟有本体（X）、拟体（Y）、拟词三个因素。但实际上，两者辞面的构成成分隐现的情况并不一样：比喻中的借喻不出现本体和喻词，但同明喻、暗喻一样，必须出现喻体，如［1］例中的“小鹿”，即所“比”对象（Y）必须明确；而比拟则要求本体和拟词必须出现，拟体（Y）不能出现，如［2］例中的“鸟”等事物就没有也不能出现。如果例［2］中出现拟体，该例就成为比喻了，因为此时的修辞功能已产生变化。

第二，修辞功能不同。比喻的功能在于用具体生动、形象、可感知的喻体来描写、说明本体，旨在增强本体的形象性，给接受者以生动的想象空间，最终借助于喻体以突出本体所具有的属性；而比拟则是直接将本体当作拟体，将两者融为一体，突出的是拟体所具有的行为或属性即拟词。

第三，句法特征不同。从句法关系上看，比喻结构式成分间的句法关系没有超常性，它强调的是事物间的类比，违反的是语义搭配关系或逻辑事理，但这一违反因为有了相似点的关系而显得无足轻重；而比拟的结构成分即本体与拟词之间除了违反语义搭配关系或逻辑事理以外，在句法上也明显地“违规”了，如例［2］中的“小兰”与“从屋里飞了出来”之间的关系，但正是这一“违规”而造成的超常性给比拟的表达增加了生动性。

二、拟人与移就

比拟中的拟人与移就都是将事物人格化，在辨别中容易混淆。两者的同异如下：

1. 相同点

都是将一个事物(X)当作另一个事物(Y)来描写，进行嫁接组合式表达。典型的如：

[1]路边的松树也被她清脆的笑感染了，借助风的力量，它也欢快地发出了哗哗的笑声。

[2]我女人经过的悲哀的足迹，现在由我一步步地践踏过去。

例[1]里用"人"所具有的行为属性来陈述松树，使其具有了人的情感活动，属拟人；例[2]出自郁达夫的《还乡记》，句中用状人的词来描写"我女人"走过的路，使无生命的东西具有了人的属性。两者都使事物人格化了。

2. 不同点

第一，语用描述对象不同。拟人是将 X 当作 Y 来写，其目的在于把 Y 具有的属性或行为赋予 X，并使得对 X 的描写更加形象生动，因此，X 是比拟辞格描写的直接对象，也是最终目的，如例[1]中"松树"被赋予了人的情感活动——"欢快地发出了哗哗的笑声"，描写松树的这一"人"的特征就是辞格所要表现的；而移就不同，移就所"移"的"Y"虽然也并非为"X"所具有，但它真正要表现的不是 X 所具备的这一特征，X 也不是它要描写的最终目的，而是具有 Y 这一特征的另一个确定的相关对象，如例[2]中"悲哀"并非真的描写"足迹"的特性，而是要描写她的人生。

第二，形式特征不同。拟人与移就都是超常的嫁接式组合，但拟人大多是将人所具有的属性词作为谓语等谓词性成分，与本体构成陈述与被陈述的关系，形成主谓等结构关系，如例[1]及前面举例；而移就则是将人所具有的属性词移过来修饰本体，与本体构成定中结构,如例[2]及前面举例。

三、反语与易色

1. 相同点

都违反了词义表达的基本特征,接受者不能直接从字面意义即辞面去理解其实际意义即辞里。如:

[1]他真是足智多谋,考虑了半个月也找不出个办法来!

[2]他真是足智多谋,连这种坏点子也能帮你出!

两例中的"足智多谋"实际表达的意义都不是原来的意义:例[1]实际上是讽刺"他"的愚蠢;而例[2]虽然并不是完全与原义相反,但也不是褒赞,而是在肯定"他"有计谋的同时,也批评了不该滥用其才,有贬斥色彩。对两者来说,辞面与辞里之间都失去了本应有的对应关系。

2. 不同点

第一,字面意义与实际意义间的变化性质不同。反语表达的实际意义与字面意义是完全相反的,因此多可以用反义词、句去替换,如例[1]中的"足智多谋"能够而且应该理解为"愚蠢"等意义;易色不是这样,它只是词义的附属色彩改变了,其基本意义仍然保留着,即作者要批评的不是他的"愚蠢",而是他不良的心地,如例[2]。

第二,承载材料不同:反语既可以借助于词语表达,也可以借助于句子表达。前者如:

[3]他是我们班最"积极"的人,一到上劳动课,他就肚子痛。

后者如:

[4]他是天底下头等的大好人,浑身上下毫无缺点,连肚脐眼都没有!

易色则不同,它只能是临时改变词语的情感或语体等附属色彩,如例[2]。

四、借喻与借代

1. 相同点

从形式上看，都不直接出现要说明或描写的对象即本体(X)，而是用与本体有某种联系的代体(Y)来代替本体。

从作用上看，Y在特定的语境中代替了X，从而使表达更加具体、形象，给人深刻的印象。

2. 不同点

第一，本体与代体之间的关系不同：对借喻来说，X虽没有出现，但Y与它的关系是相似的关系，且X与Y是两个本质上有差别的主体，因此，X、Y无法融合。如《国际歌》中有这样一句：

[1]最可恨这些毒蛇猛兽，吃尽了我们的血肉。

其中“毒蛇猛兽”应指残酷的剥削者，这两者只是因为凶狠残酷的相似点才被关联起来，但这两者不能融为一体。借代不同，X没有出现，但代替它的Y与X有不可分割的直接关系，只是有的关系是自然的，如前面例中的“光头”与“光头青年”，有的是社会或人为的，如产品与产地等，因此，X与Y具有可相融的相关关系。另如：

[2]我们的原则是党指挥枪，而不是枪指挥党。

其中“枪”指代“军队”，显然，军队与枪是不可分离的。

第二，修辞功能不同：借喻直接用喻体代替本体，是为了使本体具有的某一特性以更加具体、形象的面貌表现出来，并使接受者在此基础上进行想象，加深印象，提高表达效果。如例[1]中的“毒蛇猛兽”既包含了凶狠残酷的属性，同时较“剥削者”而言，还给人更加具体可感的效果。借代则是用Y代替X，目的在于突出X的最鲜明的特征、属性，以实现语言表达的简洁和变化美，并没有留给接受者发挥想象的空间。

第三，变换形式不同：借喻是比喻的一种特殊形式，省略了本体和喻词，因此，借喻可以还原为明喻来说。如例[1]我们完全可以说成:最可恨那些像毒蛇猛兽一样的剥削者,吃尽了我们的血肉。而借代则不能还原为明喻。

五、对偶与排比

1. 相同点

在形式上,两种辞格都有形式整齐、结构相同或相似的特点。如:

[1]横眉冷对千夫指,俯首甘为孺子牛。

[2]行了几年的白话,弄古文的人们讨厌了;做了一点新诗,吟古诗的人们憎恶了;做了几首小诗,做长诗的人们生气了;出了几种定期刊物,连别的出定期刊物的人也来诅咒了……

2. 不同点

第一,结构形式上,对偶只能由两个在结构上相同或相似、字数相等的句子构成,句子的主要成分重复得越少越好,如例[1]。排比则必须是由三个或三个以上的结构相同或相似的句子构成,句子的主要成分允许甚至需要有重复的成分,如例[2]。

第二,修辞功能上,对偶强调的是对称、和谐,显示均衡美,内容上要求警策、洗练;而排比重在铺排,加强语势,内容上着重穷尽列举,以宣泄强烈的爱和恨,给人以震撼。

六、顶真与回环

1. 相同点

两者都是句子首尾相接,突出事物之间相互关联的关系。如:

[1]湖水滋润着湖边的青草,青草喂胖了羊群,羊群哺育着她们的后代子孙。

[2]政治是不流血的战争,战争是流血的政治。

2. 不同点

第一,结构形式上,顶真是前一个句子末尾的词语成为后一个句子的开头，以此上递下接，形成至少有两个以上句子的链式结构，数量上可以无限制递接。如例[1]，我们还可以在后面续上"后代子孙建设着他们的家园"等句子。回环则是两个或三个句子内部语序颠倒，前后形成了循环往复的环状结构。数量上大多为两个句子，也有少量是三个句子的，但整个结构依然是首尾相同的。如：

[3]荒谬的时代产生荒谬的政治，荒谬的政治产生荒谬的逻辑，荒谬的逻辑适用于荒谬的时代。

第二，修辞功能上，顶真的使用价值在于表现事物之间存在的难以割舍环环相扣的依承关系。如例[1]中的"湖水""青草""羊群"三者间的链式关系。而回环的使用价值在于表现事物之间存在的互为条件的依存关系。如例[2]揭示出"战争"与"政治"两者间的本质关系。例[3]虽结构复杂一些，但仍然同前例一样，揭示出"荒谬的时代、荒谬的政治、荒谬的逻辑"三者间的内在依存关系。

七、排比与反复

1. 相同点

从形式上看，都是两个以上的单位连续出现，构成整齐的结构；作用上，都有加强语气、强化情感表达的效果。如：

[1]生活培养作家，生活改变作家，生活提高作家。

[2]她身体不好，但几十年来，还是不停地写、写、写。

2. 不同点

第一，从构成材料上看，排比只能是短语或句子构成的相同或相似的结构，如例[1]。而反复则可以是形式和意义相同的句子、短语，也可以是词，如例[2]。

第二，从构成数量上看，排比必须由三个以上的语句或句子构成。反复则可以是两个单位，如：

[3]保存旧文化，是要中国人永远做侍奉主子的材料，苦下去，苦下去。

第三，从构成形式上看，排比只能是连续性地排列，不能间断，以形成铺排的阵势，如例[1]。反复不同，除了连续反复外，它还可以间隔出现的形式构成，如上节中的举例。

第四节 辞格的综合运用

在实际语言表达中，辞格可以单个地运用，一个辞面只实现一种辞格。但我们也常常发现，**一个辞面含有两种以上的辞格，从而满足特殊的表达需要。这种情况就是辞格的综合运用。**辞格的综合运用，一般看来，可以有连用、兼用和套用三种情形。

一、辞格的连用

一个辞面中，某一个或几个辞格并列连续性地出现，这种综合运用的情形叫辞格的连用。它又有同格连用和异格连用。

1. 同格连用

指同一个辞格接连地出现，共同描述一个对象。如：

[1]如果拿城市比人，那么，莫斯科是甲胄森严的骑士，柏林是冠服齐楚的缙绅，布拉格宛如雍容华瞻的贵妇，索非亚却像明眸皓齿的村姑，巴黎赛似花容玉貌、一顾倾城的名姝，布宜诺斯艾利斯却好比风鬟雾鬓、仪态万方的绝代佳人。

（柯灵《绿色的"南美巴黎"》）

[2]此外的锦帆十里，殿脚三千，后土祠琼花万朵，玉钩斜青冢双行，计算起来，扬州的古迹，名区，以及山水佳丽的地方，总要有三年零六个月才逛得遍。

[3]不幸的是，科学家跟科学大不相同，科学家像酒，愈老愈可贵，而科学像女人，老了便不值钱。

（钱锺书《围城》）

例[1]接连用了六个比喻来描画世界上六座名城，将各大城市的风貌特色比绘得形象生动。出自郁达夫《扬州旧梦寄语堂》一文的例[2]，则连用两个对偶，用骈文句式揭示出扬州城内不胜枚举的名胜古迹。例[3]首先将科学家比作酒，形容“科学家”随着研究资历的加深，水平渐高的特点；接着仍用比喻的方法将“科学”比作女人，也揭示出“科学”越新越受欢迎的属性。

2. 异格连用

指不同的辞格并列地连续出现，描写一个共同的话题。如：

[4]他于是极端的肯定了艺术，同艺术结了婚，他于是投在自然的怀里，将自己整个的授给自然的母亲。

[5]听完这番话，她的脸红得像云霞，心不捂紧点似乎就要跳出来了。

（杨晦《沉钟》）

例[4]先是用比拟的方法将艺术人格化，然后用比喻的形式将“自然”比作了“母亲”。例[5]先用了比喻辞格描写“她”脸色的变化，接着用夸张的手法突出了“她”的激动。

二、辞格的兼用

一句话同时运用了两种辞格，这两种辞格就像一张纸的两面一样难以分开，这种现象叫辞格的兼用。如：

[1]孩子不足两岁，塌鼻子，眼睛两条斜缝，眉毛高高在上，跟眼睛远隔得彼此要害相思病，活像报上讽刺画里中国人的脸。

（钱锺书《围城》）

[2]此时，积压在心底的仇恨，就像沉埋在地下几千年的火山一样喷发出来，一泻千里，势不可挡。

例[1]同时运用了比拟和夸张辞格：一方面将眉毛与眼睛之间的距离夸大了，另一方面，又将两者之间当作恋人关系来看，属拟人。例[2]则在运用夸张的同时，又将仇恨比作了喷发的火山，使“仇恨”气势汹涌，又形象又具体。

三、辞格的套用

一个较长的句子，在一个辞格中又包孕着一个或多个其他辞格，这种现象叫辞格的套用。如：

[1]天下有民皆仰泽，世间无水不向东。

（贺学海《题长江大桥》）

[2]激情，你是灵感的火花，你是创作的动力，你又是爱情的试金石！

例[1]是对偶中套用了镶嵌格：前后两句构成了较为严格的对偶，同时两句句末又隐藏“泽”“东”，以寓颂扬毛泽东功德之意。例[2]则套用了排比和比喻，将激情在不同场景中的作用作了描画：总的说是排比，而构成排比的三个小句又各由一个比喻组成。这样的行文，既将“激情”人格化且揭示出它的作用，同时又增加了语言表达的气势和力量。

当然，这里的分类旨在提供一个认识的角度，以帮助我们掌握、分析辞格运用的特征与作用。分类本身不是目的。辞格综合运用的实际情形要比这里概括的复杂得多，在有些用例中，两种以上的辞格往往缠粘在一起，难以绝对归类。如这样一个例子：

[3]人生有限，知识无穷。当你用汗水敬献她的时候，她和你携手前进；当你用懒惰讨好她的时候，她和你分道扬镳。

划线的整个部分应属对偶兼比拟，其中前半句又含有借代——“汗水”代“劳动”。可见，这个句子既有辞格的兼用，也有辞格的套用。

【习　题】

1. 分析下列语句，指出每句分别使用了什么修辞手法（如果是辞格的综合运用，请指出是哪种用法），说明这些手法所起的作用。

(1)我真不忍心挖开我的回忆的坟墓。那里面不知道埋葬了多少令人伤心断肠的痛史。

(巴金《谈〈家〉》)

(2)那一望无际的密密层层的大荷叶,迎着阳光舒展开,就像铜墙铁壁一样。粉红荷花箭高高地挺出来,是监视白洋淀的哨兵吧!

(孙犁《荷花淀》)

(3)风过去了,只剩下直的雨道,扯天扯地地垂落,看不清一条一条的,只是那么一片,一阵,地上射起无数的箭头,房屋上落下万千条瀑布。

(老舍《骆驼祥子》)

(4)我回到祖国,回到我最熟识热爱的首都,我眼花缭乱了!几年不见,她已不再是"颜色憔悴、形容枯槁",而是精神抖擞、容光焕发了。

(冰心《归来以后》)

(5)听话听音,这是哄谁的?分明是杏花娘嫌他酒钱欠多了,不想再赊给他了,猫腔狗调的哼给谁听?娘的,真是狗眼看人低,你杏花娘柜底下的"花雕""加饭",都是巴结谁的,我还不清楚么!

(叶文玲《小溪九道弯》)

(6)在过去,举个例子说吧,当皇帝或蒋介石出来的时候,街道上便打扫干净,洒上清水;可是,他们的大轿或汽车不经过的地方,便永远没见过扫帚与水桶。

(老舍《我热爱新北京》)

(7)可是,没出半年,她在县常委、公社书记的靠椅上屁股还没有坐热,一场更为迅猛的大运动,洪水一般铺天盖地而来。

(王汶石《严重的时刻》)

(8)赵子曰的十万八千个毛孔,个个像火车放气似的,飕飕地往外射凉气。

（老舍《赵子曰》）

(9)××皮鞋，定能让足下生辉。

（广告词）

(10)我失骄杨君失柳，杨柳轻飏直上重霄九。

（毛泽东《蝶恋花·答李淑一》）

(11)别忘了，别忘了多少党的好干部，多少善良的人们被冤死了。

别忘了，别忘了多少个母亲多少个孤儿流过泪。

别忘了，别忘了大地上曾经有过这么一滩血。

别忘了，我们整个民族都曾泡在泪水中，都曾泡在血水中。

（《中国作家》2001/5）

(12)（李）梅亭一言不发，向椅子里坐下，鼻子里出气像待开发的火车头。

（钱锺书《围城》）

(13)“非典”不仅破坏了北京难得一见的好春天，也使终于重拾高速增长势头的中国经济打了一个趔趄。

（《南方周末》2003-05-15）

2.请分析下列名家作品修辞的修改材料，解释修改的原因。

(1)原句：武震一到桥头，先听见一片人声，鬼哭狼嚎地从桥南头滚过来，转眼就有无数朝鲜人从烟火里涌出来……

（杨朔《三千里江山》）

改句：……连哭带叫地从桥南头滚过来……

(2)原句：你看，那茫茫无边的大海上，波浪滚滚，前呼后拥，撞到礁石上，唰地卷起两丈高的浪花。

改句：瞧，那茫茫无边的大海上，滚滚滔滔，一浪高似一浪，撞到礁石上，唰地卷起几丈高的雪浪花。

(3)原句：她说时，极快地在脑际闪现的是关在寓楼箱子里的几件丝织物的衣服……

改句：……闪电似地在脑际显现的是叠在寓楼箱子里的几件丝织物的衣服……

(叶圣陶《在民间》)

3. 下面两例加下画线部分在新版中被作者删掉了或作了修改。你能说出这样做的理由吗？

(1)马上感到一种说不出的痛快——有几分像便秘后泻了一次肚子，有几分像刚洗过一回澡。

(陈白尘《最后的晚餐》)

(2)她(指蘩漪)会爱你如一只饿了三天的狗咬着它最喜欢的骨头，她恨起你来也会像只恶狗似地，不，多不声不响地恨恨的吃了你。

(曹禺《雷雨》)

4. 古代文学作品中也常用一些修辞手法。请分析下面这首诗，指出其中用了什么修辞手法。

九曲黄河万里沙，
浪淘风簸自天涯。
如今直上银河去，
同到牵牛织女家。

(唐・刘禹锡《浪淘沙》)

第十章　话语分析

话语是指人们在交际活动中用语言符号来表达思想感情，参与社交活动而使用的动态的自然语言单位。从构成形式上看，话语至少是由一个以上的自然句构成的，如："禁止吸烟！""又下雨了！"等，也可以由两个以上的自然句构成，如一段两人或多人的对话、一篇完整的文章等等。**运用话语单位以实施各种交际意图的行为称作话语行为，也叫言语行为，**话语行为同第七章所讨论的广义修辞行为具有相同的内涵。

从构成类型上看，话语包括口头会话话语，也包括书面篇章话语。本章将对话语结构的构成和话语意义理论作些简单的介绍和分析。

第一节　话语结构

一、会话结构

会话结构是指由两个或多个交际者交替进行言语交谈时所构成的话语结构。会话结构可分为两个层次来看，一个是局部结构，指会话参与者交替发话这一合作活动形成的轮流说话的功能组合方式；另一个则是整体结构，指一个完整的会话活动在其展开过程中按照交际需要形成的最后功能模式。一般来说，一个整体结构至少是由一个局部结构构成的，但如果一个会话只由一次交替发话构成，那么，这个会话整体结构就是由一个局部结构构成的。

(一)局部会话结构

局部会话结构主要由话轮和话轮对所构成。

1. 话轮(turn)

会话结构中的最小单位，指一个说话人在会话过程中从开始说话到停止时所形成的连续性单位。它的基本形式是句子，也可以是由多个句子构成。如：

[1]孟小樵　你都到过哪儿呀？

破风筝　武汉，重庆，成都，昆明，桂林，倒真开了眼。

(老舍《方珍珠》)

[2](省委书记)他终于又落座了，问："你还了解到些什么？"

(记者王晓阳)"从几年前起，县公检法三部门，就不断收到匿名举报信，信中都指出了我刚才悟到的疑点……"

(梁晓声《民选》)

2. 话轮对(adjacency pairs)

由两个话轮交替进行会话所产生的会话结构单位。根据话轮对构成成分之间的内容关系，话轮对可以有多种类型，如询问与回答、道歉与宽慰、介绍与致谢等等。如上面所举两例，就是由询问与回答构成的话轮形式。

如果一段会话由多个话轮组成，则话轮之间的递接方式也是多样的，如顺接、转接、递加、内包以及分支系列等形式。

(二)整体会话结构

如果一个会话由多个话轮对围绕一个话题(也称主题)进行并形成了较复杂的结构形式，这就构成会话整体结构。会话整体结构一般有这样一些构成因素：

1. 话题

话题是一个话语结构展开时所围绕的中心。对会话结构来说，可以是由两个话轮构成的言说中心，这是最小的话题单位。如例[1]的话题就是:去过什么地方。也可以是一个复杂会话结构展开时所围绕的言说中心,如较为认真的口头演说等就是这样。如果是日常随机性交谈,很可能整个会话并没有一个完整的话题中心。对篇章结构来说,话题单位的表现形式往往取决于其所在的语体类型。

2. 焦点

就是话轮或更大的话语结构所关注的重要的新信息。对一个话轮来说,其信息焦点多位于句末,如例[3]。但也可以通过对比或特指等手段加以突出,如例[4]、[5]。

[3]我们去了<u>野生动物园</u>。

[4]孩子多喜欢看<u>动画片</u>,不喜欢看<u>故事片</u>。

[5]鲁迅是<u>在1881年</u>出生的。

对于由多个话轮对构成的话语单位来说,焦点就是这些话轮对构成单位内所关注的重点信息或话题,如例[6]就是一个复杂的话语结构,其焦点就是:怎么发工资。

3. 开始

进入会话的话轮。进入会话话轮的选择可以因会话情境和会话需要而定,可以是开门见山,也可以是声东击西,等等。

4. 主体

一个会话结构中围绕话题重点展开的部分,可以由一个话轮构成,也可以由多个话轮构成。

5. 收尾

结束会话的话轮。一般有特定的形式作标志,如"再见""谢谢""就谈(写)到这里吧"等收尾语,也可以是其他手段,如停顿、体态语等。下面就是一个较为完整的会话结构:

[6]正在乱想着,桌上的电话响了。冯志恒接了,是财务科打来的,财务科长老李火急火燎地嚷:"厂长,银行把款都扣了。这月的工资又不能发了。"(开始)

冯志恒火了："不是请他们吃饭了吗？怎么白吃了？"

李科长恶恶地骂道："我操他妈的，现在是吃饭管一会儿，喝酒管一阵儿，不送红包不管事儿。"

冯志恒心里乱乱的："先别嚷嚷呢，让人知道了厂里又该乱了。我一会儿托人找银行。"

李科长又问："厂长，动力车间又来要修锅炉的钱。大老张一个劲儿跟我横。给不给啊？职工也有意见。"

冯志恒骂道："不给，就按会上定的，每月每人发十块钱，爱上哪洗上哪洗。"

李科长苦笑道："那家属多的可要骂街了。"（主体）

冯志恒也苦笑："爱骂谁骂谁吧。"就把电话挂了。（收尾）

（谈歌《商敌》）

二、篇章结构

相对于会话结构，篇章结构是一个或多个作者就某个话题撰写的书面性话语结构模式，由于话语的单向性，其语境场景是隐性的。而会话结构是两个或多个交际者在具体场合交替发话的产物。所有这些都决定了篇章结构与会话结构有很大的不同：首先，会话的用词造句具有临时性，也难以保留；篇章则有充裕的时间对词句进行加工润色。其次，上述特点又势必会使会话结构中的话题突然转换，且缺乏必要的过渡；篇章结构则不同，由于整体结构上的集中性和预定性，一般不会出现话题的转换。再次，由于语境的支持，会话中一些意思、意图可以借助于形体语言等作补充和说明，省略现象普遍；而篇章结构则没有这一优势，它只能凭借语言符号作清晰而完整的交代。最后，总体上看，会话结构常常显得松散、零乱，甚至语无伦次；篇章结构则完全不同，显得紧凑严密，条理清晰。

篇章结构的研究还较薄弱，国内外对它的探讨还有待进一步地深入。但一般认为，它可以分两个层次来看：一是因为话题和功能需要而形成的上层书面语体模式，也称宏观结构，如科技论著的篇章结构与诗歌、小说等结构有很大不同，大众传播篇章结构与公务事务的也是不同的。另一个层次是具体篇章作品的结构模式，也称微观结构模式，如论文《实践是检验真理的唯一标准》（胡福明等著）、专著《中国文化要义》（梁漱溟著）、小说《子夜》（茅盾著）等的结构。

第二节　话语意义

话语意义就是最小的话语单位——句子所表示的意义。话语意义有两种形式：一种是话语形式本身所传达出的语面意思，**这一层意思完全可以通过对构成话语形式的成分意义及成分之间的关系意义的分析而实现，与语境联系不大，这种意义称为言内之义。另一层意思是话语形式在特定的语境中所表达的非语面意思，是必须借助于语面成分并结合语境要素才能推断出来的隐含意义，这种意义可以称为言外之意。**如果设说话者为S，话语形式为X，其语面意义是Y，另外一个与话语形式相关但必须结合语境才能推导出的意义为Z，那么，

(1)通过X，S的意思是Y，则Y是言内之义，这是语义学或逻辑学的研究对象；

(2)通过X，S的意思是Z，则Z是言外之意，这是语用学或修辞学的研究对象。

如：

[1]妈妈：晓敏，桌上放的巧克力哪去啦？

　　晓敏：我回来的时候看见哥哥出去了。

晓敏回答妈妈的话有两层意义：其语面意义是陈述了一件事实——哥哥曾经在家里，他刚走。但这一意义与妈妈的提问没有

关系。实际上她是通过这一话语形式表达了另外一个言外之意：巧克力可能是哥哥吃掉了。但她没有直接说出，而是通过违反关联准则的形式来表达的。这后一层意义就是本节关心的重点。

言外之意可以通过多种手段获得，这里主要介绍预设和会话含义。

一、预设

预设(Presupposition)，也译为“前提”或“先设”等，原本为哲学、逻辑学和语义学提出和研究的范畴，是指话语结构中通过一定的手段隐藏着的交际双方所共知的信息。预设必须通过一定的手段，如词或句子，但并不是通过这些形式本身直接表达出来，就是说不是通过话语的断言(如陈述、描述等)直接表达的，而是通过话语的非断言部分表达的背景性言外之意，但这一言外之意对于相对话语结构的成立来说是不可或缺的。如：

[2]你为什么要骂我？

无论这句问话的真假值如何，它都包含了一个预设：你骂过我。

又如：

[3]副局长的手机终于接通了。“老母，又是你呀？”副局长居然这么问，“又是什么事？”母经理倾诉的热情立刻被浇灭了大半。

(中跃《母经理上任记》)

实际上它有个预设：你已经给我打过电话了，不该再打来了。“老母”被化工局下派到一家民选橡胶厂当总经理，却不能适应厂里的运行机制，不被工厂接受，他经常向副局长搬救兵。但这次却也受到了冷遇。副局长的预设以及通过预设表示出的态度让母经理感到了自己被人讨厌。

预设从来源上看，有两种情形：一种是有明显的外在形式，虽然这一形式本身不构成断言，但它对语境的依赖性不强，如例[3]、

[5],这类预设常称作显性预设;另一种则是预设标志成分不明显,往往是隐藏在整个话语背后的背景含义,这一含义是交际双方共知或假设共知的信息,必须依赖具体的语境才能显示,这类预设称作隐性预设,如例[4]。

[4](夫人云)小姐近前拜了哥哥者!(末背云)呀,声息不好了也!(旦云)呀,俺娘变了卦也![红云]这相思又索害也。

(王实甫《西厢记》)

从语面上看,老夫人的言语并无怪异,可张生、莺莺、红娘等分明表示了惊讶:老夫人变卦了。原来,在解难前她曾许诺,事成后让张生与莺莺成婚。按理,就不能将两人当作兄妹了。因此,老夫人并未直接断言要赖婚,但她却通过"哥哥"一词含蓄而坚决地表达了这一意图。

预设行为并不复杂,这是人们在交际活动中经常运用的一种手段,尤其是当人们想将某个意愿正当或不正当地置于具体交际关系而又不愿直接说出来时,就常常运用这一方式,虽然不是直接的断言,但其作用不可低估。如下面一句话:

[5]腰间常挂有手枪的县委副书记韦某曾说:"你反映(死人)的情况如果真实,坟头在哪里,你敢签名吗?"

(王定《一颗"卫星",五万人命》)

该句主语含有一个预设:这位县委副书记腰间常挂手枪。如果没有这一预设,放在任何一个语境中,该书记的问话并没有什么特别。但联系到极"左"时代的强权意识,一个腰间常挂手枪的县委副书记对向上级反映真实情况的群众这样问话,就不能不令人毛骨悚然了。这个预设既突出了其作为一个地方领导干部竟需挂枪的反常,又增加了问话行为的恐怖性。

预设虽然不是话语断言本身所表示出的意义,但它一定是借助于某些语言单位实现的,这种产生预设的语言单位叫预设触发语(Presupposition-triggers)。根据触发语的不同,我们将预设分为以下几种形式：

1. 词语预设

直接通过词语表达预设。如：

[6] 我真后悔那么急就把那台电脑买回来了。

[7] “还敢说捡的！”韩小帅吼着，表情可怖的脸，又逼近了翟老栓的脸。

“大侄子，大侄子，有话好好说……”

“谁是大侄子？你他妈算什么东西！自己说偷的！……”

（梁晓声《民选》）

2. 短语预设

直接通过短语表达预设。如例[5]；又如：

[8]周朴园　什么？鲁大海？他！我的儿子？

鲁侍萍　就是他！他现在跟你完完全全是两样的人。

周朴园　（冷笑）这么说，我自己的骨肉在矿上鼓动罢工，反对我！

鲁侍萍　你不要以为他会认你做父亲。

（曹禺《雷雨》）

3. 句子预设

通过句子形式完成和表达预设，这种预设虽不是断言本身，但却是断言得以成立的背景条件。如：

[9]甲：王亚男，晚上我们上哪家饭店吃饭去呀？

乙：想得美，谁请你找谁去！

预设：晚上我们要去饭店吃饭。

[10]一个农夫走失了头骡子，被同村的财主牵走。两人为谁是骡子的主人争执不已。

阿凡提用布包住了骡子的头，问财主：“你说骡子的哪只眼睛是瞎的？”

财主想了半天，说："左边。"

阿凡提说："这只骡子一定不是你的。你看，它的两只眼睛好好的。"

预设：骡子有一只眼睛是瞎的。当然这是阿凡提运用预设设置的陷阱。骡子一只眼睛也没瞎，但顺着他的预设，财主怎么回答都不正确，除非否定预设本身。

二、含义

含义(Implicature)，也译作隐含、寓义、会话含义等，是指修辞行为在具体的语境中故意违反合作原则而产生的言外之意，具有临时性。如本节例[1]中晓敏的答话所传达出的意义就是其中一种情况。

根据合作原则的先后次序，简单介绍含义的产生类型。

1. 违背数量准则产生含义

数量准则要求我们，修辞行为中的言语给出的信息应适中，但实际交际中，可以故意违反该准则以表达言外之意。如：

[1]周朴园　啊，你顺便去告诉四凤，叫她把我樟木箱子里那件旧雨衣拿出来，顺便把那箱子里的几件旧衬衣也捡出来。

鲁侍萍　旧衬衣？

周朴园　你告诉她在我那顶老的箱子里，纺绸的衬衣，没有领子的。

鲁侍萍　老爷那种绸衬衣不是一共有五件？你要哪一件？

周朴园　要哪一件？

鲁侍萍　不是有一件，在右袖襟上有个烧破的窟窿，后来用丝线绣成一朵梅花补上的？还有一件——

周朴园　(惊愕)梅花？

鲁侍萍　旁边还绣着一个萍字。

周朴园　(徐徐立起)哦,你,你,你是——

(曹禺《雷雨》)

在这段对话中,鲁侍萍的言语显然传达出太多的信息,与其当时的身份和要求不符。但正是通过这一违规行为,向周朴园表明了自己的实际身份,实际上,后者也领会到了。

[2]推荐信:该同学政治上要求上进,待人诚恳,大方慷慨。上课从不迟到,成绩良好。有较多的业余爱好。谨予推荐。

(签名)×××

如果一个教授应学生请求为他谋得一个高校数学教师职位写了封这样的推荐信,我们不难估计其结果——被拒绝,也不难想出其原因——缺少必要而且重要的信息:学术研究能力如何。

2. 违反质量准则产生含义

在实际修辞行为中,并不是任何时候都需要和能够按事实说话(这里不包括说谎话),有时,说话人可以通过违背质量准则的手段来表达某种言外之意。如反语修辞格就可以取得这样的效果:

[3]我"最恨"眠安宁口服液,她破坏了我的"不眠之夜"。

(某口服液广告词)

3. 违反关系准则产生含义

作为合作原则的一个形象性体现,会话双方在话题的递接上应该是连贯的,不应答非所问,当然,如果是没听清或不理解等原因造成递接上的岔断,那属于言语障碍。但是,在言语行为中,也会出现接话者故意岔断(开)话题,并借这种岔断行为表示言外之意。这种违反关系准则而产生言外之意的行为有两种表现:

一是"王顾左右而言他"。面对某个敏感的话题,接话人不愿或不便正面续接,常会采用这种方法。其言外之意是换个话题或不想再谈了。如:

[4]周朴园　她为什么不再找到周家?

鲁侍萍　大概她是不愿意吧。为着她自己的孩子,她嫁过两次。

周朴园 嗯，她以后又嫁过两次。

鲁侍萍 都是很下等的人。她遇人都很不如意，老爷想帮一帮她么？

周朴园 好，你先下去吧。

（曹禺《雷雨》）

二是“似非而是”的接话。这也是更为重要的一种形式，就是指接话人并不打算回避话题，而是用看似不相关的话回答问话，但是联系语境，问者却能很准确地体悟出想要的答案，只是接话者没有直接回答而已，例[1]就很典型。

4. 违反方式准则产生含义

在常规表达中，我们当然追求修辞的简洁、明白、准确和有条理，否则会影响内容和情感的表达，甚至出现病句。但修辞行为也存在另外一面，即故意违反上述准则，并借此表达出特殊的言外之意。这种现象在文学作品以及日常会话中都不少见。如：

(1)故意啰嗦，表达含义

[5]从早上开始，这是心宁陪两岁半女儿乐乐第二次看电视上重播的美国早上儿童游戏唱歌节目。这是第三次帮女儿脱裤子拉屎。这是心宁第二次给女儿读恐龙玩具朋友 Bamey 的故事。这是心宁第二次教女儿认那几个常用中文字。这是心宁第三次用英文问女儿耳朵在哪里。这是心宁第四次把女儿从鞋架上推倒下来的鞋子放回鞋架。这是心宁第二次把从那文竹盆里弄到地毯上的泥土用吸尘器吸干净。这是心宁第五次打电话询问汽车保险公司一年的保险费用…………

一天天的琐事就是如此单调、重复地磨损着心宁的激情、梦想和雄心。他真怕他的生命旅程就是如此终结。

（叶冠勇《博士主夫》）

博士白心宁毕业后，在美国一直未能找到合适的工作，但他的妻子却工作很忙，他便在家做起“主夫”来。小说以一开始便连用了 14 个“这是……”的句子，不厌其烦地来描写他的日常家务，占了近半页的篇幅，暗示出男主人公内心的焦躁与不安。

辞格中的“反复”就是违反简洁原则而产生含义的一种常见手法。

(2)故意晦涩，表达含义

[6]周蘩漪　(镇静)哦，你刚才在门口？

鲁　贵　对了。(诡秘地)我看见大少爷正跟您吵架，我——(假笑)我就没敢进来。

周蘩漪　(沉静地，不为所迫)你来要做什么？

鲁　贵　(有把握地)我倒真想报告太太，说大少爷今天晚上喝醉了，跑到我们家里去。现在太太既然是也去了，那我就不必多说了。

周蘩漪　(嫌恶地)你现在想怎样？

鲁　贵　(倨傲地)我想见老爷。

周蘩漪　老爷睡觉了，你要见他什么事？

鲁　贵　没有什么，要是太太愿意办，不找老爷也可以。——(意在言外地)都看太太怎么办了。

周蘩漪　(半晌，忍下来)你说吧，我也许可以帮你的忙。

(曹禺《雷雨》)

鲁贵探得周蘩漪的隐私，借机敲诈，可又不想明说，便通过含混但意图明显的言语来试探周蘩漪，好在被捉住把柄的她也机敏地懂得了鲁贵的用心，只得“忍下来”谈条件。

(3)故意歧解，一箭双雕

合作准则要求我们，在规范表达中，修辞行为要保持意义的明确，避免歧解，尽量减少内容或情感被误解的可能。但实际交际中，由于一些语境因素的限制，如个人情感关系、社会风俗习惯等等，可能说话者采用一语双关的方法反而会有更好的效果。这时

候,违反这一准则就是允许的。双关辞格中的对象双关等辞格即可取得这一效果。如:

[7]“你不要再叫陈主任,你就叫我的名字,叫我奉光罢。”他央求道。

“我们叫陈主任叫惯了,改不过来,……”她带笑回答说。……

“横顺以后要改口的,”……故意停了一刻,才补一句:“在兰州我就是经理了。”

(巴金《寒夜》)

“陈奉光”一直对她(树生)有意,但又不便直接表白,“横顺以后要改口的”就有两层含义:以后关系更亲密了,就不能再称职衔了;但又担心此意被驳回,便补充了最后一句:到兰州后,职衔要改了。“故意停了一刻”就是明显的试探。

当然,不自觉而造成的歧解是应该避免的,但也并非一无用处。它可以被相声等艺术在修辞中用来作为构造“包袱”的手段。如下面这段相声就很成功:

[8]甲(扮理发师):完了,我这头算给狗剃了!

乙:好嘛。

甲(扮顾客):说什么?给狗剃啦?怨不得剃着剃着加了劲儿哪,噢,拿我当狗?

理发师正在给顾客理发,狗把他当饭吃的饼叼跑了,一急,理发师说出那句令人歧解的话来,差点造成误会。

一般来说,违反歧解原则产生含义是能让对方知道和理解的。如果不是这样,而是在对方不知情的情况下违背歧解原则,给对方设置陷阱,达到欺骗的目的,就是不道德的。但这种手法如果用在一些智力竞猜题目上,则不失为一个好的方法。下面这个脑筋急转弯题目就很典型:

[9]太平洋很大,你知道太平洋的中间是什么吗?

题面很容易将思路牵到寻找太平洋洋面的中间某个物件或方

位上去，这正是题目所放的烟幕。实际上，它表达的是字面本身的意思：这个“中间”指的是“太平洋”三个字本身，答案出人意料但又在情理之中：“平”。

(4)故意条理不清，暗示意图

根据合作原则，在一般修辞行为中，言语活动要条理清楚，层次分明，符合基本的逻辑规则。但在实际修辞中，也可以故意违反条理准则，借此暗示某种不便明言的意图。《红岩》中的华子良就利用这一方法，骗过了敌人，赢得了生存。又如：

[10]甲：嗨，别睡了，你说项羽为什么不在鸿门宴上把刘邦干掉呢？

乙：哈……(一个长长的哈欠)那是因为刘邦会地遁术，骑着马跑了。

很显然，乙不想回答，但没有明说，他语无伦次的回答就表明了他的态度。

不仅口语中可见这一现象，书面语中也同样利用这一手段获得言外之意。如：

[11]他死十几年了。

一个解放前就参加了革命军队的人。一个解放后就兢兢业业从事文学编辑工作的人。一个默默无闻的人。一个“右派”。一个至死也未得到“平反”的人。一个至今虔诚地认为自己可能对党对人民确乎有罪，并且毫无怨言地接受改造和惩罚的人——尽管他也许根本不知那“罪”到底是什么。

(梁晓声《我的第一位责任编辑》)

作者通过这段表面上缺乏条理、违反常情的叙述，实际上透露出他对那段非常历史的审视与批评，让读者从中体味极“左”时代的荒唐与残酷。

当然，条理不清如果是无意中产生的，结果常常是病句，如自相矛盾：“他感兴趣的话题，其实只有一个，就是‘兼济天下’一类……”又如分类不当：“他看过文学、人类学以及社会科学等方面的许多书籍”等。但不自觉地违背条理准则行为也可以被用来构成笑料，相声就经常这样做，《钓鱼》就是一个代表：

[12]甲：(街坊老太对他拎回的鱼惊讶)“这么多鱼？啊呀！全一般大呀……这是钓的吗？”“老太太你说嘛？怎么不是钓的？不是钓的能有脑袋吗？”

乙：废话！

甲：“哟！要是钓的可不容易，这是二斤多啊！”“嘛玩艺？二斤多？四斤还高高的，掌柜的还饶两条那！”

另外，不自觉违背条理准则也可应用于一些严肃的语境，如律师可以通过证人的缺乏条理的证词推断背后的原因，审讯人员也可以通过被审人员的言辞矛盾找到破案的突破口等等。

从以上的分析可以知道，脱离语境和动机，泛泛而论修辞行为须遵守简洁、规范、有条理等原则应该说是欠妥当的。

【习　题】

1.分析下面的文字材料，说明该横幅上的话语含有什么样的预设。

据《都市快报》(杭州，2002-05-06)报道：位于杭州西湖大道上的卡拉OK娱乐城在做开业前的准备时，在大堂上挂出横幅，上写：“本店没有三陪”。负责人在接受采访时解释说：“我们就是想提供一种清新透明的夜生活。”

2.分析下面的文字，指出他们表达了什么预设。

(1)美国又发现邮箱炸弹 。

(《都市快报》2002-05-06)

(2)印尼再度发生暴乱。

(《都市快报》2002-05-06)

(3)在4月19日的演讲中，姜(建清，中国工行行长)宣布从今年开始建立信息披露制度，用国际标准重新对资产分类，加快技术、管理和金融业务的创新，争取用5年时间把工行的不良资产压缩到10%以内，同时成为一个股份制银行，并争取整体上市。

（《南方周末》2002-04-25）

3. 如果把违反合作原则产生含义的行为叫积极违规的话，那些不自觉违反修辞原则的行为就是消极违规。消极违规一定没有修辞作用吗？试以下面两段相声来说明消极违规的作用。

(1) 甲：老王，告诉你可别生气，我昨天看见你老婆在街上抱着一个男人进了百货大楼，你猜那个男人是谁？

乙：快说，是谁？

甲：你儿子。

(2) 甲：别说，从他们（指不懂艺术乱指挥的行政领导）的言谈话语，可以听得出来，对我们的地方戏很有研究。

乙：他们说什么？

甲：这个就说了："据说唱河南梆子最好的要算梅兰芳！""不不不，梅兰芳是唱花腔女高音的！"

4. 根据课本对含义的分析，请总结：与预设相比，含义有哪些特点？

5. 分析下面这段会话，指出：它们各违背了什么修辞原则？含义是什么？

(1) 王福升　您为什么不见见他呢，人家潘经理，大银行开着——

陈白露　（讨厌这个人，说）你不要管，我不愿意见他。

王福升　（谄笑着）是，小姐。（由口袋里摸出一叠账单来）小姐，这又有些账单，要不念您听听：美丰金店六百五十四块四，永昌绸缎公司三百五十五元五毛五，旅馆二百二十九块七毛六，洪升照相馆一百一十七块零七毛，久华昌鞋店九十一块三，这一星期的汽车七十六元五——还有——

（曹禺《日出》）

(2)“刘侠子，这回来了还走吗？”

“走，后天就要报到呢！”刘侠子说，“分在专区《晓星报》社当记者。”

“记者是什么？”

“记者，就是，怎么说呢？就是采访，写报道，写报告文学。”刘以萍似乎有意不让人们懂，不愿用通俗的语言解释。人们迷茫得很，好在她们并不想知道世上的一切，迷茫的就让它迷茫吧。眼前有很多切实可见的东西，都使她们发生兴趣：

“你这头是怎么卷的，用火燎吗？”“哪能！用化烫。”她仍不肯通俗，于是切实的也变得迷茫起来。

小凤子抱着大枝子的颈脖，笑眯眯地看着刘以萍：“你咋学得这么酸？”

（王安忆《冷土》）

6.阅读下面这段文字，分析其中使用了哪些修辞手段和话语技巧，表达了哪些言语交际意义。

晚上九点钟，方鸿渐在赵辛楣房里讲话，连打呵欠，正要回房去睡，李梅亭打门进来了。两人想打趣他，但瞧他脸色不正，便问：“怎么欢迎会完得这样早？”梅亭一言不发，向椅子坐下，鼻子里出气像待开发的火车头。两人忙问他怎么啦。他拍桌子大骂高松年混帐，说官司打到教育部去，自己也不会输的；高松年身为校长，出去吃晚饭，这时候还不回来，影子也找不见，这种玩忽职守，就该死。原来，今天欢迎会是汪处厚安排好的，兵法上有名的“敌人喘息未定，即予迎头痛击”。先来校的四个中国文学系讲师和助教早和他打成一片，学生也唯命是听。他知道高松年跟李梅亭有约在先，自己迹近乘虚篡窃，可是当系主任和结婚一样，“先进门三日就是大”。这开会不是欢迎，倒好像新姨太太的见礼。李梅亭跟随学生代表一进会场，便觉空气两样，听得同事和学生一连声叫“汪主任”，已经又疑又慌。汪处厚见了他，热烈的双手握着他手，好半天搓摩不放，仿佛捉搦了情妇的手，一壁似怨似慕地说：“李先生，你真害我们等死了，我们天天在望你来——张先生，薛先生，咱们不是今天早晨还讲起他的——我们今天早晨还讲起你。路上辛苦啦？好好休息两天再上课，不忙。我把你的功课全排好了。李先生，咱们俩真是神交久矣。高校长拍电报到成都要我组织中国文学系，我想年纪老了，路又不好走，换生不如守熟，所以我最初实在不想来。高校长他可真会磨人哪！他请舍侄——”张先生、薛先生、黄先生同声说：“汪先生就是汪次长的令伯。”——“请舍侄再三劝驾，我却不过情，我内人身体不好，也想换换空气。到这儿来了，知道有你先生，我真高兴，我想这系办得好了——”李梅亭一篇主任口气的训话闷在心里讲不出，忍住气，搭讪了几句，喝了杯茶，只推头痛，早退席了。

（钱锺书《围城》）

7.用话语结构理论，分析《荷塘月色》（朱自清散文）与《北京人》（曹禺剧本）的话语构成。

第十一章　语体分析

第一节　语体及其性质

一、什么是语体

言语行为总是在一定的交际语境中进行和完成的。特定的交际语境作为语体形成的外部因素直接影响言语行为的方式、状态和结果，并最终以言语表达特征系统的形式聚合。

从话语方式和交际语境上看，有口语表达与书面表达的区别。比如朋友间的闲谈，火车上陌生人间的神侃，家庭成员间的商讨等，采用的多为灵活、简明、通俗的口头表达。《贫嘴张大民的幸福生活》中张大民与兄弟姐妹商量自己结婚一事时的对话就很有代表性：

[1]“三民，你也反对我结婚吗？”

“我不反对。我反对干吗？”

“你心里有话，我看出来了。”

“不说了。都是自己的事。”

“说吧。你不说，我心里不踏实。”

“我第一个女朋友要是不吹，我就在你前边了。第二个女朋友要是不吹，还能赶你前边。现在……我什么都不说了。”

“你要有现成的，我先紧着你。”

“哥,你不用客气了。”

“谈几个了?”

“慢慢挑,别着急。”

“急也没用。住哪儿?”

“也别挑花了眼。”

“谁挑上我才是老花眼呢!”

“不过挑细点儿对谁也没有坏处。”

“哥我先挑着,您结婚吧。”

从这段对话中,我们可以看到,口语在话题的转换上很快,在逻辑上表现出很大的随意性,呈现出明显的游离特点;词语多为日常大白话,通俗易懂;句子结构的运用上也灵活多变,由于环境和交际对象的明确性,常常出现省略和倒装句。

书面语则多运用于庄重、严肃的社交场合,如政府文告、法规文件、一般事务公文,科技论著、文学创作以及报刊媒介用语多以书面语形式表现,较为正式的演讲和公私来往书信等也属于书面语。下面这段出自《法律知识读本》的句子,就表现出鲜明的书面语特点:

[2]环境影响评价制度是指对可能影响环境的开发建设项目,在动工兴建之前对环境可能造成的影响进行调查、预测和评估,并在此基础上提出合理的防治措施,按照法律程序进行报批的环境法律制度。

这段话只有一句,但却有82个字,由4个较长的小句构成,话题单一、集中,内在逻辑性强;句子结构完整,修饰成分多而长;词语带有鲜明的书面色彩,运用了“对……”“在此基础上”等书面表达形式。

口语和书面语作为言语存在的两种基本形式,有媒介意义。但更重要的是两者在言语表达风格上的系列特征。因此,口语可以是口头形式的作品,也可以是以文字形式表现的言语行为,文学作品如小说、戏剧、影视作品中的人物对话就属口语；书面语可以是文字表现的言语行为，也可以是通过口头形式完成的言语行为，如正式场合进行的外交对话、学术讨论等言语就属书面语。

由此可见，言语行为并不就等于语言系统，而是语言符号在语用过程中直接受到各种外在因素（即交际语境等各种因素）的影响而在其自身（如词语、句子等各层单位）和言语行为方式（如各种话语连接、辞格等）上产生的一系列有规律的变化活动，语言符号在长期的使用过程中产生和形成了与特定的交际领域相对应的言语表达手段和表达形式，**这种与特定语境和话语主题对应的言语表达手段和表达形式所构成的特征体系，就是语体。**语体是语境的产物，也是语言符号交际功能的变体。

语体是言语行为的外部因素和内部特征相互作用所形成的综合系统。语体形成的外部因素是交际语境，具体表现为交际领域、交际对象、交际目的以及交际方式。语体形成的内部因素就是因不同的外部因素而导致言语行为以及言语行为所运用的各类语言材料和手段所聚合成的特征系统。外部因素是条件，内部因素既是言语行为的载体，也是语体得以表现的最终形式和结果。因此，确定一种语体，外部因素是不能忽略的，它们是我们进行语体分析时所需要考虑的前提和背景；但构成各种言语行为的语言手段、话语形式等语体内部因素才是最终的判断依据和描写对象。

二、语体的性质

语体是语言符号的功能变体，它与语言符号系统在属性上，既有相同的方面，也有区别。就目前我们的研究结果看，语体的属性主要有以下几个方面：

1. 系统性

从形式层面看，语体是由言语行为所运用的各种语言材料和手段如词语、句子以及修辞手段等所构成的特征系统，在每一个层面上又由一系列因素构成子系统。语体的系统层次可以从这样几个方面去认识：词语运用特色、句子形式结构、句子连接手段、辞格选择限定、话题组接方式乃至语篇连缀结构等。如书面语体中，公文语体要求在词语层面上选择带有浓厚书卷色彩的词语甚至古语词，句子结构完整，关联成分齐备，辞格使用限制性强，话题组接方式程式化，有固定的语篇格式等等。这些就构成了公文语体的系统特征，并作为区别特征与其他语体区分开来。

2. 稳定性

语体的稳定性，是指语体自身特征在一定时期内所拥有的相对不变性。语体的稳定性既是语体作为一种语言功能变体的交际价值所决定的属性，也是它自身体系形成后客观上带来的必然结果。语体是语言符号在长期的使用过程中形成的特征系统，一旦产生，便在一个相当长的时期对该语体的表达形式在各个层面上具有了约束效应，人们必须遵守这一约定。也只有这样才能充分体现和发挥语体的社会交际功能，完成交际任务。我们很难想象，在一个较短的时间内，人们能人为地不断改变语体的自身构成或使用要求，正像强制性地更改语言符号系统必然给社会带来混乱一样，不必要地变动语体特征，同样会给社会交际造成负担甚至混乱。

当然，同语言具有可变性一样，语体是语言符号在一定社会时代中具体而直接的表现者，它所具有的可变性程度更高，只是这些变动往往在不经意中产生或确定，要在一个相当长的历史阶段后才能凸显出来。

3. 开放性

作为语言符号的交际功能变体，语体是在运用中形成、发展和定型的，因此，从纵向的角度说，语体是历史的产物。同时，它也将随着社会生活的复杂、分工的细密而进一步分化。它当然要适应社会的变化、观念的更新等情况，因此，语体系统在保持自身相对稳定的同时，又必然要随时反映和记录上述这些变化，并作出相对应的表达手段变化的反应，使自己处于不断发展、更新的开放状态中。因此，无论从语体的总的类别来说，还是从具体语体的内部构成来看，都是开放性的。正是由于语体具有开放性，才会带来语体的变化和发展。这一变化和发展的结果，可以体现为某一语体内部因素的增减，也可表现为不同语体之间的交叉影响。

第二节　上位语体特征

语体分类是个复杂的工程，依据不同的标准可以得出不同结果。

我们依据话语场合、方式和言语区别特征，将语体分为口头语体和书面语体两种。

口头语体又可分为日常会话语体、正式演讲语体；书面语体又可分为科学技术语体、公文事务语体、大众传播语体、文学艺术语体。当然，言语行为语境的划分是复杂的，言语表达特征体系的划分也不可能是绝对单纯的，这里的分类只是就其主要特征而言的。从另外一个角度看，由于生活的交融性，语言环境也不可能以绝对分割的状态存在，也必然相互交叉、渗透影响，这就决定了语体也是呈开放性的。在保持自身总的特征稳定的前提下，某些语体也会借用或采纳其他语体的一些因素或手段，从而使语体互相渗透、交叉。就口语与书面语来说，随着民众整体文化素质的提高，在口语中也会出现越来越多的术语、古语词乃至其他书面化的表达方式。

下面逐个简要地分析上述各种语体的基本特征。

一、口头语体

应用于日常交际、为日常生活服务的言语在人们长期使用共同语的情况下，形成了独具特色的表达功能变体，这就是口头语

体，也称口语。它适用于交际者在即兴或难以仔细字斟句酌的情况下产生的言语交际行为。它常用于个人日常交际活动，也常用于社会性的公众交际。口语多没有或不需要文字作媒介，但用文字记录下来的口头交际性作品却仍然是口语。由于以上这些外部因素，使得口头语体在言语表达特征上产生了这样一些主要特点。

1. 辅助言语手段的参与

口语多出现于生活中人与人之间面对面的交际活动中，因此一切能对言谈起作用的非语言因素都可能成为言语交际的重要组成部分，如人的面部表情以及手势、眼神等体态语都对言语交际行为的进行、完成有着重要的影响。

[1]她看见全子走进来，忍不住把这种受用和愉悦排遣出一部分。

她灿烂着一张笑脸说："全子，到哪里逛去了？"

全子淡淡地答："河边呗。"

她似乎根本没有感受到全子的冷淡，依旧那么笑着说："河边的风景不错吧？"

（彭兴凯《保镖》）

[2]歹徒眼露凶光地威胁道："快说，钱在哪里？"她知道此时正面冲撞于事无补，便假装害怕、可怜的样子说："别，别杀我，我真的不知道钱在哪儿，都是我爸爸管的，别杀我，我帮你找找还不行吗？"歹徒看看她的样子，相信了她。她趁着歹徒不注意，机智地闪进卧室，拨了110。

这两例记录了辅助言语手段在言语交际中的重要性。例[1]中的体态语表现出"她"的友好态度和"全子"的冷淡。例[2]中"眼露凶光"表现出歹徒的狠毒，而"假装害怕、可怜的样子"则使"她"骗过了歹徒，得到求生的机会。

2. 语音手段的充分运用

由于口语是口耳相传的，语音是它最重要的媒介，一些语音形式，如重音、停顿、语调等等，可以作为表情达意的手段积极地参与交际。如：

[3]潘月亭："（看完信，脸色大变）我……不相信，这是假的。（又看完信）这个消息一定是不可靠的。（连忙打电话）喂喂，是新报馆么？我姓潘，我是潘四爷呀！……我找总编辑张先生说话。快点！快点！……什么？出去了？他刚才？……哦，他刚出去。……你知道他上哪儿去了么？……不知道？……混蛋！你怎么不问一声？……"

[4]长长的一堂数学课，在老教授风趣幽默、轻松愉快的讲课中接近尾声，就在快要下课时，他突然认真地一字一顿地说："马上要下课了，我还要讲——很——多——内——容"，他停下来，拿起茶杯。同学们一听这话，耐心似乎已到极点，开始窃窃私语，突然他不慌不忙地接着说："大家也不会同意的。"听完，同学们便伴着铃声鼓起掌来。

从这两段言语记录中，我们可以看出，像重音、停顿以及语调等语音成分在口语表达中有重要的作用。例[3]记述的是《日出》中一段电话对话——看不见对方的会话，其间语调高低的快速变化、轻重音的改变以及停顿的出现等语音手段都极好地描绘出银行经理潘月亭在得知公债行情下跌后的紧张和失态。而例[4]中老教授下课时的幽默也同样离不开强调重音和准确的停顿等语音手段。

3. 通俗易懂的生活化用词

因为口语多运用于日常生活，是人们在具体生活语境中事关生活中的人或事的即兴交谈（包括友好的、一般的和敌意的等），在谈话过程中交际者多选择生活化的词语，有时还夹带出富有地方特色的俗词、俚语等。如：

[5]"翟老栓，你用装过粪的篮子，装我们韩家的银矿石，你什么意思？认为我们韩家的银矿石和粪是一样的东西？"韩小帅开口说话了。

“我没你说的那个意思……”翟老栓低声替自己辩护。

“你不知道偷我们韩家的矿块将会落个什么下场么?”

“我没偷。我说我没偷……”

“你没办法把银子提炼出来,不是偷了也白偷么?……”

“我没偷!……”翟老栓终于忍不住大喊起来。

“是你偷的!老子说是你偷的,就是你偷的!到哪儿也变不成你捡的!……”

……

“大侄子,大侄子,有话好好说……”

“谁是你的大侄子?你他妈算什么东西!自己说偷的!……”

……

“不承认偷的我坐地弄死你!”

(梁晓声《民选》)

这段对话中翟村两个农民的对话极有代表性:村长兼银矿矿主的侄儿韩小帅看见翟老栓拣拾路边的矿块,却非逼老栓承认是偷的,并以此要挟他在选举村长时投他叔叔一票。对话中除了毕现于纸上的蛮横凶残与懦弱可怜的对比外,我们也可见两人用语的生活化,尤其是韩小帅的用语更是典型的流氓口语代表。当然,即便文化水平很高的人如高级知识分子,在日常生活中的谈话也同样是通俗易懂的,不过比较而言,其中的俚俗词语要少些。俚俗词语的多少取决于说话人的生活经历和交际需要。如:

[6](华乃倩)“兆路,想问你几个问题。”她说,“你这个人干什么都不露声色,可是……事情到了这一步,对我们的关系抱什么看法,该认真谈谈了吧?”

“我能说什么呢?”

“怎么想就怎么说,我们之间已经没有什么可隐瞒的……”

“……我自始至终都不能理解。”

“指什么?”

“我，还有你。”

“我是不是不能原谅自己？”

“是的，可是我能够原谅你。”

（刘恒《白涡》）

从字面上看，对话所用的词语并没有什么深奥难解的词，虽然周兆路与华乃倩都是中医研究院的高职称知识分子。

4. 灵活多变、简短灵活的句子形式

在日常生活语境中，交际活动总是在具体的甚至是随机的时候进行的，交际者的言语行为有很强的即兴特征，加上直接面对面和信息焦点突出等原因，口语在句子的组织和形式上经常性地出现省略、倒装等情形，限定、附加成分少。很多口语作品记录下来，若不明了背景，真是让人不知就里。如下面这段交易对话就有代表性：

[7]有人端茶进来，是另外一位姑娘，很土气也很清秀。崔永利冲她笑笑。

“准备好了么？”

“差不多了。”

南方口音，笑得十分轻松。李慧泉有些紧张，摸摸口袋。

“钱我带来了。”

“多少？”

“七百。”

“可以。有五百就够了。先小不溜儿的来一点儿，干得顺手再下大本钱不迟，我不能逼你干……”

“到底什么货？”

“衣服。”

（刘恒《本命年》）

从文字看来，似乎零乱无序，但因为是在特定的场合——崔永利的屋子里，有特殊的交际对象——交易者、交易货物等条件下发生的，有具体的语气、眼神、手势等辅助，句子结构最大限度地为意义的传达服务，而成分的齐备、结构的完整、语序的合乎常态等就不再成为最重要的条件。

5. 极富生活化的修辞格式

口语中辞格运用有自身的特点，使用较多的是比喻、比拟、借代、双关、反语、夸张等着重于内容效果的辞格，强调形式效果的辞格多为排比、反复等；另外一点就是所运用的材料具有鲜明的生活气息，表现出日常生活的鲜活、灵动，有时也不免粗俗、油滑。如：

[8]巡长　他们背后有撑腰的，杀了人没事！

大妈　别说了，我真打冷战！

赵老　别遇到我手里！我跟他们拼！

大妈　新鞋不踩臭狗屎呀！您到菜馆酒肆去，可千万留点神，别乱说话！

（老舍《茶馆》）

[9]我告诉你，大小姐，一个女人就像一个风筝。别看她花红柳绿的，在半空中摇摇摆摆，怪美的，其实那根线儿在人家手里呢！不服气，你要挣断那根线儿，好，你就头朝下，不是落在树上，就是挂在电线上，连尾巴带翅膀，全扯得稀烂，比什么都难看。

（老舍《四世同堂》）

6. 游离的话题中心，随机不定的话轮转换

同书面语相比，口语一般来说是交际者临时即兴进行的言语活动，即使事前有准备，也多为交替进行，难以确保彼此按照同一个中心展开。即便在经过选择的场合进行的较为正式的谈判、交流等也同样有这一特性。交谈过程中话题中心和话轮转换所出现的较大程度的随机性和不可预测性，在没有经过预先设计的日常谈话中表现得最为突出：言语行为带有很大的随意性，话题大多难以有确定的中心，而是随着情景等非语言因素的影响而改变，有时候谈话结束时的话题已经远远离开了当初的中心。因此口语的话

语结构在话题中心上很少单一固定，在话轮的转化形式上也往往是随机不定的。如：

[10]（两人在飞机上相识，宋总欲请法学教授邵先生做他的代理人，邵教授没有接受，但表示愿听听案情。）

宋总说："那么，邵教授还是不愿做我的代理人了。"

老板[①]说："你先告诉我案情吧，我不知道案情，怎么做你的诉讼代理人？"……

"这案子对你这个名教授来说是小菜一碟。"

"那你说说案子吧。"

宋总说："你还是先答应我。"两个人像孩子一样发生了争执。末了，宋总哈哈笑了起来。宋总问："邵先生属牛的吧？"

"你怎么知道的？"老板不解。

"我也是属牛的，属牛的就是犟。""是吗！"老板也笑了起来。老板说，"我就是想帮你恐怕也无能为力。我现在还没申请律师资格……"

宋总又笑了，说："邵教授，有句话我说了你可别生气，你也太书生气了。不是律师就不能帮人打官司了？"……

宋总神秘地微笑着望望老板，说："你教了几年书了？"

"十几年。"

"邵教授也是桃李满天下了。你的学生都分在什么单位？"

"没什么当官的，有一部分当了律师，有一部分去了公、检、法。"

"有我们市的吗？"

"有。"

"这就对了，你代理的案子你的学生敢乱判吗？"

"谁也不能乱判呀，你可以上诉的。"……

后来，老板和那个宋总都睡着了。

① 老板是邵教授的研究生们对他的趣称。

（张者《唱歌》）

二、书面语体

书面语体是民族共同语在长期的使用过程中，受特定交际语境的影响所形成的与文字符号直接相关的社会功能变体，也称书面语。从社会的角度看，它是文字产生并经长期使用后才可能形成的语体系统；从个人角度看，它是个人在掌握了文字符号并具有了相当文化素养后才能学习并运用的言语表达特征体系。文字符号是书面语体产生的必要条件，但书面语体的具体形式却并不一定要通过文字来表达。这是因为，它是作为共同语的一种社会功能变体而存在的，它在词语的选择、句子结构的安排、话语篇章的衔接上都有自身的区别特征，并因此与口头语体区分开来。

书面语体有下面这样一些特点：

1. 书卷语词、术语及文言词的选用

与口语不同，书面语应用于较为严肃、庄重的语境，为突出其应有的表义的严谨、风格的典雅等特点，在选择和使用词语上偏重于书卷语词、术语甚至文言词语。下面这段取自一篇文学评论的文字就充分表现了这一特点：

[1]人文情怀是我们的作家在社会转型期所最应具有的情怀。在整个社会以巨大的步伐推进着经济发展的同时，也必然有被前进的步伐碾碎的贫弱者的空间，而修补这个空间的责任便落在了作家的肩上。我们可以去讴歌改革开放的巨大成绩，但对社会弱势群体的关怀是任何一个社会都不能缺少的，因为我们是人类。在人类丰富的心灵中，爱、同情、怜悯从来都是唱主角的，一个没有爱、同情和怜悯心的人是可怕的，而一个缺乏爱、同情、怜悯的社会更不能长久，而且这样的社会也不是人类所追求的终极目标。在追求物质丰富的同时，关注人们的心灵，关注人们的精神生活，提

醒人们不要丧失爱、同情、怜悯心，不要丧失对良知与正义的追求，是正直作家所应秉持的一种积极的社会立场。

（周玉宇《作家的立场》）

从这段不长的文字中，我们可以发现其中较多地使用了带有很强书卷语色彩的词语。它们使这段文学作品的语言具有了浓厚的严谨庄重的风格色彩，表达出作者对作家在转型时期社会责任感的思考。如将其中的“步伐”“碾碎”“讴歌”“心灵”“秉持”“丧失”等换成“步子”“踩碎”“唱”“心”“坚持”“丢掉”等，其效果就会大打折扣。在其他如公文及科技等书面表达中，上述特点会更为突出。

2. 句子结构成分完备，较少省略、跳脱现象，限制成分多而复杂

在日常谈话语境里，交谈者可以在具体的时空环境中进行言语活动，句子可以而且应该出现经常性的省略、跳脱现象，句子结构简便灵活，限制修饰语少，而这一切都无损于意义的完整清晰的实现。但书面表达缺少这样的环境帮助。为不影响表义的完整清晰，要求采用固定常规的句子结构，成分要完整，体现复杂逻辑关系的关联词语要完整出现，不应有可能影响理解的省略、跳脱现象，常常增加修饰成分……这些都会使得书面语的句子显得较长、结构复杂。如例[1]，共 278 个字，但只有 5 句，其中的下画线的一句竟长达 77 个字。从每个句子的构成来看，没有一个句子出现省略、跳脱的，成分都很完整，包括体现逻辑关系的关联词语也一个不少。另外，这段话中不止一处出现了多项修饰限制成分，使语义表达完整、精确，文中加下画线的部分就是代表。在法律公文等文本中，这种现象就更突出了。如下面这个超常的句子就是典型：

[2]第十三条　一切危害国家主权、领土完整和安全，分裂国家、颠覆人民民主专政的政权和推翻社会主义制度，破坏社会秩序和经济秩序，侵犯国有财产或者劳动群众集体所有的财产，侵

犯公民私人所有的财产,侵犯公民的人身权利、民主权利和其他权利,以及其他危害社会的行为,依照法律应当受到刑罚处罚的,都是犯罪……

(《中华人民共和国刑法》,1997年3月14日第八届全国人民代表大会第五次会议修订)

3. 语序结构总体上相对固定,合乎常规

因为表达要符合严谨、庄重等要求,书面语在句子结构尤其是主谓结构的安排上,一般采用固定的常规语序,少有像口语中为了强调信息焦点而改变语序,产生倒装句,如"快上车吧,你!"在上举的例[1]中,这么一个较长的句群,没有出现一个倒装现象,全部是常规的语序。又如:

[3]80年代以来,语体、风格尤其是语体学研究发展迅速,比起60年代,研究队伍有了增多,研究规模逐步扩大,研究方向更趋多样,研究领域有了开拓,研究深度也有了新的开掘。具体表现在:(一)1985年6月,复旦大学中国语言文学研究所和中国华东修辞学会联合召开了我国有史以来的第一次"语体学学术讨论会",全国各地和国外学者近百人与会,提交给会议的论文数十篇,会后已编成《语体论》论文集,由安徽教育出版社出版。(二)几年来涌现了语体和语言风格的论文近百篇。(三)几本全国通用的高等院校文科教材《现代汉语》的修辞部分都增写了语体风格的内容。

(宗廷虎《中国现代修辞学史》)

当然,书面语体的句子结构语序在保持上述这一总体特征的情况下,有时也有一定的灵活性,尤其是作为修饰语的定语和状语,在文学作品的书面表达中为了突出其重要性或补足信息,可以将它们抽出来后置。如:

[4]他此时此刻躺在公园的草坪上梦想着美好的未来生活,一种他期待已久而从未经历过的。

[5]这就是日本军国主义对沦陷区中国人的恐吓和威慑，以炸弹，以暴力，以死亡。

（邵燕祥《岁月深处》）

4. 强调形式上的均衡、对称效果

书面语体，从一定意义上说，是用来“看”的作品，因此，在意义充分得以表达的同时，还尽可能甚至刻意地追求形式上的均衡、对称，给人以美感。在文学等富于情感表达的作品中，这种均衡、对称的结构形式还能起到加强语气、强化感染力的作用。排比、对偶、顶真、回环等辞格为实现这一效果提供手段。如例[3]中下画线的一组句子，就通过均衡的句子将语体学研究的发展勾勒出来。又如：

[6]别忘了，别忘了多少党的好干部，多少善良的人们被冤死了。

别忘了，别忘了多少个母亲多少个孤儿流过泪。

别忘了，别忘了大地上曾经有过这么一摊血。

别忘了，我们整个民族都曾经泡在泪水中，都曾泡在血水中。

（金敬迈《好大的月亮好大的天哪》）

这段取自纪实传记的文字，采用了诗化的形式，用整齐对称的排比，抒发出作者积压在心中的愤懑，它给读者的感觉更像是火山喷发一样无法抑制这涌动着的情绪。这一形式的选用无疑增强了内容的震撼力，在视觉上给读者留下的印象也深刻得多了。

5. 话题中心突出，话轮转换服务话题中心

与口语的话题中心游离散乱不同，书面语体在一个语段甚至一个篇章单位内，一般只有一个话题中心，即便一个复杂语段含有多个分话题，也都是围绕更大的话题中心进行的。如例[3]，整个语段的话题中心是介绍了80年代以来中国语体风格学的迅速发展。先是以简洁的语言总括了语体学发展的态势和特征，接着又用三方面的具体材料（即分话题）显示了发展的实际表现。从这里可以看出，书面语体的话题中心是集中而突出的。另外，如果将该

段话中的三个证明材料看作三个分话题,它们彼此间的话轮转换关系的基础就是分别从不同的侧面服务于整个话题中心。书面语体的这一特点在学术科技语体、公文事务语体以及大众传播语体等书面表达中表现得更为突出。一般是整个语篇甚至著作只有一个话题中心,与话题分散、中心游离的口语语体有着很大区别。

6. 丰富多彩、形式齐备的辞格表达

因为书面语体表达多不是即兴的言语行为,而是有充分的时间和条件对语言材料和言语表达手段进行选择、锤炼,加上书面语体的形式化等审美特性及其可视性的特征,允许并要求书面表达在可能的范围内最大程度地追求生动活泼的内容和形式上的变异效果。形式多样、表达效果好的辞格在书面语体里有了更大的使用价值,其中强调形式均衡、对称的对偶、排比、顶真、回环等辞格使用频率很高。文学艺术语体是其中变异表达最集中的,各种修辞格都可以有其用武之地。在其他书面语体中,也程度不同地存在着这一特点:大众传播语体中强调语音上的和谐、结构上的对称,公文事务语体则相对较差,但也允许一定程度的变异表达。

第三节　下位语体特征

一、日常谈话语体

日常谈话语体是人们在日常谈话中长期运用语言完成交际任务过程中所形成的表达特征体系。其基本形式是以语言为媒介在随机性的生活场景中发生的即兴言语活动。日常谈话语体的基本特征与口语语体的特征一致,不再另作分析。要说明的是,日常谈话语体可以以口头形式存在,如面对面的随机交谈、相距很远的电话交流等;也可以以书面形式存在,如文学艺术语体中小说、话剧等作品中的生活会话、对白等台词言语行为也应看作日常谈话语体。又如随着因特网的普及,网上聊天虽然是纯文字性的交流,但因为时间的紧迫与交流氛围的轻松等外在条件影响,它仍然带有很强的口语化特点。

二、正式演讲语体

以口头的形式面对听众进行正式演讲所运用的言语表达特征体系叫正式演讲语体。一般来说,一个有准备而独立性的演讲总是围绕一个中心话题进行的,与日常口语不甚相同。词语的使用上也较为正式,其演说辞也多在事前做过准备。句子结构灵活多变,但以短句为主。对语境依赖较强,主要表现在听众的表情以及场景气氛。体态语运用较多,感情态度外化程度高,因此,它也较多地具备了日常谈话语体的一些特点,如体态语、各种声音手段的运用等等。闻一多的《最后一次的讲演》就很典型。这里节选其中开头的一段就很能说明问题:

[1]这几天,大家晓得,在昆明出现了历史上最卑污、最无耻的事情!李先生究竟犯了什么罪?竟遭此毒手,他只不过用笔,用嘴,写出了说出了千万人心中压着的话,大家有嘴有理由讲啊,为甚么要打要杀,而且偷偷摸摸地杀!

三、大众传播语体

大众传播语体是指大众传播媒体在公众生活语境中关涉大众性、社会性生活主题,在长期运用语言过程中形成的表达特征体系。从其外部条件来看,带有明显的社会性和有准备性。因此它从语体特征上看,基本上与书面语一致,如电视、广播、报刊的新闻通讯和社论、时评等所运用的较为正式的文字表达,而电视娱乐、即兴谈话等节目类语言则属于典型的口语语体,但因为它们与大众传播媒体本身没有必然的依存关系,因此,不应将这类语言表达归入大众传播语体范围内。大众传播语体除了书面语体的上述共有属性外，还有这样两个特点：

1. 词语选用上客观性与主观性有机统一

以新闻报道来说，从理论上讲，应该是客观公正的，只要将事实描述出来即可，似乎是用语言在“照相”。但实际上，只要是一定背景中的人，他观察事物、行为时都必然渗进自己的主观判断甚至价值观念，这势必使记录者运用语言时在总体上保持客观的同时会表现出个性化选择，使新闻语言带上主观色彩。对于社论、时评等类用于评价是非、旨在说理的文字来说，词语选择上的主观倾向性就更加突出了，如《人民日报》在一篇社论中这样写道：

[2]某国国会每到此时总是有一些人到处纠集人马，提出终止给予中国最惠国待遇，但这一行径是注定要失败的。

其中“纠集”和“行径”等词语就有明显的情感色彩，表达了评论者鲜明的立场。

2. 话题组合和表达带有明显的感染性

即便是新闻通讯，对事实的“再述”也不是对客观事实的简单“照相”，而是有选择的“剪辑”，并通过这一过程，或展现生活中的积极面以赞扬美好，或揭示生活中的消极面以鞭挞丑恶。但无论哪一种内容，其语言表达上具有的倾向性和感染性是共同的。对于社论、时评来说，这一特点更是有过之而无不及。如下面这篇新华社电讯就有一定的代表性：

[3]日本首相再次参拜靖国神社　中国表示强烈不满

据新华社东京电　日本首相小泉纯一郎21日上午参拜了靖国神社。这是小泉执政以来第二次参拜靖国神社。他上次参拜靖国神社是在去年8月13日。

小泉在参拜后向记者明确表示，参拜靖国神社一年一次，今年的8月15日前后，他将不再参拜靖国神社。关于明年是否参拜，他表示将视情况而定。

1985年8月15日和1996年7月29日，当时的日本首相中曾根康弘和桥本龙太郎分别参拜了靖国神社，遭到日本舆论特别是邻国的强烈反对。

本来，按照新闻报道的基本要求，对小泉参拜靖国神社一事只需如实记下他什么时候怎样去做就可以了，现在的报道中对小泉前后两次参拜的介绍与此前两位首相的参拜及所遭到的批评报道，显然是“多余”的了。但这种话题的组合正反映了中国媒体以及中国人民对此事的关注与反应，并以此来影响读者的心理感受。

四、公文事务语体

公文事务语体是指政府机关、企事业单位在社会公众语境中关涉公务或行政管理主题，长期运用语言所形成的言语表达特征体系，又称公文体。政府的各类法规、通告、文件，社会管理部门之间来往的信函、文件，生产、销售等商业活动中的合同协议等等所涉及的言语行为都属于这类语体。这类语体只能是书面语体，尽管也可以以口头形式表达，如法规、文件、合同、判决书的公开宣读。因此，书面语体的一般特征它也都应该有。但公众事务语体也有其自身的特点：

1. 词语选择上书面色彩浓厚

在公文事务语体中，专业性的书卷词是词语选择的主要构成。如政府政令及法律文书中的用词，就有很强的专业性，如前举的《刑法》中的用词。有些还要求经常性使用文言词语，如一些政府机关使用的公文、社会交往中的合同、协议等用词，像“兹”“此”“其”“为”“欣悉”“际此”“值此”“为荷(盼)”等。

2. 用词力求客观准确、避免歧解模糊

公文事务性文字用于公众性的交际，有契约价值，因此，它要求用语客观，表义准确、简洁，避免模糊歧解，不提倡个人风格。

3. 多修饰语和限制成分，表意严密周全

对公文语体来说，内容上的严谨、周密是至关重要的，因此，在行文中不回避结构上的冗长繁复、形式上的呆板固定，有时还用一定的方式加注解释。如《中华人民共和国企业所得税暂行条例》（1993年11月26日）中对纳税义务人范围是这样界定的：

[4]第二条　下列实行独立经济核算的企业或者组织，为企业所得税的纳税义务人（以下简称纳税人）：

（一）国有企业；

（二）集体企业；

（三）私营企业；

（四）联营企业；

（五）股份制企业；

（六）有生产、经营所得税和其他所得税的其他组织。

4. 句类上以陈述句和祈使句为主

公文事务性语体从题材上看主要有两类：或对某些现象和行为作出解释阐述，此类题材需陈述句才能更清楚地直接陈述事务；或对全社会发布法令、规范、公告等，在上述特点的基础上，还常用祈使句，这样更能体现国家法令的权威性、指导性。前者如例[4]，后者如：

[5]新华社授权公告：中华人民共和国将于1982年10月7日至10月26日，向以北纬28度13分，东经123度53分为中心，半径35海里圆形海域范围内的公海发射运载火箭。为了过往船舶和飞机的安全，中国政府要求有关国家政府通知本国的船舶和飞机，在当地时间每日9时至11时不要进入上述海域或海域领空。

5. 有固定的行文格式

公文事务性言语作品在话题的组织上有固定的行文格式。如“社团登记管理条例”，共包含“总则”“管辖”“成立登记”“变更登记、注销登记”“监督管理”“罚则”“附则”等七个方面。下面一则介绍信也是一个典型的例子：

［6］　　　　　　　　介绍信

兹介绍　　　　　等　　位同志（系　　　　）前往贵单位联系　　　　事宜。请接洽并给予协助为荷。

介绍单位盖章

（本介绍信有效期为　　　天）　　　　年　　月　　日

公文事务语体的特点同样体现在我国各级政府的工作报告中，其中，中国共产党和全国人民代表大会的历次报告都极具代表性。这些报告不仅在内容上高度概括地反映了对上届工作的总结，阐述出党和政府的指导思想和施政纲领等，同时在表达风格上充分体现出具有中国特色的公文语体特点。2022年召开的中国共产党第20次全国代表大会通过的大会报告《高举中国特色社会主义伟大旗帜，为全面建设社会主义现代化国家而团结奋斗》就是代表。该报告全面总结了过去五年的工作和新时代十年的伟大变革，明确地提出了这样的主题："高举中国特色社会主义伟大旗帜，全面贯彻新时代中国特色社会主义思想，弘扬伟大建党精神，自信自强、守正创新，踔厉奋发、勇毅前行，为全面建设社会主义现代化国家、全面推进中华民族伟大复兴而团结奋斗。"同样值得注意的是，该报告也很显著地在选词、构句、谋篇以及语篇风格等各方面体现出现代汉语公文语体的特点。限于篇幅，这里仅能选其中的一小部分，足可窥豹：

［7］全面建成社会主义现代化强国，总的战略安排是分两步走：从二〇二〇年到二〇三五年基本实现社会主义现代化；从二〇三五年到本世纪中叶把我国建成富强民主文明和谐美丽的社会主义现代化强国。

到二〇三五年，我国发展的总体目标是：经济实力、科技实力、综合国力大幅跃升，人均国内生产总值迈上新的大台阶，达到中等发达国家水平；实现高水平科技自立自强，进入创新型国家前列；

建成现代化经济体系，形成新发展格局，基本实现新型工业化、信息化、城镇化、农业现代化；基本实现国家治理体系和治理能力现代化，全过程人民民主制度更加健全，基本建成法治国家、法治政府、法治社会；建成教育强国、科技强国、人才强国、文化强国、体育强国、健康中国，国家文化软实力显著增强；人民生活更加幸福美好，居民人均可支配收入再上新台阶，中等收入群体比重明显提高，基本公共服务实现均等化，农村基本具备现代生活条件，社会保持长期稳定，人的全面发展、全体人民共同富裕取得更为明显的实质性进展；广泛形成绿色生产生活方式，碳排放达峰后稳中有降，生态环境根本好转，美丽中国目标基本实现；国家安全体系和能力全面加强，基本实现国防和军队现代化。

在基本实现现代化的基础上，我们要继续奋斗，到本世纪中叶，把我国建设成为综合国力和国际影响力领先的社会主义现代化强国。

五、科学技术语体

科学技术语体是指在科学技术研究等社会性语境中关涉科学技术研究等主题，运用语言进行交际所形成的言语表达特征体系。其功能在于准确地记录自然、社会及人类自身的各种现象，用一定的语言符号将其过程和结果表述出来。这些作品包括科技专著、学术论文、考察与实验报告、技术标准、教材等，科技通俗读物也应属于这一语体。这里的科学技术是个宽泛的概念，既包括自然科学，也包括社会科学以及人文学术研究。科学技术语体又可称科技体、智慧体或知识体。

科技语体总体上看具有书面语体的一般特征。但也有以下几个特有的区别性特征：

1. 运用与专业相对应的特殊符号

科技语体在运用共同语作为表述媒介外，还会设计或借用一些专用符号。如数学、物理、化学、计算机等各个学科，都有自己的一套特殊符号，而且它们本身作为开放系统在不断地增减。如下面一段取自语言逻辑学专著的文字，就多处使用了特殊符号：

[8]一致性(consistency)与不一致性(inconsistency)是两个重要的元理论概念，这两个概念是建立在从给定的前提集证明一个命题的概念之上的。一个命题集如果从中能推出矛盾命题，就是不一致的，也就是说，$\{A_1, A_2 \cdots A_n\}$是不一致的，当仅当有一个命题B，使得$A_1, A_2 \cdots A_n \vdash B$并且$A_1, A_2 \cdots A_n \vdash \sim B$。而一个命题集是一致的，当且仅当它不是不一致的，这就是说$\{A_1, A_2 \cdots A_n\}$是一致的是讲对任何B讲$A_1, A_2 \cdots A_n \vdash B$，而不是$A_1, A_2 \cdots A_n \vdash \sim B$。

([美]J. D. 麦考莱《语言逻辑分析》，王维贤等译)

类似专业性的符号，在其他学科论著中也是非常普遍的现象，而这些符号只能在相关学科内进行交际，有很强的专业分工。

2. 有大量的专业名词术语、外来语

每一门较成熟的学科，经过长期的发展，除了自身的理论系统的完整性外，它还拥有一套自己的词汇系统。掌握和理解它们是进入相关学科殿堂的钥匙。基本不使用带有特殊修辞色彩的词语如方言词、俚俗词以及具有描绘性、摹拟性、表情性的词语。如下面一段话就反映了逻辑学的知识系统：

[9]现在我们进一步说说逻辑必然性与逻辑可能性的关系，5.1节介绍的逻辑中没有包含这两个概念，包含这两个概念的逻辑成为模态逻辑(modal logic)。模态逻辑中增加表示必然性的算子L和表示可能性的算子M进行命题演算。如果命题p必然真，则它不可能假；如果命题p可能真，则它非必然假。用逻辑式可表达如下：

(6) $Lp \leftrightarrow \neg M \neg p$

(7) $Mp \leftrightarrow \neg L \neg p$

用可能性和必然性的概念可以定义严格蕴涵，即逻辑蕴涵(logical implication)。逻辑蕴涵不同于5.1节说的……实质蕴涵(material implication)。实质蕴涵只要求前件假，或者后件真，蕴涵式即为真……

（徐烈炯《语义学》）

3. 句子结构紧凑、多修饰限制成分、多用逻辑关系严谨的复句

在各类书面语体中，科技语体在这一点上的表现是最为突出的，这与科技言语行为的总体特征即准确性、严密性等是分不开的。上面两例充分表现出这一特点。

4. 语言风格上平实、朴素，没有语言变异形式，对辞格的使用有严格的选择性

科技语体旨在阐明事实、揭示规律，在语言上不求生动形象，叙述的条理性、表述的逻辑性是基本的也是最高的要求，有时候为了将意义表达清楚，也不回避晦涩、冗长的形式。因此，在各专业的言语作品中，语言在各个层面的规则都要得到严格的遵守，不允许有为追求表达的生动或体现个人特色而改变词句的一般特点；在严谨的科技专业论著中极少使用辞格(当然，通俗读物中可用)，在人文学科的论著中可少量使用比喻、排比、反复等辞格。

六、文学艺术语体

文学艺术语体是指在以艺术形象表现社会生活、塑造人物形象、表达感情意念的过程中，长期运用共同语所形成的言语表达特征体系，也称文艺语体或艺术语体。范围具体包括小说、散文、特写、报告文学、诗歌、剧本、曲艺等各种相关的文学体裁作品。从功能总特征上看，文艺语体同科技语体、公文事务语体、大众传播语体等在具有浓厚的书面语体特征这一点上是共同的，但与它们又有着明显的不同。

首先，文艺语体不是以具体实用为目的的，而是更多地用语言

作为虚拟社会生活、客观世界和情感思想等的材料，言语作品与它所反映的世界可以不存在对应关系。在运用语言创作作品的过程中以及在读者接受文学作品的过程中，作者和读者允许而且应该将语言符号本身也作为一个十分重要的因素能动地加以驾驭和欣赏。好的文学作品应是将语言的能动性发挥到极致的艺术。正是从这个意义上说，有人认为：文学是语言的艺术。而在科技等语体中，语言符号的工具性被发挥到极致：对作者而言，语言基本上成为一个“规矩”的“臣民”；对接受者而言，最重要的仅仅是其中的“言内之义”，不允许或极少有“言外之意”。

其次，文艺语体在言语特征体系上体现出明显的综合性，它可以融其他各种语体作为自己的表达手段于一体，以适应所描写的相关生活内容。如我们在王蒙的作品《说客盈门》中可以读到大段的数学统计，在徐迟的报告文学《哥德巴赫猜想》中也可以看到多处数学演算。

因为文艺语体的上述功能特征，在言语特征表现上也有一定的独特性：

1. 充分利用语音手段，实现和谐的韵律美

文艺语体虽然不像口语那样能借助于体态语和语气来表情达意，但可以利用汉语音节表义的特点，有效地利用声韵调等因素实现优美的韵律美。经常出现的双声、叠韵、叠音以及押韵、对仗等形式，无疑使行文产生了抑扬顿挫、往复回环的音乐美、节奏感，达到了声情并茂的艺术效果。诗、词、歌自不必说，散文有时也借助以上手段构筑整散有致、声韵和谐的美妙篇章。如：

[10]茫茫九派流中国，
沉沉一线穿南北。
烟雨莽苍苍，
龟蛇锁大江。
黄鹤知何去？

剩有游人处。
把酒酹滔滔，
心潮逐浪高！

（毛泽东《菩萨蛮·黄鹤楼》）

[11]蓬莱秋天的早晨，薄薄的雾，爽爽的风……宝蓝色的海水轻卷着，低吟着，绽开出一簇簇如雪的菊花。我漫步在沙滩上，等待着海上瑰丽的日出。许是来得早些了，天边有淡淡的月，疏疏的星……忽然，一阵悠悠的笛声，缈缈地飘来，像缕幽香沁人肺腑。

（逢乃莹《星晨》）

2. 词语选择应用上强调色彩和形象，借以描绘形象、勾勒情节、展示情怀

同公文事务、科技等语体力避个人色彩的用词特点不同，文艺语体正是突出和强化词语的色彩和形象效果，并以此记录、反映生活，塑造人物性格，从而给读者带来情理上的愉悦、震撼等审美效果，使行文隽永、绵长，让读者回味无穷。如例[10]中"轻卷""低吟""绽开""瑰丽""悠悠"等词语就带有浓厚的感情、语体和形象色彩。鲁迅的小说、散文，对词语的选用技巧娴熟、炉火纯青，魅力无穷。又如下面这段对不同季节里阳光的议论性描写，也表现出作者内心对阳光的理解以及对生活的感受。而这一切都是作者通过对一个个生动、形象的词语的准确使用而获得的：

[12]夏季的阳光是热烈的。如同渴望男人的年轻寡妇的目光。冬日的阳光是悭吝的，无论它高挂着还是低悬着，即使在天空明朗的正午，它也只发射光芒，而不赐给大地暖意。哪怕它像火一样红，光芒刺人的眼睛，人的脸和手还是会在凛冽的严寒之中被冻伤。冬季的太阳是否在某一天的天空出现，并不决定那一天的气温如何。有时恰恰相反，也许有太阳的某一天比没有太阳的某一天更寒冷。一年四季里，数三月的阳光最特别了。它的暖意，像冷屋子里，由于温柔的女人的存在所能使男人感受到的那一种，是需

要几分感激去体会的……而且，一年四季里只有三月的阳光是显得腼腆的，仿佛它和大地已经生分了，彼此需要重新建立友爱的关系似的。它怯怯的，如第一次到小伙子家里串门的内向的淑女，来去悄然，正如它腼腆地升起来，腼腆地落下去。

（梁晓声《民选》）

3. 句子结构上，形式活泼，不拘一格，完全取决于作品描写的题材、形象的个性和个人的表达风格

在这个方面，文艺语体可以说是个真正的大熔炉，我们可以看到丰富多彩、风格迥异的种种表现。上述各类语体的句子结构特征在这里都可以找到对应体，但综合起来看，又不是上述特征的简单相加。如在文艺语体中，少有口语的跳脱、省略，不提倡科技语体的严谨与过长的句子，等等。当然，文学作品语言结构形式特征往往会与写作者的认识和价值取向紧密相关。以侧重点而论，老舍的作品语言以追求语言的口语化为荣，[①]当代刘恒、刘震云等作品的语言也追求口语化。而巴金、王蒙等作家的作品语言则书卷气较重。

4. 经常性变异运用语言规则，以适应特殊的形象塑造、情感表达

文艺语体与科技语体、公文语体、大众传播语体不同，其中一个很重要的表现就是，无论在词语的表达，还是在词语的组织上，都允许和提倡偏离语言的一般规则，利用变异手段，进行创造性运用，以适应形象塑造、情感表达。在这一点上，文艺语体又像一个语言实验室或试验田，允许富有智慧和灵性的创造性偏离表达。小说、散文以及剧本中，我们可以常常为富有灵性的用词、组句而击掌。如下面两句诗中动词“吻”就违反了规范——带上了“月亮”

① 老舍自己就说过：“有人批评我，说我的文字缺乏书生气，太俗，太贫，近于车夫走卒的俗鄙；我一点也不以此为耻！”（见《我怎样写〈小坡的生日〉》）

作宾语。然而，读者却不会将它理解为病误，相反，会为作者新异的语言赞叹；另一例中则出现两次违规搭配，描写出刚出狱返家的李慧泉的遭遇与心情：

[13]捧起清清的河水，
吻一吻手中的月亮。

（周嘉堤《夏夜》）

[14]院子里蹲着一个白白胖胖的家伙。李慧泉刚踏进院门就看见了那副冷冰冰的微笑。他背着行李走过去，把那片微笑摘了下来。

（刘恒《本命年》）

5. 辞格大量使用

辞格作为偏离语言或语用规则而凝结成的固定的表达格式，无论是侧重于内容的还是侧重于形式的，都是文学作品中描写细节、塑造形象、表达情感的重要手段，为文艺语体这一强调感情和形象表达的语体提供了丰富的资源。目前所总结出的所有修辞方式都可以在文学创作中找到它适当的用武之地。前面讨论“辞格”时举例基本上都源自文学作品就充分说明了这一属性。又如：

[15]天上的云，真是姿态万千，变化万千。它们有的像羽毛，轻轻地飘在空中；有的像鱼鳞，一片片整整齐齐地排列着；有的像羊群，来来去去；有的像一床床的棉被，满满地盖住了天空；还有的像峰峦，像河川，像雄师，像奔马……它们有时把天空点缀得很美丽，有时又把天空笼罩得很阴森。

6. 话题中心含蓄，话轮转换灵活

科技语体作品，无论是单篇论文还是长篇专著，每个作品的话题是明确而专一的，话轮的转换有严密的逻辑性，其目的在于证明或说明话题论点或中心。公文和大众传播语体在这个方面也有同样的特点。但是，文艺语体却完全不同，作品的话题并没有或少有明确的界定，而是寓于具体的情节描写、形象塑造之中。作者总是将抽象的哲理或情感化为生动、形象的生活化的细节叙述。因此，多数情况下，不同的读者对同一篇（部）作品话题的理解会随着自己生活经历、文化程度、审美趣味的不同而各异，正所谓"一千个观众，就有一千个哈姆雷特"。在这个意义上，我们说，文艺语体的话题中心较为含蓄、隐晦。与此相关联，文艺语体的话轮转换也不是以严密的理性逻辑为基础的，看上去是松散的续接，但也并非完全游移无序，只是其"序"是以形象性的文学因素即时间、地点、情节变化、人物性格塑造、情感的变迁等为线索来安排的。由于文艺作品是通过形象、情感去打动读者、感染接受者，而不是以理性的逻辑证明去说服人，从而使得话题的转换呈现出较明显的灵活性和隐蔽性。我们可以从较短的作品如鲁迅的《狂人日记》《孔乙己》等中看到上述特点，同样也可以在较长的作品如巴金的《家》系列等等中体会到这些属性。

【习　题】

1. 运用语体理论，分析下面两段话语。请指出它们各有哪些特征，应分别归属于哪种语体。

（1）领导原则之所以没有随着社会的重大转折而变化，是因为党在理论上没有将立国的基本原则（党必须领导）同领导体制的领导原则（党如何领导）加以区别，而是把两者等同起来。随着阶级斗争扩大化错误的加深，是否服从"一元化"领导成为判断人们阶级立场的标准，从而使"一元化"领导和"党领导一切"更加成为不可移易的原则。

（《党和国家领导体制的历史考察与改革展望》）

（2）"你怎么还是这副打扮？"

"怎么了？"

"太老帽儿了！你赚了钱干吗使？"

“赚什么？本钱捞回来就不错。干了俩月，刚把三轮钱赚回来……”

“你太老实！”

“不老实又怎么干？”

（刘恒《本命年》）

2. 下面两段文字都是描写“荷”的，但属于不同的语体。请分析它们的特征。

（1）曲曲折折的河塘上面，弥望的是田田的叶子。叶子出水很高，像亭亭的舞女的裙。层层的叶子中间，零星地点缀着些白花，有袅娜地开着的，有羞涩地打着朵儿的；正如一粒粒的明珠，又如碧天里的星星，又如刚出浴的美人。

（朱自清《荷塘月色》）

（2）荷花（原产中国及亚洲南部等）Nelumbo nucifera

睡莲科多年生挺水植物。根状茎（藕）肥厚多节，节间内有多数孔眼。叶盾状圆形，长叶柄挺出水面。花大，单生于花梗顶端，高于水面，粉红、红或白色；花清香，昼开夜合；花期6—8月。花托于果期膨大凸出于花中央，内有小坚果（莲子），果熟期9—10月。品种较多，主要分观赏及食用两大类。观赏类又有单瓣、重瓣以及花色、花形的品种。

（《花卉与花卉病虫原色图谱》(1)，中国建材出版社1999年版，第87页）

3. 下面是一则“聘书”，请根据公文语体的有关要求分析其中有无不妥之处，如有，请加以修改。

聘　书

推广普通话工作需要人手，现在请×××同志做我省推广普通话工作委员会顾问，还要管管《普通话通俗读物》的编辑工作，聘期自××年到××年。请学习有关文件，做一些实际调查，把我省推普工作做得更好。

省推广普通话工作委员会(章)

××　主任(章)

4.请找几篇新闻报道稿件,然后分析这类语体的作品在语言表达上的特色。

5.分析下面这段文字,请对它所具有的语体特征进行简单分析。

我羡慕那些来自乡村的人,在他们的记忆里总有一个回味无穷的故乡,尽管这故乡其实可能是个贫穷凋敝毫无诗意的僻壤,但只要他们乐意,便尽可以尽情地遐想自己丢失殆尽的某些东西仍可靠地寄存在那个一无所知的故乡,从而自我原宥和自我慰藉。

我很小便离开出生地,来到这个大城市,从此再也没有离开过,我把这个城市认做故乡。这个城市一切都是在迅速变化着——房屋、街道以及人们的穿着和话题,时至今日,它已完全改观,成为一个崭新、按我们的标准挺时髦的城市。没有遗迹,一切都被剥夺得干干净净。

在我30岁后,我过上了倾心已久的体面生活。我的努力得到了报答。我在人前塑造了一个清楚的形象,这形象连我自己都为之着迷和惊叹,不论人们喜爱还是憎恶都正中我的下怀。如果说开初还多少是个自然的形象,那么在最终确立它的过程中我受到了多种复杂心态的左右。我可以无视憎恶者的发作并更加执拗同时暗自称快,但我无法辜负喜好者的期望和嘉勉,如同啤酒最后又变成醋。

(王朔《动物凶猛》)

6.请分析下面这首诗,指出其中“违规”的地方,并说明它们的表达作用。

我来了，我喊一声，迸着血泪，
“这不是我的中华，不对，不对！”
我来了，因为我听见你叫我；
鞭着时间的罡风，擎一把火，
我来了，不知道是一场空喜。
我会见的是噩梦，哪里是你？
那是恐怖，是噩梦挂着悬崖，
那不是你，那不是我的心爱！
我追问青天，逼迫八面的风，
我问，拳头擂着大地的赤胸，
总问不出消息；我哭着叫你，
呕出一颗心来，——在我心里！

（闻一多《发现》）

第十二章　网络语体

随着社会的持续发展和时代的不断进步，人们交际的平台日新月异，新的言语表达形式不可避免地相继出现，当某类或某种新的言语表达形式发展壮大，具有了系统性、稳定性等特征时，一种新的语体就应运而生了。网络语体就是在互联网大众化背景下产生的一种新兴语体。

第一节　网络语体的产生[①]

互联网发端于20世纪60年代的美国，但1986年北京市计算机应用技术研究所才与国际联网，并建立了中国学术网(Chinese Academic Network，简称CANET)。1987年9月，中国学术网建成中国第一个国际互联网电子邮件节点，并于9月14日发出了中国第一封电子邮件——Across the Great Wall we can reach every corner in the world(越过长城，走向世界)，拉开了中国人使用互联网的序幕。1994年4月我国正式加入Internet，实现了与Internet的全功能连接。1996年1月，中国公用计算机互联网全国骨干网建成并正式开通，开始提供全国范围的互联网服务，至此互联网才走入公众的视野。

① 互联网发展的日志和数据来自中国互联网络信息中心(CNNIC)发布的《中国互联网络发展大事记》和《中国互联网络发展状况统计报告》。

互联网虽然在我国起步较晚，但发展非常迅速。1997 年 10 月 31 日时，我国上网计算机数是 29.9 万台，上网用户数为 62 万。到 2000 年 12 月 31 日，我国上网计算机数已有 892 万台，上网用户数激增为 2250 万。至 2005 年 12 月 31 日，我国上网计算机数已达 4950 万台，网民总人数高达 1.11 亿。截至 2020 年 12 月，我国已有网民 9.89 亿，其中 9.86 亿是手机网民。互联网在我国发展如此迅速，说明互联网已成为现代人生活不可或缺的重要组成部分，可见互联网不仅仅只是改变了信息传播的渠道，也深刻地影响着人们的生活方式、思维方式和交际方式。交际方式的变化往往意味着语言风格的变化，交际网络化所衍生的现实结果是引发了语言的变异，催生了一种新的语体——网络语体。

网络语体指产生于网络、应用于网络或网民、以网络语言为交际载体的言语表达特征体系，也可称作网络语言。其功能在于使网民轻松随意地表达，方便快捷地传播，俏皮风趣地交流。网络语言有广义和狭义之分。广义的网络语言分为三类：第一，与计算机和网络有关的专业术语及其构成的表达系统，如硬件、软件、浏览器、病毒、局域网、宽带、防火墙等；第二，与网络文化现象有关的特殊用语及其构成的表达系统，如微博、网购、黑客、论坛、电子商务、虚拟经济等；第三，在网络交际中产生的以某种语言为基础、夹杂着外来词、生造词、新生词或各种符号的自然语言变体，如闪（离开）、88（拜拜）、美眉（美女）、GF（girlfriend）等。狭义的网络语言仅指上述第三类。网络语体是在狭义网络语言的基础上形成的。

网络语言虽产生于网络，但其应用范围并不仅仅局限于网络，只要网民存在的地方就有可能出现网络语言。当打开电视、广播时，我们时常能够听到一些网络语言夹杂其中；当翻看报刊时，不乏有网络语言跃入眼帘；当走在路边时，偶尔也会发现使用网络语言的广告……不管他们使用网络语言是出于何种目的，网络语言渗透到了现代人生活的方方面面已是不争的事实，有些表义生动形象的网络词语甚至还被《现代汉语词典》(第6版)所吸收,如菜鸟(新手)、粉丝(fans)、秀(show)等。

第二节　网络语体的构成

网络语言是网络语体最重要的构成要素。网络语言是一种社会方言,类似于行业语言,主要应用于网络交际,不经常在网络上聊天的人一般可能难以理解网络语言的真正含义。但网络语言并非无源之水、无本之木,它是根据网络交际的需要,以客观的物质条件和网民的精神需求为出发点,在现实语言生活的基础上逐渐演变而成的。

受限于电脑的输入方式,网络语言既不是说出来的,也不是写出来的,而是通过键盘“敲”出来的,所以网络语言基本上都是以文字等视觉符号形式呈现的。就现代汉语而言,使用范围最广的汉语输入法主要有两种:拼音输入法和五笔输入法,拼音输入法是按照拼音字母输入,五笔输入法是按照汉字形码输入。除了可以输入拼音字母和汉字形码,在电脑键盘上还可以直接输入数字、各种符号。这些客观的输入条件为网络语言的生成提供了很大的便利。

网民们的精神需求是网络语言产生的动力。追求简捷、崇尚唯美、张扬个性、挑战权威、从众猎趣、寻求刺激、宣泄情绪等都是网民们创造或使用网络语言的心理动机,这些心理动机促使网民在客观输入条件的基础上创造出具有简洁、形象、新奇、诙谐、随意、粗俗等特质的网络语言。下面我们就具体看看网络语言是如何表情达意的。

一、谐音合音式表达

谐音指用音同或音近的形式替换原形式,如滴(的)、偶(我)、粉(很)、酷(cool)、粉丝(fans)、杯具(悲剧)、洗具(喜剧)、餐具(惨剧)、稀饭(喜欢)、童鞋(同学)、海纸(孩子)、木有(没有)、盆友(朋友)、大虾(大侠)、虾米(什么)、芥末(这么)、介个(这个)、灰常(非常)、果酱(过奖)、帅锅(帅哥)、斑竹(版主)、米国(美国)、筒子们(同志们)、肿么了(怎么了)、内牛满面(泪流满面)、鸭梨山大(压力山大)、神马都是浮云(什么都是浮云)等。

合音指将两个音合起来用一个音表达,如表(不要)、酱紫(这样子)、酿紫(那样子)等。

二、新词新义式表达

此处的新词指的是在网络上新产生的语词,如私聊(一对一聊天)、宅男(足不出户的男性)、宅女(足不出户的女性)、给力(带劲)、楼主(发主题帖的人)、坑爹(被欺骗后的宣泄语)、霉女(丑女)、菌男(丑男)、抓狂(因受刺激情绪不稳定)、小白(无事生非的人或小白痴)、吐槽(揶揄、拆台)、逆袭(在逆境中反击成功)、剩女(未婚大龄女青年)、屌丝(生活平庸、未来渺茫、感情空虚、不被社会认同的人)、房奴(抵押贷款购房的城镇居民)、你懂的(心照不宣)、毁三观(发帖内容使人原有的世界观、价值观、人生观受到强烈冲击)、伤不起(经不起折腾、伤害)、凤凰男(跟城市女生结婚的农村男生,一般学业或事业有成但家庭其他成员都很平庸)、孔雀女(城市女孩)等。

此处的新义指网络赋予旧语素、旧词、旧语、旧式的新含义,如亲(亲昵称呼)、萌(可爱)、顶(支持)、晕(不理解或无语)、闪(离开)、倒(惊讶)、寒(发怵)、汗(惭愧)、晒(炫耀、分享、公开)、暴/超/巨/狂(程度副词)、潜水(隐身)、达人(某方面出类拔萃的人)、雷人(令人震惊)、灌水(发没有实质内容的帖子)、沙发(第一个回帖的人)、椅子(第二个回帖的人)、板凳(第三个回帖的人)、拍砖(反对)、恐龙(丑女)、青蛙(丑男)、养眼(赏心悦目)、马甲(公开身份之外的私密身份）、水手（喜欢灌水的人）、王道（权威或真理）、包子（笨或丑）、土豪（肯花钱的人）、躺枪（“躺着也中枪”的缩称，意指没招惹到别人却被别人在言语攻击中谈到）、高大上（高端、大气、上档次）、蛋白质（笨蛋、白痴、神经质）、白骨精（白领、骨干、精英）、俯卧撑（对时事不关心、不评论，只做自己事的态度）、打酱油（无力解决，只是围观）、我勒个去（表示心情极度不爽或对某事相当无语）、我和小伙伴们都惊呆了（表示惊讶）等。

三、语法变异式表达

网络语言中有别于日常语法规范的超常规句式属于语法变异式表达范畴，这些表达式在一般场合很容易被断定为语病，但借助于特定的网络媒介，适应特殊的网民心理和事件，很容易被广大网民接受，并迅速流行开来，有的还能应用到普通媒体等表达中。目前网络上常用的语法变异句式有“……的说”“……ing”和新“被X”。

“……的说”中的“的说”没有实在的意义，主要用于陈述句句尾，相当于句尾语气助词，如“最近非常郁闷的说”意思是“最近非常郁闷”，“他挺帅的说”意思是“他挺帅的”，这种用法来源不详，有的人认为是源于方言语法，有的人认为源于日语语法。

“……ing”表示正在进行，源于英文语法，网络上常被嫁接在汉语动词后表示“正在……”，如激动 ing（正在激动）、运动 ing（正在运动）等，这种格式还可译说成“……中”，如工作中（正在工作）、离线中（正在离线状态）等。

汉语中常规的“主语＋被＋X”字句中的介词“被”后一般是施事成分和及物动词，主语则为受事，表示主语遭受到动词动作的处置。而网络语言中的“被 X”是个具有批判或嘲讽意味的句式，前面的主语为疑似受事，其中的“X”充当谓语核心成分，一般多是不及物动词，也可以是及物动词，甚至由名词或形容词充当，但主语与X之间不再是原来的受事与动作的关系，即新“被”字结构不再表示主语遭到了动词的处置，而是“主语+X”遭遇到了一个潜在施事所发出行为的处置，如“某某被自杀”，表示“某某自杀”是被隐藏的某个人或某机构处置出来的结果，其他多可作类似的分析，如“被幸福”“被捐款”“被参与”“被抄袭”“被高工资”“被会员”“被小康”。而下面这个标题则表明这个表达已经被平面媒体接受了：

[1]4人离奇“被谋杀”阳朔县委书记

（《钱江晚报》2011-07-30）

四、汉字拆合式表达

将单字拆成部件表达，如弓虽（强）、女子（好）、丁页（顶）、言兑（说）、走召弓虽（超强）、竹本一郎（笨蛋一个）、女子巾占（好帖）等。

将两个或多个汉字合成一个字表达，如槑（字形为两个呆，表示“很呆很傻”）、兲（王八）、煋（火星）、壕（土豪）、孬（不好）、嫑（不要）等。

五、字母缩略式表达

英文字母缩写，如Q（cute）、U（you）、GF（女朋友）、BF（男朋友）、BB（baby）、IC（I see）、CU（see you）、PK（player killing）、DIY（do it yourself）、OMG（oh, my God!）、HRU（how are you?）、BTW（by the way）等。

汉语拼音缩写，如MM（美眉/妹妹）、DD（弟弟）、GG（哥哥）、JJ（姐姐）、BS（鄙视）、JS（奸商）、HC（花痴）、CJ（纯洁）、FB（腐败）、PL（漂亮）、PMP（拍马屁）、PF（佩服）、LG（老公）、LP（老婆）、PPMM（婆婆妈妈）等。

六、数字组合式表达

数字组合式表达其实也是建立在音近的基础上，因数字与汉字形体特征差异较大，所以单列一类。“1314”（一生一世）、“1414”（意思意思）、“42”（是啊）、“520”（我爱你）、“54”（无视）、“555”（呜呜呜）、“56”（无聊）、“581”（我不要）、“584”（我发誓）、“616”（遛一遛）、“7456”（气死我了）、“74839”（其实不想走）、“8147”（不要生气）、“84”（不是）、“848”（不是吧）、“88”（拜拜）、“886”（拜拜喽）、“94”（就是）、“98”（酒吧）等都是网络语体中常见的数字组合式表达手段。

七、符号抽象化表达

一种是纯符号式的表达，如“@”（联系某人）、“：—）”（普通微笑）、“：—〈”（苦笑）、“：—〉：〉”（戏谑的嘴脸）、“♯—）”（一夜没睡，眼睛都皱成一团了）、“％—）”（跌破眼镜）、“（—_—）”（神秘的笑）、“：—（”（悲伤或生气的脸）、“：—（＊）”（恶心，想吐）、“ˆ—ˆ”（快乐）、“＝ˆ—ˆ＝”（脸红）、“?__?”（瞪着充满疑惑的眼睛，茫然）、“：—]”（傻笑）、“〈@_@〉”（醉了）、“@_@”（高度近视）、“～～＞_＜～～”（痛哭，十分伤心）、“⊙？⊙”（睁着眼睛看着你）、“ˆ_～”（俏皮地向对方眨眼睛）、“＊ˆ_ˆ＊”（脸红）等。

另一种是将数字、字母、汉字等当成符号看待，如“Zzzz”（呼噜状，表“睡觉”）、“囧”（不高兴的表情，表“郁闷”）、“0001000”（只有一个“1”，表示“好孤独”）、“：—D”（非常高兴地张嘴大笑）、“8：—）”（把眼镜推到头顶上，帅吧？）、“：—0”（吃惊或恍然大悟）、“|—P”（捧腹大笑）、“：—p”（吐舌头）、“：—x”（闭嘴）、“T_T”（流眼泪）、“＊o＊”（陶醉）等。

八、混搭式表达

数字与汉字混搭，如“4 人民”（为了人民）、“8 错”（不错）等。数字与字母混搭，如“V587”（威武霸气）、“B4”（before）、“P9”（啤酒）、“U2”（you too）、“ME2”（me too）、F2F（face to face）等。中英文混搭，如“E 我”（给我发 EMAIL）、“I 服了 U”（我服了你）、“我 I 你”（我爱你）、“hold 住”（能够掌控）等。汉字与符号混搭，如我♡你（我爱你）等。数字与符号混搭，如 7×24（全天候）等。甚至还可以出现图形与文字的混搭：

我立场坚定，旗帜鲜明

我是有益动物啦，只吃蚊子不吃天鹅的

九、重叠式表达

重叠是现代汉语里的一种常见语法手段，可以构词，如“哥哥、爸爸”等，也可以构成短语或句子，如“走走、说说”等。这种普通方式也可以应用到网络交际中，但又有所不同，更多的是用来表达特殊的内容和感情色彩。网络语言中重叠式表达很多，如东东（东西）、饭饭（吃饭）、片片（照片）、屁屁（屁股）、漂漂（漂亮）、狗狗（狗）、怕怕（害怕）、坏坏（坏蛋）、一下下（一下）、虫虫们（网虫们）等。一般认为，这类重叠主要是为了传递一种亲昵俏皮的情感，拉近网民与网民之间的距离。

十、词缀式表达

网络语言中常见的词缀式表达当数后缀式表达。“XX 帝”指在某方面极具天赋的人，如真相帝、预言帝、滑轮帝、销量帝等。“X 哥”表示对某个人或某类人的称呼，如春哥、曾哥、犀利哥、面包哥、烧饼哥等。“X 粉”指什么或什么样的粉丝，如米粉（小米手机的粉丝）、果粉（苹果手机的粉丝）、脑残粉（盲目崇拜类粉丝）等。“X 控”指极其喜欢 X 的人，如电脑控、摄影控、美食控、彩妆控等。“X 门”指影响不太好、颇受公众关注的某一事件，如解说门、虐猫门、诈捐门、泼墨门等。“X 死”指不太可能的死亡方式，具有讽刺意味，如做梦死、发烧死、洗澡死、喝水死等。“X 党”指具有相同爱好或属性的群体，如标题党、偷拍党、潜水党、自拍党、酱油党等。

不仅有后缀式表达，也有前缀式表达。如“裸 X”。“裸 X”中的“裸”内涵丰富，不同的组合“裸”的语素义不尽相同。“裸奔”意思是“赤身裸体地奔跑”，“裸考”意思是“不做任何准备地去参加考试”，“裸捐”意思是“将财产全部捐掉”，“裸官”意思是“独自一人在国内做官，而配偶、子女已移居海外”。再如“微 X”，意指“微型的 X”，有“微博”“微电影”“微投诉”“微文化”“微谣言”“微情书”“微域名”“微时代”等用法。

十一、仿体式表达

网民们竞相仿照某一体式来进行网络交际的表达方法就是仿体式表达。《中国好声音》节目带来了“中国好 XX”体，该体表示对“XX”的称赞，如中国好股票、中国好微博、中国好媳妇、中国好老师等。《舌尖上的中国》纪录片产生了“舌尖”体，格式为“舌尖上的 XX”，意思是“XX”的食物很好吃，如舌尖上的母校、舌尖上的杭州、舌尖上的安徽等。电视剧《神探狄仁杰》使“元芳”体风行网络，其基本的体式是前面陈述一件事情，在最后加上一句“元芳，此事你怎么看?”,该问句的标准回答是“大人,此事必有蹊跷”或“大人,此事背后一定隐藏着一个天大的秘密”。电视剧《甄嬛传》让“甄嬛”体一时无二,其特点是言必称“本宫、臣妾、嫔妾、朕、哀家、孤”,多使用“定”“方才”“想来”“极好”“左右”“罢了”“奈何”“私心想”,多使用“若……想必是极好的,但……倒也不负……”,当描述某事物完美时用“这真真是极好的”,“甄嬛”体的答语是“说人话”。我们来看一例网络上的“甄嬛”体:

[2]A:本宫今日醒来全身酸痛,感觉很乏,想来怕是前几日玩得太尽兴所致。同事几日未见,只望不要生分了才好。私心想着若是这三日闻花之芬芳,沐阳光之温存,定可心情大佳,那对工作学习必是极好的,日子也能过得快些,不过想来三日后又能休息倒也不负恩泽。

B:说人话。

A:这周只上三天班。

上述十一种类型可能还不能涵盖网络语言的所有形式,但足以让我们惊叹网民们非凡的创造力,有这些新意迭出的网络语言的参与,网络语体生动活泼、诙谐幽默的形象也就可想而知了。

第三节　网络语体的特点

网络语体主要表现为文字形式,但这并不代表网络语体就是书面语体的下位语体,在网络语体中书面语词和口语语词交互使用是常见的现象,其间可能还夹杂着外来词、生造词、新生词、数字或各种符号,所以网络语体是书面语体和口语语体相互交叉、渗透的产物,是一种混合语体。网络语体有以下基本特征:

一、网络专用,即时传播,简洁随意

网络语体产生于网络,应用于网络,离不开网络这个平台,离

开了这个平台就失去了生存的土壤。新闻曾经报道某学生将老师所布置的作文写成了网络语体，结果老师们都表示看不懂，这恰是网络语体专用性的体现。“网络语体，网络专用”主要是由网络语言意义的隐晦性决定的，我们来看看下面一段话：

[3]虾米是BH的生活？首先你得不是蛋白质，然后得有米，最后你得甲醇，这样就会引来很多JM葱白你，ORZ你，这就是BH的生活。很早以前，我是一个造孽的凤凰男，也是一个荷尔蒙青年，偶尔YY、FWC，更多的时候是在DJY，到了这个大城市后，很多人笑我NC，于是我痛定思痛，虎躯一震，改头换面。现在，很多人都会找我818当年这一段经历，我总是说：“木有说的，酱紫而已，勒就是BH。”

初读这段话非网民可能会觉得云里雾里、不知所云，而网民则感到亲切自然、幽默风趣，它的意思是：

[4]什么(虾米)是彪悍(BH)的生活？首先你得不是笨蛋、白痴、神经质(蛋白质)，然后得有钱(米)，最后你得假装清纯(甲醇)，这样就会引来姐妹(JM)崇拜(葱白)你，顶礼膜拜(ORZ)你，这就是彪悍(BH)的生活。很早以前，我是一个造孽的出身农村、几经艰辛才留在城市的男人(凤凰男)，也是一个叛逆、易冲动(荷尔蒙)的青年，偶尔白日梦(YY)、俯卧撑(FWC)，更多的时候是在打酱油(DJY)，到了这个大城市后，很多人笑我脑残(NC)，于是我痛定思痛，虎躯一震，改头换面。现在，很多人都会找我八卦(818，意“八一八”)当年这一段经历，我总是说：“没有(木)说的，这样子(酱紫)而已，这就是彪悍(BH)。”

“网络专用”这一特性决定了网络语体具有“即时传播”“简洁随意”的特点。网民在第一时间内可就某个问题在网上即时发表个人言论，即时与其他网民互动，这就是网络语体传播的即时性。为了适应即时性的网络传播速度，提高网上互动的效率，节省时间和金钱，网民一方面在文字输入速度上下功夫，一方面在简化语言上下功夫，所以网络语体中的语言一般都简便快捷、轻松随意，比如把“谢谢”说成“3Q”或“3X”，“再见”说成“88”，“为什么”说成“Y”，“你在哪里?”说成“哪?”，“给我打电话”说成“电我”等。

错别字在网络语体中也随处可见，只要不影响交流，一般也不会刻意地纠正，比如将“苹果”说成“平果”，“气死我了”说成“气死我乐”，“有病”说成“油饼”，“人身攻击”说成“人参公鸡”等。不少错别字还得到了网民的认可，成了网民常用的网络语言，如前文所说的谐音式网络语言。

二、语言新奇，风格多样，形象活泼

据中国互联网络信息中心2021年2月发布的《第47次中国互联网络发展状况统计报告》，从年龄结构上看，34.4%的网民在29岁及以下，20.5%的网民在30—39岁之间；从学历结构上看，初高中学历的网民占60.9%，大专、本科学历的网民占19.8%；从职业结构上看，学生依然是中国网民中最大的群体，占网民总数的21%。可见具备中等教育及以上学历的青年是目前我国网民的主力军。青年的特点是热爱自由，崇尚个性，渴望新奇和创新，而网络恰恰给他们提供了一个张扬个性、释放自我的平台，创造和使用网络语言正是他们体验“我言故我在”的重要途径。

网络语言区别于现实语言的最主要特征就是语言新奇。为达到语出惊人的效果，网民们尽量让网络语言的语法规则不同于现实语言，让语词的形音义匹配模式不同于现实语言。网络语言对现有语言语法规则的突破并不多，因为与语音和词汇比起来语法的稳定性相对较强，置入外语或方言的语法规则是网络语言突破现有语法规则的常见手段，如前文所举的“……的说”和“……ing”，像“被X”结构这样的语法变异并不多见。网络语言对现有语言突破较多的是词形，或因声改字，或重叠换词，或创造新词，或拆合字形，或借用数字、字母，这些手段极大地充实了网络语言的词汇系统，为网络语言蒙上了神秘的面纱。

除了语言新奇外，网络语体的风格也是比较多样，主要体现在表达载体和篇章结构上。从表达载体看，除文字外，键盘上的各种符号，包括数字、字母和各种符号等，都是网络语言的表达载体。此外，各种软件所附带的图形、符号、影像、音乐、声音等也是网络语言的重要组成部分。从篇章结构看，网络语体可分为聊天式、流行式和主题式。聊天式网络语体的特点是主题不明确，话题切换快，多短句、省略句，口语词多，如 QQ 聊天、微信聊天、聊天室聊天等。流行式网络语体的特点是体式固定，往往具有固定的含义，如前文所述的“中国好××”体、“甄嬛”体、“元芳”体等。主题式网络语体的特点是主题明确，有一定的结构层次，常见于论坛、博客、专业网站等。

不管是新奇的语言还是多样的风格，网络语言给人的总体印象就是形象活泼，让人喜闻乐见。图形、影像、符号、数字等非语言载体的直观性和形象性自不待言，以文字为载体的网络语言也是令人浮想联翩、回味无穷。“版主”指网站版块负责人，但该词官腔十足，显得比较死板，不具亲和力，现已基本被拼音输入法的首词“斑竹”所替代。“斑竹”是一种茎上有紫褐色斑点的竹子，又称“湘妃竹”，是著名的观赏竹，每当称呼“版主”为“斑竹”的时候网民大概会联想到这种可爱的竹子。“菌男”“霉女”分别指相貌丑陋的男性和女性，这两个词与“俊男”“美女”语音相近，意义却相反，交际时常会起到反转的效果。“板砖”原指墙砖，常被用于攻击他人，进入网络后意指“用于攻击他人的帖子”，但凡网民之间互掐、对骂，均美其名曰“拍砖”。类似的用法不胜枚举，这些都充分体现了网络语言的生动形象、诙谐幽默的特性。

三、变异性强，传播迅速，更新期短

网络环境具有虚拟性特质，在网络上网民身份可以随意伪装和改变，网民的话语权利增多，为最大限度地降低发言或交流所给自己带来的潜在影响，网民们倾向于使用与常规语言出入较大的表达形式——网络语言。网络语言不是凭空产生的，而是由常规语言变异而来，当然这种变异并不是自然变异，而是网民们人为地改造。这种改造有的并不违反现有的语言规则，有的违反了现有的语言规则，当然后者的变异性更强。前文所述的新词新义、重叠、词缀、仿体大都符合现有的语言规则，而谐音合音、汉字拆合、语法变异、字母、数字、符号、混搭等基本都违反了现有的语言规则。

网络语言一旦得到认可，扩散的速度极快。“XXX，你妈妈喊你回家吃饭”这句网络用语想必网民都很熟悉，意指“不要再干某事”，带有或鄙视或玩笑或无奈的态度。这句网络流行语是如何产生的呢？大家了解之后肯定会倍感惊讶。2009 年 7 月 16 日，网友在百度贴吧魔兽世界吧发表了一个名为“贾君鹏你妈妈喊你回家吃饭”的帖子，随后短短五六个小时内被 390617 名网友浏览，引来超过 1.7 万条回复，迅速蹿红网络，一跃成为 2009 年网络新流行语。“长发及腰”体的流行也是一次偶然事件。“待我长发及腰”出自一对普通情侣的照片描述语，这对情侣在英国剑桥大学留学，两人的照片被贴在当地的华人论坛上，因“郎才女貌”的形象受到国内外华人网友的热捧，有网友为此照片配诗：“你陪我从齐肩短发到腰际长发，那么我陪你从纯真青涩到沉稳笃定”，并评论道：“待我长发及腰，少年你娶我可好？”就是这么一句评论语使“待我长发及腰，……可好？”句式朝夕之间变成了响彻大江南北的网络流行语。

网络语言传播速度快，但很多语词、方式的淘汰速度也快，更新周期缩短。和传统语言的变化往往需要几十甚至几百年的时间相比，网络表达形式的更新则是以年甚至月来计算的。20 世纪末期产生的网络词语“猫（调制解调器）”“荡（download）”“BB（Bye

Bye)""FM(follow me)""线民(上网的人)""爬网(上网)""酷毙(非常酷)""哇噻(表惊讶的叹词)""3ku(thank you)""伊妹儿(Email)""286(形容脑筋反应慢)"等都已经基本淡出了网民的视野。2008年流行语"俯卧撑"、2009年流行语"躲猫猫""70码""这事我不能说得太细"、2010年流行语"闹太套""凡客"体、2011年流行语"五道杠"、2012年流行语"累了,感觉不会再爱了"等也都逐渐被封存在网民们的记忆中。

第四节 网络语言的规范与前景

语言和社会是共变关系,社会的发展会推动语言的发展,反过来,语言同时又反映着变化着的社会。网络是信息技术的产物,是现代社会生活的重要组成部分,而网络语言则是伴随着信息技术的发展而新兴的一种有别于日常语言的语言形式,网络语言和现代社会也是共变关系,所以网络语言的兴亡取决于现代社会未来发展的方向,非常人所能预测。就目前的状况,作为语言的试验场,网络语言在促进网络交际、丰富人们生活方面确实起到了一定的积极作用,因此对待网络语言规范这个问题应持辩证的态度。

一方面,对表现力较强以及对现有语法、修辞有所突破的网络语言应予以肯定。像给力、抓狂、逆袭、剩女、房奴、凤凰男、孔雀女等词语就填补了现实语言的词汇空白,丰富了现代汉语词汇系统。像萌、晒、雷、恐龙、青蛙、养眼、躺枪等则深化了词义表达,增强了语言的表现力和感染力。像"被X"这样的超常表达不仅扩大了汉语句式义的外延,而且提高了语言表达的概括能力。

另一方面,对目前网络语言存在的问题也应该正视。首先,网络语言中一词多形现象严重,如"Internet"还可说成"因特网""互联网""英特网"等;"E-mail"还可说成"电邮""电子邮箱""电子邮件”“伊妹儿”“电子函件”等;“download”还可说成“下载”“当”“荡”等;“版主”还可说成“斑竹”“版猪”“版竹”“班主”等;“哥哥”还可说成“GG”“欧巴”等;“拜拜”还可说成“88”“886”等;“愤青”还可说成“粪青”“粪粪”“FQ”等。其次,网络语言中一词多解现象较多,如“霉女”有“美女”“丑女”“倒霉的女人”三解,“菌男”有“丑男”和“俊男”两解,“B4”有“before”和“鄙视”两解等。再次,网络语言中毫无价值的错别字常见,如馨香(信箱)、青筋(请进)、油墨(幽默)、水饺(睡觉)等。另外,网络语言中不合逻辑的造词释义现象时有发生,像可爱(可怜没人爱)、耐看(耐着性子看)、贤惠(闲在家里什么都不会)、善良(面善心不良)、早恋(早晨锻炼)、天才(天生的蠢材)、老样子(老了的样子)、普大喜奔(普天同庆、大快人心、喜闻乐见、奔走相告)、不明觉厉(虽然不明白意思,但感觉很厉害的样子)等。还有,网络语言中不文明词语泛滥。像P(屁)、BT(变态)、SB(傻B)、BC(白痴)、FP(放屁)、TMD(他妈的)、NND(奶奶的)、WBD(王八蛋)、QSB(去死吧)、你妹等较为低俗的词语在网络交际中比比皆是,这给网络语言戴上了“格调不高,粗鄙不堪”的帽子。加强网络语言规范有助于解决上述问题,促进网络语言健康发展。

作为新兴的事物,网络语言存在的问题不少,但我们应该持宽容态度,毕竟网络语言本身也具有自我淘汰、自我净化的功能。当前,我们认为需做的工作是:一,相关职能部门应当出台网络语言方面的法律法规,实施改进网络语言现状的有效举措,禁止网络语言的污染现象,规范网络语言的表达方式。二,网民自身也应当严于律己,身体力行,自觉维护网络语言环境,促使网络语言朝着健康的方向发展。

【习　题】

1. 请阅读下面的文字，说说它的意思，指出不妥之处，并尝试进行修正，然后分析它的语体特征。

Hello，大家好丫！`(＊∩_∩＊)′///我是一个活泼开朗滴女孩子，我灰常听话，经常做一些力所能及滴事。大家都说我是个好帮手哩！偶今天要写滴是偶真4滴经历哦`(＊∩_∩＊)′！希望大家顶哈！

昨晚，偶GG带着他滴GF到偶家来7饭，妈妈给偶money让我去买酱油，可回家时就发生“杯具”了。刚上二楼楼梯时，我186神就摔倒了，还好酱油没有打碎。偶GG为了安慰偶给偶讲了《星战传奇》滴故事。故事是酱紫滴：

人类联合组织派偶去和沙克族滴第二代幽灵战士PK，在外太空偶终于看见了介个走召弓虽滴SP，一见到偶他居然使出了久已失传滴KHBD，偶狂晕，kao，外星人也用这种X3L滴招数，晕死了，偶眼珠子都差点掉在了地上，WOWO，幸亏本人学到了一点BXJF，加上Kamehameha，就挡住了他滴进攻。

就当要打赢他滴时候，介个号称最NB滴幽灵战士拔腿就跑了。

偶做梦都没想沙克星人就这么？居然派一个菜鸟SP来攻打地球，他边跑嘴里还JJWW个什么，由于实在听不懂，偶聚集了全身真气，发了个最强滴Kamehameha，8他咔嚓啦。就这样，8介个号称宇宙最强滴SP杀退勒，暂时保住了地球滴安宁。

偶GG滴故事很有14，偶很稀饭。但是偶不太稀饭偶GG滴GF，那个MM在7饭时一直向偶妈妈PMP，那样子真是好BT，实在是让偶粉寒，偶粉8稀饭她的话。

2. 请以网络聊天语言为对象，对其中话语的衔接手段作出自己的分析。

参考文献

陈望道.修辞学发凡.上海:上海教育出版社,1976

何自然,陈新仁.当代语用学.北京:外语教学与研究出版社,2004

胡范铸.幽默语言学.上海:上海社会科学出版社,1987

李美霞.话语类型理论的延展与实践.北京:光明日报出版社,2010

李萍主编.大学生网络文化现状调查.武汉:湖北人民出版社,2008

李胜梅.修辞结构成分与语篇结构类型.北京:中国社会科学出版社,文化艺术出版社,2006

刘大为.比喻、近喻和自喻——辞格的认知性研究.北京:学林出版社,2016

刘虹.会话结构分析.北京:北京大学出版社,2004

刘焕辉.言语交际学基本原理.南昌:江西教育出版社,1997

刘毅.网络舆情研究概论.天津:天津人民出版社,2007

卢昌军,刘冠英,程钢.楚天学术(第11辑).武汉:长江出版社,2007

吕明臣等.网络语言研究.长春:吉林大学出版社,2008

倪宝元.汉语修辞新篇章.北京:商务印书馆,1992

濮侃.辞格比较.合肥:安徽教育出版社,1983

索振羽.语用学教程(第二版).北京:北京大学出版社,2014

谭永祥.汉语修辞美学.北京:北京语言学院出版社,1992

王德春,陈辰.现代修辞学.南昌:江西教育出版社,1989

王世凯.语言资源与语言研究——修辞与语体风格问题.上海:学林出版社,2009

王希杰.修辞学通论.南京:南京大学出版社,1996

吴礼权.现代汉语修辞学.上海:复旦大学出版社,2006

吴士文.辞格论析.上海:上海教育出版社,1986

姚亚平.中国当代修辞学.广州:广东教育出版社,1997

于根元.网络语言概说.北京:中国经济出版社,2001

于根元.中国网络语言词典.北京:中国经济出版社,2001

袁辉,李熙宗.汉语语体概论.北京:商务印书馆,2005

张弓.现代汉语修辞学.石家庄:河北教育出版社,1993

张炼强.修辞理据探索.北京:首都师范大学出版社,1994

张宗正.理论修辞学——宏观视野下的大修辞.北京:中国社会科学出版社,2004

郑远汉.语言风格学.武汉:湖北教育出版社,1990

郑子瑜,宗廷虎.中国修辞学通史(当代卷).长春:吉林教育出版社,1998

祝克懿.新闻语体探索——兼论语言结构问题.福州:海风出版社,2007

宗廷虎等.修辞新论.上海:上海教育出版社,1988

附录一

中华人民共和国国家通用语言文字法

（2000 年 10 月 31 日第九届全国人民代表大会常务委员会第十八次会议通过）

第一章　总　则

第一条　为推动国家通用语言文字的规范化、标准化及其健康发展，使国家通用语言文字在社会生活中更好地发挥作用，促进各民族、各地区经济文化交流，根据宪法，制定本法。

第二条　本法所称的国家通用语言文字是普通话和规范汉字。

第三条　国家推广普通话，推行规范汉字。

第四条　公民有学习和使用国家通用语言文字的权利。

国家为公民学习和使用国家通用语言文字提供条件。

地方各级人民政府及其有关部门应当采取措施，推广普通话和推行规范汉字。

第五条　国家通用语言文字的使用应当有利于维护国家主权和民族尊严，有利于国家统一和民族团结，有利于社会主义物质文明建设和精神文明建设。

第六条　国家颁布国家通用语言文字的规范和标准，管理国家通用语言文字的社会应用，支持国家通用语言文字的教学和科学研究，促进国家通用语言文字的规范、丰富和发展。

第七条　国家奖励为国家通用语言文字事业作出突出贡献的组织和个人。

第八条 各民族都有使用和发展自己的语言文字的自由。

少数民族语言文字的使用依据宪法、民族区域自治法及其他法律的有关规定。

第二章 国家通用语言文字的使用

第九条 国家机关以普通话和规范汉字为公务用语用字。法律另有规定的除外。

第十条 学校及其他教育机构以普通话和规范汉字为基本的教育教学用语用字。法律另有规定的除外。

学校及其他教育机构通过汉语文课程教授普通话和规范汉字。使用的汉语文教材，应当符合国家通用语言文字的规范和标准。

第十一条 汉语文出版物应当符合国家通用语言文字的规范和标准。

汉语文出版物中需要使用外国语言文字的，应当用国家通用语言文字作必要的注释。

第十二条 广播电台、电视台以普通话为基本的播音用语。

需要使用外国语言为播音用语的，须经国务院广播电视部门批准。

第十三条 公共服务行业以规范汉字为基本的服务用字。因公共服务需要，招牌、广告、告示、标志牌等使用外国文字并同时使用中文的，应当使用规范汉字。

提倡公共服务行业以普通话为服务用语。

第十四条 下列情形，应当以国家通用语言文字为基本的用语用字：

（一）广播、电影、电视用语用字；

（二）公共场所的设施用字；

（三）招牌、广告用字；

（四）企业事业组织名称；

（五）在境内销售的商品的包装、说明。

第十五条 信息处理和信息技术产品中使用的国家通用语言文字应当符合国家的规范和标准。

第十六条 本章有关规定中，有下列情形的，可以使用方言：

（一）国家机关的工作人员执行公务时需使用的；

（二）经国务院广播电视部门或省级广播电视部门批准的播音用语；

（三）戏曲、影视等艺术形式中需要使用的；

（四）出版、教学、研究中确需使用的。

第十七条 本章有关规定中，有下列情形的，可以保留或使用繁体字、异体字：

（一）文物古迹；

（二）姓氏中的异体字；

（三）书法、篆刻等艺术作品；

（四）题词和招牌的手书字；

（五）出版、教学、研究中需要使用的；

（六）经国务院有关部门批准的特殊情况。

第十八条 国家通用语言文字以《汉语拼音方案》作为拼写和注音工具。

《汉语拼音方案》是中国人名、地名和中文文献罗马字母拼写法的统一规范，并用于汉字不便或不能使用的领域。

初等教育应当进行汉语拼音教学。

第十九条 凡以普通话作为工作语言的岗位，其工作人员应当具备说普通话的能力。

以普通话作为工作语言的播音员、节目主持人和影视话剧演员、教师、国家机关工作人员的普通话水平，应当分别达到国家规定的等级标准；对尚未达到国家规定的普通话等级标准的，分别情况进行培训。

第二十条 对外汉语教学应当教授普通话和规范汉字。

第三章 管理和监督

第二十一条 国家通用语言文字工作由国务院语言文字工作部门负责规划指导、管理监督。

国务院有关部门管理本系统的国家通用语言文字的使用。

第二十二条 地方语言文字工作部门和其他有关部门，管理和监督本行政区域内的国家通用语言文字的使用。

第二十三条 县级以上各级人民政府工商行政部门依法对企业名称、商品名称以及广告的用语用字进行管理和监督。

第二十四条 国务院语言文字工作部门颁布普通话水平测试等级标准。

第二十五条 外国人名、地名等专有名词和科学技术术语译成国家通用语言文字，由国务院语言文字工作部门或者其他有关部门组织审定。

第二十六条 违反本法第二章有关规定，不按照国家通用语言文字的规范和标准使用语言文字的，公民可以提出批评和建议。

本法第十九条第二款规定的人员用语违反本法第二章有关规定的，有关单位应当对直接责任人员进行批评教育；拒不改正的，由有关单位作出处理。

城市公共场所的设施和招牌、广告用字违反本法第二章有关规定的，由有关行政管理部门责令改正；拒不改正的，予以警告，并督促其限期改正。

第二十七条 违反本法规定，干涉他人学习和使用国家通用语言文字的，由有关行政管理部门责令限期改正，并予以警告。

第四章 附 则

第二十八条 本法自2001年1月1日起施行。

附录二

中华人民共和国国家标准
《标点符号用法》

GB/T 15834—2011

2011年12月31日发布,2012年6月1日实施

前　言

本标准按照GB/T 1.1—2009给出的规则起草。

本标准代替GB/T 15834—1995,与GB/T 15834—1995相比,主要变化如下:

——根据我国国家标准编写规则(GB/T 1.1—2009),对本标准的编排和表述做了全面修改;

——更换了大部分示例,使之更简短、通俗、规范;

——增加了对术语"标点符号"和"语段"的定义(2.1/2.5);

——对术语"复句"和"分句"的定义做了修改(2.3/2.4);

——对句末点号(句号、问号、叹号)的定义做了修改,更强调句末点号与句子语气之间的关系(4.1.1/4.2.1/4.3.1);

——对逗号的基本用法做了补充(4.4.3);

——增加了不同形式括号用法的示例(4.9.3);

——省略号的形式统一为六连点"……",但在特定情况下允许连用(4.11);

——取消了连接号中原有的二字线,将连接号形式规范为短横线"-"、一字线"—"和浪纹线"～",并对三者的功能做了归并与

划分(4.13);

——明确了书名号的使用范围(4.15/A.13);

——增加了分隔号的用法说明(4.17);

——“标点符号的位置”一章的标题改为“标点符号的位置和书写形式”,并增加了使用中文输人软件处理标点符号时的相关规范(第 5 章);

——增加了“附录”:附录 A 为规范性附录,主要说明标点符号不能怎样使用和对标点符号用法加以补充说明,以解决目前使用混乱或争议较大的问题。附录 B 为资料性附录,对功能有交叉的标点符号的用法做了区分,并对标点符号误用高发环境下的规范用法做了说明。

本标准由教育部语言文字信息管理司提出并归口。

本标准主要起草单位:北京大学。

本标准主要起草人:沈阳、刘妍、于泳波、翁姗姗。

本标准所代替标准的历次版本发布情况为:

——GB/T 15834—1995。

标点符号用法

1 范围

本标准规定了现代汉语标点符号的用法。

本标准适用于汉语的书面语(包括汉语和外语混合排版时的汉语部分)。

2 术语和定义

下列术语和定义适用于本文件。

2.1 标点符号 punctuation

辅助文字记录语言的符号,是书面语的有机组成部分,用来表示语句的停顿、语气以及标示某些成分(主要是词语)的特定性质和作用。

注:数学符号、货币符号、校勘符号、辞书符号、注音符号等特殊领域的专门符号不属于标点符号。

2.2 句子 sentence

前后都有较大停顿、带有一定的语气和语调、表达相对完整意义的语言单位。

2.3 复句 complex sentence

由两个或多个在意义上有密切关系的分句组成的语言单位,包括简单复句(内部只有一层语义关系)和多重复句(内部包含多层语义关系)。

2.4 分句 clause

复句内两个或多个前后有停顿、表达相对完整意义、不带有句末语气和语调、有的前面可添加关联词语的语言单位。

2.5 语段 expression

指语言片段，是对各种语言单位（如词、短语、句子、复句等）不做特别区分时的统称。

3 标点符号的种类

3.1 点号

点号的作用是点断，主要表示停顿和语气。分为句末点号和句内点号。

3.1.1 句末点号

用于句末的点号，表示句末停顿和句子的语气。包括句号、问号、叹号。

3.1.2 句内点号

用于句内的点号，表示句内各种不同性质的停顿。包括逗号、顿号、分号、冒号。

3.2 标号

标号的作用是标明，主要标示某些成分（主要是词语）的特定性质和作用。包括引号、括号、破折号、省略号、着重号、连接号、间隔号、书名号、专名号、分隔号。

4 标点符号的定义、形式和用法

4.1 句号

4.1.1 定义

句末点号的一种，主要表示句子的陈述语气。

4.1.2 形式

句号的形式是“。”。

4.1.3 基本用法

4.1.3.1 用于句子末尾，表示陈述语气。使用句号主要根据语段前后有较大停顿、带有陈述语气和语调，并不取决于句子的长短。

示例1:北京是中华人民共和国的首都。

示例2:(甲:咱们走着去吧?)乙:好。

4.1.3.2　有时也可表示较缓和的祈使语气和感叹语气。

示例1:请您稍等一下。

示例2:我不由地感到,这些普通劳动者也同样是很值得尊敬的。

4.2　问号

4.2.1　定义

句末点号的一种,主要表示句子的疑问语气。

4.2.2　形式

问号的形式是“?”。

4.2.3　基本用法

4.2.3.1　用于句子末尾,表示疑问语气(包括反问、设问等疑问类型)。使用问号主要根据语段前后有较大停顿、带有疑问语气和语调,并不取决于句子的长短。

示例1:你怎么还不回家去呢?

示例2:难道这些普通的战士不值得歌颂吗?

示例3:(一个外国人,不远万里来到中国,帮助中国的抗日战争。)这是什么精神? 这是国际主义的精神。

4.2.3.2　选择问句中,通常只在最后一个选项的末尾用问号,各个选项之间一般用逗号隔开。当选项较短且选项之间几乎没有停顿时,选项之间可不用逗号。当选项较多或较长,或有意突出每个选项的独立性时,也可每个选项之后都用问号。

示例1:诗中记述的这场战争究竟是真实的历史描述,还是诗人的虚构?

示例2:这是巧合还是有意安排?

示例3:要一个什么样的结尾:现实主义的? 传统的? 大团圆

的？荒诞的？民族形式的？有象征意义的？

示例4:(他看着我的作品称赞了我。)但到底是称赞我什么：是有几处画得好？还是什么都敢画？抑或只是一种对于失败者的无可奈何的安慰？我不得而知。

示例5:这一切都是由客观的条件造成的？还是由行为的惯性造成的？

4.2.3.3　在多个问句连用或表达疑问语气加重时,可叠用问号。通常应先单用,再叠用,最多叠用三个问号。在没有异常强烈的情感表达需要时不宜叠用问号。

示例:这就是你的做法吗？你这个总经理是怎么当的??你怎么竟敢这样欺骗消费者???

4.2.3.4　问号也有标号的用法,即用于句内,表示存疑或不详。

示例1:马致远(1250？—1321),大都人,元代戏曲家、散曲家。

示例2:钟嵘(？—518),颍川长社人,南朝梁代文学批评家。

示例3:出现这样的文字错误,说明作者(编者？校者?)很不认真。

4.3　叹号

4.3.1　定义

句末点号的一种,主要表示句子的感叹语气。

4.3.2　形式

叹号的形式是"!"。

4.3.3　基本用法

4.3.3.1　用于句子末尾,主要表示感叹语气,有时也可表示强烈的祈使语气、反问语气等。使用叹号主要根据语段前后有较大停顿、带有感叹语气和语调或带有强烈的祈使、反问语气和语调,并不取决于句子的长短。

示例 1:才一年不见,这孩子都长这么高啦!

示例 2:你给我住嘴!

示例 3:谁知道他今天是怎么搞的!

4.3.3.2 用于拟声词后,表示声音短促或突然。

示例 1:咔嚓!一道闪电划破了夜空。

示例 2:咚!咚咚!突然传来一阵急促的敲门声。

4.3.3.3 表示声音巨大或声音不断加大时,可叠用叹号;表达强烈语气时,也可叠用叹号,最多叠用三个叹号。在没有异常强烈的情感表达需要时不宜叠用叹号。

示例 1:轰!!在这天崩地塌的声音中,女娲猛然醒来。

示例 2:我要揭露!我要控诉!!我要以死抗争!!!

4.3.3.4 当句子包含疑问、感叹两种语气且都比较强烈时(如带有强烈感情的反问句和带有惊愕语气的疑问句),可在问号后再加叹号(问号、叹号各一)。

示例 1:这么点困难就能把我们吓倒吗?!

示例 2:他连这些最起码的常识都不懂,还敢说自己是高科技人材?!

4.4 逗号

4.4.1 定义

句内点号的一种,表示句子或语段内部的一般性停顿。

4.4.2 形式

逗号的形式是","。

4.4.3 基本用法

4.4.3.1 复句内各分句之间的停顿,除了有时用分号(见4.6.3.1),一般都用逗号。

示例 1:不是人们的意识决定人们的存在,而是人们的社会存在决定人们的意识。

示例 2:学历史使人更明智,学文学使人更聪慧,学数学使人更精细,学考古使人更深沉。

示例 3:要是不相信我们的理论能反映现实,要是不相信我们的世界有内在和谐,那就不可能有科学。

4.4.3.2 用于下列各种语法位置:

a)较长的主语之后。

示例 1:苏州园林建筑各种门窗的精美设计和雕镂功夫,都令人叹为观止。

b)句首的状语之后。

示例 2:在苍茫的大海上,狂风卷集着乌云。

c)较长的宾语之前。

示例 3:有的考古工作者认为,南方古猿生存于上新世至更新世的初期和中期。

d)带句内语气词的主语(或其他成分)之后,或带句内语气词的并列成分之间。

示例 4:他呢,倒是很乐意地、全神贯注地干起来了。

示例 5:(那是个没有月亮的夜晚。)可是整个村子——白房顶啦,白树木啦,雪堆啦,全看得见。

e)较长的主语中间、谓语中间或宾语中间。

示例 6:母亲沉痛的诉说,以及亲眼见到的事实,都启发了我幼年时期追求真理的思想。

示例 7:那姑娘头戴一顶草帽,身穿一条绿色的裙子,腰间还系着一根橙色的腰带。

示例 8:必须懂得,对于文化传统,既不能不分青红皂白统统抛弃,也不能不管精华糟粕全盘继承。

f)前置的谓语之后或后置的状语、定语之前。

示例 9:真美啊,这条蜿蜒的林间小路。

示例 10:她吃力地站了起来,慢慢地。

示例 11:我只是一个人,孤孤单单的。

4.4.3.3　用于下列各种停顿处:

a)复指成分或插说成分前后。

示例 1:老张,就是原来的办公室主任,上星期已经调走了。

示例 2:车,不用说,当然是头等。

b)语气缓和的感叹语、称谓语或呼唤语之后。

示例 3:哎哟,这儿,快给我揉揉。

示例 4:大娘,您到哪儿去啊?

示例 5:喂,你是哪个单位的?

c)某些序次语(“第”字头、“其”字头及“首先”类序次语)之后。

示例 6:为什么许多人都有长不大的感觉呢?原因有三:第一,父母总认为自己比孩子成熟;第二,父母总要以自己的标准来衡量孩子;第三,父母出于爱心而总不想让孩子在成长的过程中走弯路。

示例 7:《玄秘塔碑》所以成为书法的范本,不外乎以下几方面的因素:其一,具有楷书点画、构体的典范性;其二,承上启下,成为唐楷的极致;其三,字如其人,爱人及字,柳公权高尚的书品、人品为后人所崇仰。

示例 8:下面从三个方面讲讲语言的污染问题:首先,是特殊语言环境中的语言污染问题;其次,是滥用缩略语引起的语言污染问题;再次,是空话和废话引起的语言污染问题。

4.5　顿号

4.5.1　定义

句内点号的一种,表示语段中并列词语之间或某些序次语之后的停顿。

4.5.2　形式

顿号的形式是“、”。

4.5.3　基本用法

4.5.3.1　用于并列词语之间。

示例1:这里有自由、民主、平等、开放的风气和氛围。

示例2:造型科学、技艺精湛、气韵生动,是盛唐石雕的特色。

4.5.3.2　用于需要停顿的重复词语之间。

示例:他几次三番、几次三番地辩解着。

4.5.3.3　用于某些序次语(不带括号的汉字数字或“天干地支”类序次语)之后。

示例1:我准备讲两个问题:一、逻辑学是什么?二、怎样学好逻辑学?

示例2:风格的具体内容主要有以下四点:甲、题材;乙、用字;丙、表达;丁、色彩。

4.5.3.4　相邻或相近两数字连用表示概数通常不用顿号。若相邻两数字连用为缩略形式,宜用顿号。

示例1:飞机在6000米高空水平飞行时,只能看到两侧八九公里和前方一二十公里范围内的地面。

示例2:这种凶猛的动物常常三五成群地外出觅食和活动。

示例3:农业是国民经济的基础,也是二、三产业的基础。

4.5.3.5　标有引号的并列成分之间、标有书名号的并列成分之间通常不用顿号。若有其他成分插在并列的引号之间或并列的书名号之间(如引语或书名号之后还有括注),宜用顿号。

示例1:“日”“月”构成“明”字。

示例2:店里挂着“顾客就是上帝”“质量就是生命”等横幅。

示例3:《红楼梦》《三国演义》《西游记》《水浒传》,是我国长篇小说的四大名著。

示例4:李白的“白发三千丈”(《秋浦歌》)、“朝如青丝暮成雪”(《将进酒》)都是脍炙人口的诗句。

示例5:办公室里订有《人民日报》(海外版)、《光明日报》和

《时代周刊》等报刊。

4.6 分号

4.6.1 定义

句内点号的一种，表示复句内部并列关系分句之间的停顿，以及非并列关系的多重复句中第一层分句之间的停顿。

4.6.2 形式

分号的形式是“;”。

4.6.3 基本用法

4.6.3.1 表示复句内部并列关系的分句(尤其当分句内部还有逗号时)之间的停顿。

示例1:语言文字的学习，就理解方面说，是得到一种知识;就运用方面说，是养成一种习惯。

示例2:内容有分量，尽管文章短小，也是有分量的;内容没有分量，即使写得再长也没有用。

4.6.3.2 表示非并列关系的多重复句中第一层分句(主要是选择、转折等关系)之间的停顿。

示例1:人还没看见，已经先听见歌声了;或者人已经转过山头望不见了，歌声还余音袅袅。

示例2:尽管人民革命的力量在开始时总是弱小的，所以总是受压的;但是由于革命的力量代表历史发展的方向，因此本质上又是不可战胜的。

示例3:不管一个人如何伟大，也总是生活在一定的环境和条件下;因此，个人的见解总难免带有某种局限性。

示例4:昨天夜里下了一场雨，以为可以凉快些;谁知没有凉快下来，反而更热了。

4.6.3.3 用于分项列举的各项之间。

示例:特聘教授的岗位职责为:一、讲授本学科的主干基础课程;二、主持本学科的重大科研项目;三、领导本学科的学术队伍建设;四、带领本学科赶超或保持世界先进水平。

4.7 冒号

4.7.1 定义

句内点号的一种,表示语段中提示下文或总结上文的停顿。

4.7.2 形式

冒号的形式是":"。

4.7.3 基本用法

4.7.3.1 用于总说性或提示性词语(如"说""例如""证明"等)之后,表示提示下文。

示例1:北京紫禁城有四座城门:午门、神武门、东华门和西华门。

示例2:她高兴地说:"咱们去好好庆祝一下吧!"

示例3:小王笑着点了点头:"我就是这么想的。"

示例4:这一事实证明:人能创造环境,环境同样也能创造人。

4.7.3.2 表示总结上文。

示例:张华上了大学,李萍进了技校,我当了工人:我们都有美好的前途。

4.7.3.3 用在需要说明的词语之后,表示注释和说明。

示例1:(本市将举办首届大型书市。)主办单位:市文化局;承办单位:市图书进出口公司;时间:8月15日—20日;地点:市体育馆观众休息厅。

示例2:(做阅读理解题有两个办法。)办法之一:先读题干,再读原文,带着问题有针对性地读课文。办法之二:直接读原文,读完再做题,减少先入为主的干扰。

4.7.3.4 用于书信、讲话稿中称谓语或称呼语之后。

示例1:广平先生:……

示例2:同志们、朋友们:……

4.7.3.5 一个句子内部一般不应套用冒号。在列举式或条文式表述中，如不得不套用冒号时，宜另起段落来显示各个层次。

示例：第十条 遗产按照下列顺序继承：

第一顺序：配偶、子女、父母。

第二顺序：兄弟姐妹、祖父母、外祖父母。

4.8 引号

4.8.1 定义

标号的一种，标示语段中直接引用的内容或需要特别指出的成分。

4.8.2 形式

引号的形式有双引号““””和单引号“‘’”两种。左侧的为前引号，右侧的为后引号。

4.8.3 基本用法

4.8.3.1 标示语段中直接引用的内容。

示例：李白诗中就有“白发三千丈”这样极尽夸张的语句。

4.8.3.2 标示需要着重论述或强调的内容。

示例：这里所谓的“文”，并不是指文字，而是指文采。

4.8.3.3 标示语段中具有特殊含义而需要特别指出的成分，如别称、简称、反语等。

示例1：电视被称作“第九艺术”。

示例2：人类学上常把古人化石统称为尼安德特人，简称“尼人”。

示例3：有几个“慈祥”的老板把捡来的菜叶用盐浸浸就算作工友的菜肴。

4.8.3.4 当引号中还需要使用引号时，外面一层用双引号，里面一层用单引号。

示例：他问：“老师，‘七月流火’是什么意思？”

4.8.3.5 独立成段的引文如果只有一段，段首和段尾都用引号；不止一段时，每段开头仅用前引号，只在最后一段末尾用后引号。

示例:我曾在报纸上看到有人这样谈幸福:

“幸福是知道自己喜欢什么和不喜欢什么。……

“幸福是知道自己擅长什么和不擅长什么。……

“幸福是在正确的时间做了正确的选择。……”

4.8.3.6　在书写带月、日的事件、节日或其他特定意义的短语(含简称)时,通常只标引其中的月和日;需要突出和强调该事件或节日本身时,也可连同事件或节日一起标引。

示例 1:“5·12”汶川大地震

示例 2:“五四”以来的话剧,是我国戏剧中的新形式。

示例 3:纪念“五四运动”90 周年

4.9　括号

4.9.1　定义

标号的一种,标示语段中的注释内容、补充说明或其他特定意义的语句。

4.9.2　形式

括号的主要形式是圆括号“(　)”,其他形式还有方括号“[　]”、六角括号“〔　〕”和方头括号“【　】”等。

4.9.3　基本用法

4.9.3.1　标示下列各种情况,均用圆括号:

a)标示注释内容或补充说明。

示例 1:我校拥有特级教师(含已退休的)17 人。

示例 2:我们不但善于破坏一个旧世界,我们还将善于建设一个新世界!(热烈鼓掌)

b)标示订正或补加的文字。

示例 3:信纸上用稚嫩的字体写着:“阿夷(姨),你好!”。

示例 4:该建筑公司负责的建设工程全部达到优良工程(的标准)。

c)标示序次语。

示例 5:语言有三个要素:(1)声音;(2)结构;(3)意义。

示例 6:思想有三个条件:(一)事理;(二)心理;(三)伦理。

d)标示引语的出处。

示例 7:他说得好:"未画之前,不立一格;既画之后,不留一格。"(《板桥集·题画》)

e)标示汉语拼音注音。

示例 8:"的(d)e"这个字在现代汉语中最常用。

4.9.3.2 标示作者国籍或所属朝代时,可用方括号或六角括号。

示例 1:[英]赫胥黎《进化论与伦理学》

示例 2:〔唐〕杜甫著

4.9.3.3 报刊标示电讯、报道的开头,可用方头括号。

示例:【新华社南京消息】

4.9.3.4 标示公文发文字号中的发文年份时,可用六角括号。

示例:国发〔2011〕3 号文件

4.9.3.5 标示被注释的词语时,可用六角括号或方头括号。

示例 1:〔奇观〕奇伟的景象。

示例 2:【爱因斯坦】物理学家。生于德国,1933 年因受纳粹政权迫害,移居美国。

4.9.3.6 除科技书刊中的数学、逻辑公式外,所有括号(特别是同一形式的括号)应尽量避免套用。必须套用括号时,宜采用不同的括号形式配合使用。

示例:〔茸(róng)毛〕很细很细的毛。

4.10 破折号

4.10.1 定义

标号的一种,标示语段中某些成分的注释、补充说明或语音、意义的变化。

4.10.2 形式

破折号的形式是“——”。

4.10.3 基本用法

4.10.3.1 标示注释内容或补充说明(也可用括号,见4.9.3.1;二者的区别另见B.1.7)。

示例1:一个矮小而结实的日本中年人——内山老板走了过来。

示例2:我一直坚持读书,想借此唤起弟妹对生活的希望——无论环境多么困难。

4.10.3.2 标示插入语(也可用逗号,见4.4.3.3)。

示例:这简直就是——说得不客气点——无耻的勾当!

4.10.3.3 标示总结上文或提示下文(也可用冒号,见4.7.3.1、4.7.3.2)。

示例1:坚强,纯洁,严于律已,客观公正——这一切都难得地集中在一个人身上。

示例2:画家开始娓娓道来——

数年前的一个寒冬,……

4.10.3.4 标示话题的转换。

示例:“好香的干菜,——听到风声了吗?”赵七爷低声说道。

4.10.3.5 标示声音的延长。

示例:“嘎——”传过来一声水禽被惊动的鸣叫。

4.10.3.6 标示话语的中断或间隔。

示例1:“班长他牺——”小马话没说完就大哭起来。

示例2:“亲爱的妈妈,你不知道我多爱您。——还有你,我的孩子!”

4.10.3.7 标示引出对话。

示例:——你长大后想成为科学家吗?

——当然想了!

4.10.3.8　标示事项列举分承。

示例:根据研究对象的不同,环境物理学分为以下五个分支学科:

——环境声学;

——环境光学;

——环境热学;

——环境电磁学;

——环境空气动力学。

4.10.3.9　用于副标题之前。

示例:飞向太平洋

——我国新型号运载火箭发射目击记

4.10.3.10　用于引文、注文后,标示作者、出处或注释者。

示例1:先天下之忧而忧,后天下之乐而乐。

——范仲淹

示例2:乐浪海中有倭人,分为百余国。

——《汉书》

示例3:很多人写好信后把信笺折成方胜形,我看大可不必。(方胜,指古代妇女戴的方形首饰,用彩绸等制作,由两个斜方部分叠合而成。——编者注)

4.11　省略号

4.11.1　定义

标号的一种,标示语段中某些内容的省略及意义的断续等。

4.11.2　形式

省略号的形式是“……”。

4.11.3　基本用法

4.11.3.1　标示引文的省略。

示例:我们齐声朗诵起来:“……俱往矣,数风流人物,还看今朝。”

4.11.3.2　标示列举或重复词语的省略。

示例1:对政治的敏感,对生活的敏感,对性格的敏感,……这都是作家必须要有的素质。

示例2:他气得连声说:"好,好……算我没说。"

4.11.3.3　标示语意未尽。

示例1:在人迹罕至的深山密林里,假如突然看见一缕炊烟,……

示例2:你这样干,未免太……!

4.11.3.4　标示说话时断断续续。

示例:她磕磕巴巴地说:"可是……太太……我不知道……你一定是认错了。"

4.11.3.5　标示对话中的沉默不语。

示例:"还没结婚吧?"

"……"他飞红了脸,更加忸怩起来。

4.11.3.6　标示特定的成分虚缺。

示例:只要……就……

4.11.3.7　在标示诗行、段落的省略时,可连用两个省略号(即相当于十二连点)。

示例1:从隔壁房间传来缓缓而抑扬顿挫的吟咏声——

床前明月光,疑是地上霜。

…………

示例2:该刊根据工作质量、上稿数量、参与程度等方面的表现,评选出了高校十佳记者站。还根据发稿数量、提供新闻线索情况以及对刊物的关注度等,评选出了十佳通讯员。

…………

4.12　着重号

4.12.1　定义

标号的一种,标示语段中某些重要的或需要指明的文字。

4.12.2　形式

着重号的形式是“.”标注在相应文字的下方。

4.12.3　基本用法

4.12.3.1　标示语段中重要的文字。

示例1：诗人需要表现，而不是证明。

示例2：下面对本文的理解，不正确的一项是：……

4.12.3.2　标示语段中需要指明的文字。

示例：下边加点的字，除了在词中的读法外，还有哪些读法？

着急　子弹　强调

4.13　连接号

4.13.1　定义

标号的一种，标示某些相关联成分之间的连接。

4.13.2　形式

连接号的形式有短横线“-”、一字线“—”和浪纹线“～”三种。

4.13.3　基本用法

4.13.3.1　标示下列各种情况，均用短横线：

a)化合物的名称或表格、插图的编号。

示例1：3-戊酮为无色液体，对眼及皮肤有强烈的腐蚀性。

示例2：参见下页表2-8、表2-9。

b)连接号码，包括门牌号码、电话号码，以及用阿拉伯数字表示年月日等。

示例3：安宁里东路26号院3-2-11室

示例4：联系电话：010-88842603

示例5：2011-02-15

c)在复合名词中起连接作用。

示例6：吐鲁番-哈密盆地

d)某些产品的名称和型号。

示例7：WZ-10直升机具有复杂天气和夜间作战的能力。

e)汉语拼音、外来语内部的分合。

示例8:shuōshuō—xiàoxiào(说说笑笑)

示例9:盎格鲁—撒克逊人

示例10:让—雅克·卢梭("让—雅克"为双名)

示例11:皮埃尔·孟戴斯—弗朗斯("孟戴斯—弗朗斯"为复姓)

4.13.3.2 标示下列各种情况,一般用一字线,有时也可用浪纹线:

a)标示相关项目(如时间、地域等)的起止。

示例1:沈括(1031—1095),宋朝人。

示例2:2011年2月3日—10日

示例3:北京—上海特别旅客快车

b)标示数值范围(由阿拉伯数字或汉字数字构成)的起止。

示例4:25～30 g

示例5:第五～八课

4.14 间隔号

4.14.1 定义

标号的一种,标示某些相关联成分之间的分界。

4.14.2 形式

间隔号的形式是"·"。

4.14.3 基本用法

4.14.3.1 标示外国人名或少数民族人名内部的分界。

示例1:克里斯蒂娜·罗塞蒂

示例2:阿依古丽·买买提

4.14.3.2 标示书名与篇(章、卷)名之间的分界。

示例:《淮南子·本经训》

4.14.3.3 标示词牌、曲牌、诗体名等和题名之间的分界。

示例1:《沁园春·雪》

示例 2:《天净沙·秋思》

示例 3:《七律·冬云》

4.14.3.4 用在构成标题或栏目名称的并列词语之间。

示例 4:《天·地·人》

4.14.3.5 以月、日为标志的事件或节日,用汉字数字表示时,只在一、十一和十二月后用间隔号;当直接用阿拉伯数字表示时,月、日之间均用间隔号(半角字符)。

示例 1:“九一八”事变　　“五四”运动

示例 2:“一·二八”事变　　“一二·九”运动

示例 3:“3·15”消费者权益日　　“9·11”恐怖袭击事件

4.15 书名号

4.15.1 定义

标号的一种,标示语段中出现的各种作品的名称。

4.15.2 形式

书名号的形式有双书名号“《 》”和单书名号“〈 〉”两种。

4.15.3 基本用法

4.15.3.1 标示书名、卷名、篇名、刊物名、报纸名、文件名等。

示例 1:《红楼梦》(书名)

示例 2:《史记·项羽本记》(卷名)

示例 3:《论雷峰塔的倒掉》(篇名)

示例 4:《每周关注》(刊物名)

示例 5:《人民日报》(报纸名)

示例 6:《全国农村工作会议纪要》(文件名)

4.15.3.2 标示电影、电视、音乐、诗歌、雕塑等各类用文字、声音、图像等表现的作品的名称。

示例 1:《渔光曲》(电影名)

示例 2:《追梦录》(电视剧名)

示例 3:《勿忘我》(歌曲名)

示例 4:《沁园春·雪》(诗词名)

示例 5:《东方欲晓》(雕塑名)

示例 6:《光与影》(电视节目名)

示例 7:《社会广角镜》(栏目名)

示例 8:《庄子研究文献数据库》(光盘名)

示例 9:《植物生理学系列挂图》(图片名)

4.15.3.3　标示全中文或中文在名称中占主导地位的软件名。

示例:科研人员正在研制《电脑卫士》杀毒软件。

4.15.3.4　标示作品名的简称。

示例:我读了《念青唐古拉山脉纪行》一文(以下简称《念》),收获很大。

4.15.3.5　当书名号中还需要书名号时,里面一层用单书名号,外面一层用双书名号。

示例:《教育部关于提请审议〈高等教育自学考试试行办法〉的报告》

4.16　专名号

4.16.1　定义

标号的一种,标示古籍和某些文史类著作中出现的特定类专有名词。

4.16.2　形式

专名号的形式是一条直线,标注在相应文字的下方。

4.16.3　基本用法

4.16.3.1　标示古籍、古籍引文或某些文史类著作中出现的专有名词,主要包括人名、地名、国名、民族名、朝代名、年号、宗教名、官署名、组织名等。

示例 1:孙坚人马被刘表率军围得水泄不通。(人名)

示例 2:于是聚集冀、青、幽、并四州兵马七十多万准备决一死战。(地名)

示例 3:当时乌孙及西域各国都向汉派遣了使节。(国名、朝代名)

示例 4:如咸宁二年到太康十年,匈奴、鲜卑、乌桓等族人徙居塞内。(年号、民族名)

4.16.3.2 现代汉语文本中的上述专有名词,以及古籍和现代文本中的单位名、官职名、事件名、会议名、书名等不应使用专名号。必须使用标号标示时,宜使用其他相应标号(如引号、书名号等)。

4.17 分隔号

4.17.1 定义

标号的一种,标示诗行、节拍及某些相关文字的分隔。

4.17.2 形式

分隔号的形式是"/"。

4.17.3 基本用法

4.17.3.1 诗歌接排时分隔诗行(也可使用逗号和分号,见4.4.3.1/4.6.3.1)。

示例:春眠不觉晓/处处闻啼鸟/夜来风雨声/花落知多少。

4.17.3.2 标示诗文中的音节节拍。

示例:横眉/冷对/千夫指,俯首/甘为/孺子牛。

4.17.3.3 分隔供选择或可转换的两项,表示"或"。

示例:动词短语中除了作为主体成分的述语动词之外,还包括述语动词所带的宾语和/或补语。

4.17.3.4 分隔组成一对的两项,表示"和"。

示例 1:13/14 次特别快车

示例 2:羽毛球女双决赛中国组合杜婧/于洋两局完胜韩国名将李孝贞/李敬元。

4.17.3.5 分隔层级或类别。

示例:我国的行政区划分为:省(直辖市、自治区)/省辖市(地级市)/县(县级市、区、自治州)/乡(镇)/村(居委会)。

5 标点符号的位置和书写形式

5.1 横排文稿标点符号的位置和书写形式

5.1.1 句号、逗号、顿号、分号、冒号均置于相应文字之后,占一个字位置,居左下,不出现在一行之首。

5.1.2 问号、叹号均置于相应文字之后,占一个字位置,居左,不出现在一行之首。两个问号(或叹号)叠用时,占一个字位置;三个问号(或叹号)叠用时,占两个字位置;问号和叹号连用时,占一个字位置。

5.1.3 引号、括号、书名号中的两部分标在相应项目的两端,各占一个字位置。其中前一半不出现在一行之末,后一半不出现在一行之首。

5.1.4 破折号标在相应项目之间,占两个字位置,上下居中,不能中间断开分处上行之末和下行之首。

5.1.5 省略号占两个字位置,两个省略号连用时占四个字位置并须单独占一行。省略号不能中间断开分处上行之末和下行之首。

5.1.6 连接号中的短横线比汉字"一"略短,占半个字位置;一字线比汉字"一"略长,占一个字位置;浪纹线占一个字位置。连接号上下居中,不出现在一行之首。

5.1.7 间隔号标在需要隔开的项目之间,占半个字位置,上下居中,不出现在一行之首。

5.1.8 着重号和专名号标在相应文字的下边。

5.1.9 分隔号占半个字位置,不出现在一行之首或一行之末。

5.1.10 标点符号排在一行末尾时,若为全角字符则应占半角字符的宽度(即半个字位置),以使视觉效果更美观。

5.1.11　在实际编辑出版工作中，为排版美观、方便阅读等需要，或为避免某一小节最后一个汉字转行或出现在另外一页开头等情况（浪费版面及视觉效果差），可适当压缩标点符号所占用的空间。

5.2　竖排文稿标点符号的位置和书写形式

5.2.1　句号、问号、叹号、逗号、顿号、分号和冒号均置于相应文字之下偏右。

5.2.2　破折号、省略号、连接号、间隔号和分隔号置于相应文字之下居中，上下方向排列。

5.2.3　引号改用双引号“﹁”“﹂”和单引号“﹃”“﹄”，括号改用“︵”“︶”，标在相应项目的上下。

5.2.4　竖排文稿中使用浪线式书名号“﹏”，标在相应文字的左侧。

5.2.5　着重号标在相应文字的右侧，专名号标在相应文字的左侧。

5.2.6　横排文稿中关于某些标点不能居行首或行末的要求，同样适用于竖排文稿。

附　录　A
（规范性附录）
标点符号用法的补充规则

A.1　句号用法补充规则

图或表的短语式说明文字，中间可用逗号，但末尾不用句号。即使有时说明文字较长，前面的语段已出现句号，最后结尾处仍不用句号。

示例1：行进中的学生方队

示例2：经过治理，本市市容市貌焕然一新。这是某区街道一景

A.2　问号用法补充规则

使用问号应以句子表示疑问语气为依据，而并不根据句子中包含有疑问词。当含有疑问词的语段充当某种句子成分，而句子并不表示疑问语气时，句末不用问号。

示例1：他们的行为举止、审美趣味，甚至读什么书，坐什么车，都在媒体掌握之中。

示例2：谁也不见，什么也不吃，哪儿也不去。

示例3：我也不知道他究竟躲到什么地方去了。

A.3　逗号用法补充规则

用顿号表示较长、较多或较复杂的并列成分之间的停顿时，最后一个成分前可用“以及（及）”进行连接，“以及（及）”之前应用逗号。

示例：压力过大、工作时间过长、作息不规律，以及忽视营养均衡等，均会导致健康状况的下降。

A.4　顿号用法补充规则

A.4.1　表示含有顺序关系的并列各项间的停顿，用顿号，不

用逗号。下例解释“对于”一词用法，“人”“事物”“行为”之间有顺序关系（即人和人、人和事物、人和行为、事物和事物、事物和行为、行为和行为等六种对待关系），各项之间应用顿号。

示例：〔对于〕表示人，事物，行为之间的相互对待关系。（误）

〔对于〕表示人、事物、行为之间的相互对待关系。（正）

A.4.2　用阿拉伯数字表示年月日的简写形式时，用短横线连接号，不用顿号。

示例：2010、03、02（误）

2010—03—02（正）

A.5　分号用法补充规则

分项列举的各项有一项或多项已包含句号时，各项的末尾不能再用分号。

示例：本市先后建立起三大农业生产体系：一是建立甘蔗生产服务体系。成立糖业服务公司，主要给农民提供机耕等服务；二是建立蚕桑生产服务体系。……；三是建立热作服务体系。……。（误）

本市先后建立起三大农业生产体系：一是建立甘蔗生产服务体系。成立糖业服务公司，主要给农民提供机耕等服务。二是建立蚕桑生产服务体系。……。三是建立热作服务体系。……。（正）

A.6　冒号用法补充规则

A.6.1　冒号用在提示性话语之后引起下文。表面上类似但实际不是提示性话语的，其后用逗号。

示例 1：郦道元《水经注》记载：“沼西际山枕水，有唐叔虞祠。”（提示性话语）

示例 2：据《苏州府志》载，苏州城内大小园林约有 150 多座，可算名副其实的园林之城。（非提示性话语）

A.6.2　冒号提示范围无论大小（一句话、几句话甚至几段话),都应与提示性话语保持一致(即在该范围的末尾要用句号点断)。应避免冒号涵盖范围过窄或过宽。

示例:艾滋病有三个传播途径:血液传播,性传播和母婴传播,日常接触是不会传播艾滋病的。(误)

艾滋病有三个传播途径:血液传播,性传播和母婴传播。日常接触是不会传播艾滋病的。(正)

A.6.3 冒号应用在有停顿处,无停顿处不应用冒号。

示例1:他头也不抬,冷冷地问:“你叫什么名字?”(有停顿)

示例2:这事你得拿主意,光说“不知道”怎么行?(无停顿)

A.7 引号用法补充规则

“丛刊”“文库”“系列”“书系”等作为系列著作的选题名,宜用引号标引。当“丛刊”等为选题名的一部分时,放在引号之内,反之则放在引号之外。

示例1:“汉译世界学术名著丛书”

示例2:“中国哲学典籍文库”

示例3:“20世纪心理学通览”丛书

A.8 括号用法补充规则

括号可分为句内括号和句外括号。句内括号用于注释句子里的某些词语,即本身就是句子的一部分,应紧跟在被注释的词语之后。句外括号则用于注释句子、句群或段落,即本身结构独立,不属于前面的句子、句群或段落,应位于所注释语段的句末点号之后。

示例:标点符号是辅助文字记录语言的符号,是书面语的有机组成部分,用来表示语句的停顿、语气以及标示某些成分(主要是词语)的特定性质和作用。(数学符号、货币符号、校勘符号等特殊领域的专门符号不属于标点符号。)

A.9 省略号用法补充规则

A.9.1 不能用多于两个省略号(多于12点)连在一起表示

省略。省略号须与多点连续的连珠号相区别(后者主要是用于表示目录中标题和页码对应和连接的专门符号)。

A.9.2　省略号和“等”“等等”“什么的”等词语不能同时使用。在需要读出来的地方用“等”“等等”“什么的”等词语,不用省略号。

示例:含有铁质的食物有猪肝、大豆、油菜、菠菜……等。(误)

含有铁质的食物有猪肝、大豆、油菜、菠菜等。(正)

A.10　着重号用法补充规则

不应使用文字下加直线或波浪线等形式表示着重。文字下加直线为专名号形式(4.16);文字下加浪纹线是特殊书名号(A.13.6)。着重号的形式统一为相应项目下加小圆点。

示例:下面对本文的理解,不正确的一项是(误)

下面对本文的理解,不正确的一项是(正)

A.11　连接号用法补充规则

浪纹线连接号用于标示数值范围时,在不引起歧义的情况下,前一数值附加符号或计量单位可省略。

示例:5 公斤～100 公斤(正)

5～100 公斤(正)

A.12　间隔号用法补充规则

当并列短语构成的标题中已用间隔号隔开时,不应再用“和”类连词。

示例:《水星・火星和金星》(误)

《水星・火星・金星》(正)

A.13　书名号用法补充规则

A.13.1　不能视为作品的课程、课题、奖品奖状、商标、证照、组织机构、会议、活动等名称,不应用书名号。下面均为书名号误用的示例:

示例 1:下学期本中心将开设《现代企业财务管理》《市场营

销》两门课程。

示例 2:明天将召开《关于“两保两挂”的多视觉理论思考》课题立项会。

示例 3:本市将向 70 岁以上(含 70 岁)老年人颁发《敬老证》。

示例 4:本校共获得《最佳印象》《自我审美》《卡拉 OK》等六个奖杯。

示例 5:《闪光》牌电池经久耐用。

示例 6:《文史杂志社》编辑力量比较雄厚。

示例 7:本市将召开《全国食用天然色素应用研讨会》。

示例 8:本报将于今年暑假举行《墨宝杯》书法大赛。

A. 13. 2　有的名称应根据指称意义的不同确定是否用书名号。如文艺晚会指一项活动时,不用书名号;而特指一种节目名称时,可用书名号。再如展览作为一种文化传播的组织形式时,不用书名号;特定情况下将某项展览作为一种创作的作品时,可用书名号。

示例 1:2008 年重阳联欢晚会受到观众的称赞和好评。

示例 2:本台将重播《2008 年重阳联欢晚会》。

示例 3:“雪域明珠——中国西藏文化展”今天隆重开幕。

示例 4:《大地飞歌艺术展》是一部大型现代艺术作品。

A. 13. 3　书名后面表示该作品所属类别的普通名词不标在书名号内。

示例:《我们》杂志

A. 13. 4　书名有时带有括注。如果括注是书名、篇名等的一部分,应放在书名号之内,反之则应放在书名号之外。

示例 1:《琵琶行(并序)》

示例 2:《中华人民共和国民事诉讼法(试行)》

示例 3:《新政治协商会议筹备会组织条例(草案)》

示例 4:《百科知识》(彩图本)

示例 5:《人民日报》(海外版)

A.13.5　书名、篇名末尾如有叹号或问号,应放在书名号之内。

示例 1:《日记何罪!》

示例 2:《如何做到同工又同酬?》

A.13.6　在古籍或某些文史类著作中,为与专名号配合,书名号也可改用浪线式“﹏”,标注在书名下方。这可以看作是特殊的专名号或特殊的书名号。

A.14　分隔号用法补充规则

分隔号又称正斜线号,须与反斜线号“\”相区别(后者主要是用于编写计算机程序的专门符号)。使用分隔号时,紧贴着分隔号的前后通常不用点号。

附　录　B
（资料性附录）
标点符号若干用法的说明

B.1　易混标点符号用法比较

B.1.1　逗号、顿号表示并列词语之间停顿的区别

逗号和顿号都表示停顿，但逗号表示的停顿长，顿号表示的停顿短。并列词语之间的停顿一般用顿号，但当并列词语较长或其后有语气词时，为了表示稍长一点的停顿，也可用逗号。

示例1：我喜欢吃的水果有苹果、桃子、香蕉和菠萝。

示例2：我们需要了解全局和局部的统一，必然和偶然的统一，本质和现象的统一。

示例3：看游记最难弄清位置和方向，前啊，后啊，左啊，右啊，看了半天，还是不明白。

B.1.2　逗号、顿号在表列举省略的"等""等等"之类词语前的使用

并列成分之间用顿号，末尾的并列成分之后用"等""等等"之类词语时，"等"类词前不用顿号或其他点号；并列成分之间用逗号，末尾的并列成分之后用"等"类词时，"等"类词前应用逗号。

示例1：现代生物学、物理学、化学、数学等基础科学的发展，带动了医学科学的进步。

示例2：写文章前要想好，文章主题是什么，用哪些材料，哪些详写，哪些略写，等等。

B.1.3　逗号、分号表示分句间停顿的区别

当复句的表述不复杂、层次不多，相连的分句语气比较紧凑、

分句内部也没有使用逗号表示停顿时，分句间的停顿多用逗号。当用逗号不易分清多重复句内部的层次（如分句内部已有逗号），而用句号又可能割裂前后关系的地方，应用分号表示停顿。

示例 1：她拿起钥匙，开了箱上的锁，又开了首饰盒上的锁，往老地方放钱。

示例 2：纵比，即以一事物的各个发展阶段作比；横比，则以此事物与彼事物相比。

B.1.4　顿号、逗号、分号在标示层次关系时的区别

句内点号中，顿号表示的停顿最短、层次最低，通常只能表示并列词语之间的停顿；分号表示的停顿最长、层次最高，可以用来表示复句的第一层分句之间的停顿；逗号介于两者之间，既可表示并列词语之间的停顿，也可表示复句中分句之间的停顿。若分句内部已用逗号，分句之间就应用分号（见 B.1.3 示例 2）。用分号隔开的几个并列分句不能由逗号统领或总结。

示例 1：有的学会烤烟，自己做挺讲究的纸烟和雪茄；有的学会蔬菜加工，做的番茄酱能吃到冬天；有的学会蔬菜腌渍、窖藏，使秋菜接上春菜。

示例 2：动物吃植物的方式多种多样，有的是把整个植物吃掉，如原生动物；有的是把植物的大部分吃掉，如鼠类；有的是吃掉植物的要害部位，如鸟类吃掉植物的嫩芽。（误）。

动物吃植物的方式多种多样：有的是把整个植物吃掉，如原生动物；有的是把植物的大部分吃掉，如鼠类；有的是吃掉植物的要害部位，如鸟类吃掉植物的嫩芽。（正）。

B.1.5　冒号、逗号用于“说”“道”之类词语后的区别

位于引文之前的“说”“道”后用冒号。位于引文之后的“说训道”分两种情况：处于句末时，其后用句号；“说”“道”后还有其他成分时，其后用逗号。插在话语中间的“说”“道”类词语后只能用逗号表示停顿。

示例 1:他说:“晚上就来家里吃饭吧。”

示例 2:“我真的很期待。”他说。

示例 3:“我有件事忘了说……”他说,表情有点为难。

示例 4:“现在请皇上脱下衣服,”两个骗子说,“好让我们为您换上新衣。”

B.1.6　不同点号表示停顿长短的排序

各种点号都表示说话时的停顿。句号、问号、叹号都表示句子完结,停顿最长。分号用于复句的分句之间,停顿长度介于句末点号和逗号之间,而短于冒号。逗号表示一句话中间的停顿,又短于分号。顿号用于并列词语之间,停顿最短。通常情况下,各种点号表示的停顿由长到短为:句号=问号=叹号>冒号(指涵盖范围为一句话的冒号)>分号>逗号>顿号。

B.1.7　破折号与括号表示注释或补充说明时的区别

破折号用于表示比较重要的解释说明,这种补充是正文的一部分,可与前后文连读;而括号表示比较一般的解释说明,只是注释而非正文,可不与前后文连读。

示例 1:在今年——农历虎年,必须取得比去年更大的成绩。

示例 2:哈雷在牛顿思想的启发下,终于认出了他所关注的彗星(该星后人称为哈雷彗星)。

B.1.8　书名号、引号在“题为……”“以……为题”格式中的使用

“题为……”“以……为题”中的“题”,如果是诗文、图书、报告或其他作品可作为篇名、书名看待时,可用书名号;如果是写作、科研、辩论、谈话的主题,非特定作品的标题,应用引号。即“题为……”“以……为题”中的“题”应根据其类别分别按书名号和引号的用法处理。

示例 1:有篇题为《柳宗元的诗》的文章,全文才 2 000 字,引文不实却达 11 处之多。

示例 2:今天一个以“地球·人口·资源·环境”为题的大型宣传活动在此间举行。

示例 3:《我的老师》写于 1956 年 9 月,是作者应《教师报》之约而写的。

示例 4:“我的老师”这类题目,同学们也许都写过。

B.2 两个标点符号连用的说明

B.2.1 行文中表示引用的引号内外的标点用法

当引文完整且独立使用,或虽不独立使用但带有问号或叹号时,引号内句末点号应保留。除此之外,引号内不用句末点号。当引文处于句子停顿处(包括句子末尾)且引号内未使用点号时,引号外应使用点号;当引文位于非停顿处或者引号内已使用句末点号时,引号外不用点号。

示例 1:“沉舟侧畔千帆过,病树前头万木春。”他最喜欢这两句诗。

示例 2:书价上涨令许多读者难以接受,有些人甚至发出“还买得起书吗?”的疑问。

示例 3:他以“条件还不成熟,准备还不充分”为由,否决了我们的提议。

示例 4:你这样“明日复明日”地要拖到什么时候?

示例 5:司马迁为了完成《史记》的写作,使之“藏之名山”,忍受了人间最大的侮辱。

示例 6:在施工中要始终坚持“把质量当生命”。

示例 7:“言之无文,行而不远”这句话,说明了文采的重要。

示例 8:俗话说:“墙头一根草,风吹两边倒。”用这句话来形容此辈再恰当不过。

B.2.2 行文中括号内外的标点用法

括号内行文末尾需要时可用问号、叹号和省略号。除此之外,句内括号行文末尾通常不用标点符号。句外括号行文末尾是否用句号由括号内的语段结构决定：若语段较长、内容复杂，应用句号。句内括号外是否用点号取决于括号所处位置：若句内括号处于句子停顿处，应用点号。句外括号外通常不用点号。

示例1：如果不采取（但应如何采取呢?）十分具体的控制措施，事态将进一步扩大。

示例2：3分钟过去了（仅仅才3分钟!），从眼前穿梭而过的出租车竟达32辆!

示例3：她介绍时用了一连串比喻（有的状如树枝，有的貌似星海……），非常形象。

示例4：科技协作合同（包括科研、试制、成果推广等）根据上级主管部门或有关部门的计划签订。

示例5：应把夏朝看作原始公社向奴隶制国家过渡时期。（龙山文化遗址里，也有俯身葬。俯身者很可能就是奴隶。）

示例6：问：你对你不喜欢的上司是什么态度?

答：感情上疏远，组织上服从。（掌声，笑声）

示例7：古汉语（特别是上古汉语），对于我来说，有着常人无法想象的吸引力。

示例8：由于这种推断尚未经过实践的考验，我们只能把它作为假设（或假说）提出来。

示例9：人际交往过程就是使用语词传达意义的过程。（严格说，这里的"语词"应为语词指号。）

B.2.3 破折号前后的标点用法

破折号之前通常不用点号；但根据句子结构和行文需要，有时也可分别使用句内点号或句末点号。破折号之后通常不会紧跟着使用其他点号；但当破折号表示语音的停顿或延长时，根据语气表达的需要，其后可紧接问号或叹号。

示例1：小妹说："我现在工作得挺好，老板对我不错，工资也

挺高。——我能抽支烟吗?"(表示话题的转折)

示例 2:我不是自然主义者,我主张文学高于现实,能够稍稍居高临下地去看现实,因为文学的任务不仅在于反映现实。光描写现存的事物还不够,还必须记住我们所希望的和可能产生的事物。必须使现象典型化。应该把微小而有代表性的事物写成重大的和典型的事物。——这就是文学的任务。(表示对前几句话的总结)

示例 3:"是他——?"石一川简直不敢相信自己的耳朵。

示例 4:"我终于考上大学啦!我终于考上啦——!"金石开兴奋得快要晕过去了。

B.2.4 省略号前后的标点用法

省略号之前通常不用点号。以下两种情况例外:省略号前的句子表示强烈语气、句末使用问号或叹号时;省略号前不用点号就无法标示停顿或表明结构关系时。省略号之后通常也不用点号,但当句末表达强烈的语气或感情时,可在省略号后用问号或叹号;当省略号后还有别的话、省略的文字和后面的话不连续且有停顿时,应在省略号后用点号;当表示特定格式的成分虚缺时,省略号后可用点号。

示例 1:想起这些,我就觉得一辈子都对不起你。你对梁家的好,我感激不尽!……

示例 2:他进来了,……一身军装,一张朴实的脸,站在我们面前显得很高大,很年轻。

示例 3:这,这是……?

示例 4:动物界的规矩比人类还多,野骆驼、野猪、黄羊……,直至塔里木兔、跳鼠,都是各行其路,决不混淆。

示例 5:大火被渐渐扑灭,但一片片油污又旋即出现在遇难船旁……。清污船迅速赶来,并施放围栏以控制油污。

示例 6:如果……,那么……。

B.3 序次语之后的标点用法

B.3.1 “第”“其”字头序次语，或“首先”“其次”“最后”等做序次语时，后用逗号(见 4.4.3.3)。

B.3.2 不带括号的汉字数字或“天干地支”做序次语时，后用顿号(见 4.5.3.2)。

B.3.3 不带括号的阿拉伯数字、拉丁字母或罗马数字做序次语时，后面用下脚点(该符号属于外文的标点符号)。

示例 1:总之，语言的社会功能有三点:1. 传递信息，交流思想;2. 确定关系，调节关系;3. 组织生活，组织生产。

示例 2:本课一共讲解三个要点:A. 生理停顿;B. 逻辑停顿;C. 语法停顿。

B.3.4 加括号的序次语后面不用任何点号。

示例 1:受教育者应履行以下义务:(一)遵守法律、法规;(二)努力学习，完成规定的学习任务;(三)遵守所在学校或其他教育机构的制度。

示例 2:科学家很重视下面几种才能:(1)想象力;(2)直觉的理解力;(3)数学能力。

B.3.5 阿拉伯数字与下脚点结合表示章节关系的序次语末尾不用任何点号。

示例:3 停顿

3.1 生理停顿

3.2 逻辑停顿

B.3.6 用于章节、条款的序次语后宜用空格表示停顿。

示例:第一课 春天来了

B.3.7 序次简单、叙述性较强的序次语后不用标点符号。

示例:语言的社会功能共有三点:一是传递信息;二是确定关系;三是组织生活。

B.3.8　同类数字形式的序次语，带括号的通常位于不带括号的下一层。通常第一层是带有顿号的汉字数字；第二层是带括号的汉字数字；第三层是带下脚点的阿拉伯数字；第四层是带括号的阿拉伯数字；再往下可以是带圈的阿拉伯数字或小写拉丁字母。一般可根据文章特点选择从某一层序次语开始行文，选定之后应顺着序次语的层次向下行文，但使用层次较低的序次语之后不宜反过来再使用层次更高的序次语。

示例：一、……

　　(一)……

　　1. ……

　　(1)……

　　①/a. ……

B.4　文章标题的标点用法

文章标题的末尾通常不用标点符号，但有时根据需要可用问号、叹号或省略号。

示例1：看看电脑会有多聪明，让它下盘围棋吧

示例2：猛龙过江：本店特色名菜

示例3：严防“电脑黄毒”危害少年

示例4：回家的感觉真好

　　——访大赛归来的本市运动员

示例5：里海是湖，还是海？

示例6：人体也是污染源！

示例7：和平协议签署之后……

附录三

中华人民共和国国家标准
出版物上数字用法的规定

GB/T 15835—1995

1　范围

本标准规定了出版物在涉及数字(表示时间、长度、质量、面积、容积等量值和数字代码)时使用汉字和阿拉伯数字的体例。

本标准适用于各级新闻报刊、普及性读物和专业性社会人文科学出版物。

自然科学和工程技术出版物亦应使用本标准,并可制定专业性细则。

本标准不适用于文学书刊和重排古籍。

2　引用标准

下列标准所包含的条文,通过在本标准中引用而构成为本标准的条文。本标准出版时,所示版本均为有效。所有标准都会被修订,使用本标准的各方应探讨使用下列标准最新版本的可能性。

GB/T 7408—94　数据元和交换格式　信息交换　日期和时间表示法

GB 3100—93　国际单位制及其应用

GB 3101—93　有关量、单位和符号的一般原则

GB 7713—87　科学技术报告、学位论文和学术论文的编写格式

GB 8170—87　数值修约规则

3　定义

本标准采用下列定义。

物理量　physical quantity

用于定量地描述物理现象的量,即科学技术领域里使用的表示长度、质量、时间、电流、热力学温度、物质的量和发光强度的量。使用的单位应是法定计量单位。

非物理量　non-physical quantity

日常生活中使用的量,使用的是一般量词。如 30 元、45 天、67 根等。

4　一般原则

4.1　使用阿拉伯数字或是汉字数字,有的情形选择是惟一而确定的。

4.1.1　统计表中的数值,如正负整数、小数、百分比、分数、比例等,必须使用阿拉伯数字。

示例　48　302　−125.03　34.05%　63%～68%　1/4　2/5　1∶500

4.1.2　定型的词、词组、成语、惯用语、缩略语或具有修辞色彩的词语中作为语素的数字,必须使用汉字。

示例:一律　一方面　十滴水　二倍体　三叶虫　星期五　四氧化三铁　一〇五九(农药内吸磷)　八国联军　二〇九师　二万五千里长征　四书五经　五四运动　九三学社　十月十七日同盟　路易十六　十月革命　“八五”计划　五省一市　五局三胜制　二八年华　二十挂零　零点方案　零岁教育　白发三千丈　七上八下　不管三七二十一　相差十万八千里　第一书记　第二轻工业局　一机部三所　第三季度　第四方面军　十三届四中全会

4.2　使用阿拉伯数字或是汉字数字，有的情形，如年月日、物理量、非物理量、代码、代号中的数字，目前体例尚不统一。对这种情形，要求凡是可以使用阿拉伯数字而且又很得体的地方，特别是当所表示的数目比较精确时，均应使用阿拉伯数字。遇特殊情形，或者为避免歧解，可以灵活变通，但全篇体例应相对统一。

5　时间(世纪、年代、年、月、日、时刻)

5.1　要求使用阿拉伯数字的情况

5.1.1　公历世纪、年代、年、月、日

示例：公元前8世纪　20世纪80年代　公元前440年　公元7年　1994年10月1日

5.1.1.1　年份一般不用简写。如：1990年不应简作“九〇年”或“90年”。

5.1.1.2　引文著录、行文注释、表格、索引、年表等，年月日的标记可按GB/T 7408—94的5.2.1.1中的扩展格式。如1994年9月30日和1994年10月1日可分别写作1994-09-30和1994-10-01，仍读作1994年9月30日、1994年10月1日。年月日之间使用半字线“-”。当月和日是个位数时，在十位上加“0”。

5.1.2　时、分、秒

示例：4时　15时40分(下午3点40分)　14时12分36秒

注：必要时，可按GB/T 7408—94的5.3.1.1中的扩展格式。该格式采用每日24小时计时制，时、分、秒的分隔符为冒号“:”。

示例：04:00(4时)　15:40(15时40分)　14:12:36(14时12分36秒)

5.2　要求使用汉字的情况

5.2.1　中国干支纪年和夏历月日

示例：丙寅年十月十五日　腊月二十三日　正月初五　八月十五中秋节

5.2.2　中国清代和清代以前的历史纪年、各民族的非公历

纪年

这类纪年不应与公历月日混用，并应采用阿拉伯数字括注公历。

示例：秦文公四十四年（公元前 722 年） 太平天国庚申十年九月二十四日（清咸丰十年九月二十日，公元 1860 年 11 月 2 日） 藏历阳木龙年八月二十六日（1964 年 10 月 1 日） 日本庆应三年（1867 年）

5.2.3 含有月日简称表示事件、节日和其他意义的词组

如果涉及一月、十一月、十二月，应用间隔号“·”将表示月和日的数字隔开，并外加引号，避免歧义。涉及其他月份时，不用间隔号，是否使用引号，视事件的知名度而定。

示例 1：“一·二八”事变（1 月 28 日） “一二·九”运动（12 月 9 日） “一·一七”批示（1 月 17 日） “一一·一〇”案件（11 月 10 日）

示例 2：五四运动 五卅运动 七七事变 五一国际劳动节 “五二〇”声明 “九一三”事件

6 物理量

物理量量值必须用阿拉伯数字，并正确使用法定计量单位。小学和初中教科书、非专业科技书刊的计量单位可使用中文符号。

示例：8 736.80km（8 736.80 千米） 600g（600 克） 100kg～150kg（100 千克～150 千克） 12.5m^2（12.5 平方米） 外形尺寸是 400mm×200mm×300mm（400 毫米×200 毫米×300 毫米） 30°C～99°C（34 摄氏度～39 摄氏度） 0.59A（0.59 安〔培〕）

7 非物理量

7.1 一般情况下应使用阿拉伯数字。

示例：21.35 元 45.6 万元 270 美元 290 亿英镑 48 岁

11 个月　1480 人　4.6 万册　600 幅　550 名

7.2　整数一至十，如果不是出现在具有统计意义的一组数字中，可以用汉字，但要照顾到上下文，求得局部体例上的一致。

示例 1：一个人　三本书　四种产品　六条意见　读了十遍　五个百分点

示例 2：截至 1984 年 9 月，我国高等学校有新闻系 6 个，新闻专业 7 个，新闻班 1 个，新闻教育专职教员 274 人，在校学生 1561 人。

8　多位整数与小数

8.1　阿拉伯数字书写的多位整数和小数的分节

8.1.1　专业性科技出版物的分节法：从小数点起，向左和向右每三位数字一组，组间空四分之一个汉字（二分之一个阿拉伯数字）的位置。

示例：2 748 456　3.141 592 65

8.1.2　非专业性科技出版物如排版留四分空有困难，可仍采用传统的以千分撇“,”分节的办法。小数部分不分节。四位以内的整数也可以不分节。

示例：2,748,456　3.14159265　8703

8.2　阿拉伯数字书写的纯小数必须写出小数点前定位的“0”。小数点是齐底线的黑圆点“.”。

示例：0.46 不得写成 .46 或 0·46

8.3　尾数有多个“0”的整数数值的写法

8.3.1　专业性科技出版物根据 GB 8170－87 关于数值修约的规则处理。

8.3.2　非科技出版物中的数值一般可以“万”“亿”作单位。

示例：三亿四千五百万可写成 345,000,000，也可写成 34,500 万或 3.45 亿，但一般不得写作 3 亿 4 千 5 百万。

8.4　数值巨大的精确数字，为了便于定位数或移行，作为特例可以同时使用“亿、万”作单位。

示例：我国 1982 年人口普查人数为 10 亿 817 万 5288 人；1990 年人口普查人数为 11 亿 3368 万 2501 人。

8.5　一个用阿拉伯数字书写的数值应避免断开移行。

8.6　阿拉伯数字书写的数值在表示数值的范围时，使用浪纹式连接号“～”。

示例：150 千米～200 千米　－36℃～－8℃　2 500 元～3 000 元

9　概数和约数

9.1　相邻的两个数字并列连用表示概数，必须使用汉字，连用的两个数字之间不得用顿号“、”隔开。

示例：二三米　一两个小时　三五天　三四个月　十三四吨　一二十个　四十五六岁　七八十种　二三百架次　一千七八百元　五六万套

9.2　带有“几”字的数字表示约数，必须使用汉字。

示例：几千年　十几天　一百几十次　几十万分之一

9.3　用“多”“余”“左右”“上下”“约”等表示的约数一般用汉字。如果文中出现一组具有统计和比较意义的数字，其中既有精确数字，也有用“多”“余”等表示的约数时，为保持局部体例上的一致，其约数也可以使用阿拉伯数字。

示例 1：这个协会举行全国性评奖十余次，获奖作品有一千多件。协会吸收了约三千名会员，其中三分之二是有成就的中青年。另外，在三十个省、自治区、直辖市还设有分会。

示例 2：该省从机动财力中拿出 1 900 万元，调拨钢材 3 000 多吨、水泥 2 万多吨、柴油 1 400 吨，用于农田水利建设。

10　代号、代码和序号

部队番号、文件编号、证件号码和其他序号，用阿拉伯数字。序数词即使是多位数也不能分节。

示例：84062部队　国家标准GB 2312—80　国办发[1987]9号文件　总3147号　国内统一刊号CN 11-1399　21/22次特别快车　HP-3000型电子计算机　85号汽油　维生素B_{12}

11　引文标注

引文标注中版次、卷次、页码，除古籍应与所据版本一致外，一般均使用阿拉伯数字。

示例1：列宁：《新生的中国》，见《列宁全集》，中文2版，第22卷，208页，北京，人民出版社，1990。

示例2：刘少奇：《论共产党员的修养》，修订2版，76页，北京，人民出版社，1962。

示例3：李四光：《地壳构造与地壳运动》，载《中国科学》，1973(4)，400～429页。

示例4：许慎：《说文解字》，影印陈昌治本，126页，北京，中华书局，1963。

示例5：许慎：《说文解字》，四部丛刊本，卷六上，九页。

12　横排标题中的数字

横排标题涉及数字时，可以根据版面的实际需要和可能作恰当的处理。

13　竖排文章中的数字

提倡横排。如文中多处涉及物理量，更应横排。竖排文字中涉及的数字除必须保留的阿拉伯数字外，应一律用汉字。必须保留的阿拉伯数字、外文字母和符号均按顺时针方向转 90 度。

示例一：

雪花牌 BCD188 型家用电冰箱容量是一百八十八升，功率为一百二十五瓦，市场售价两千零五十元，返修率仅为百分之零点一五。

示例二：

海军 J12 号打捞救生船在太平洋上航行了十三天，于一九九〇年八月六日零时三十分返回基地。

14 字体

出版物中的阿拉伯数字，一般应使用正体二分字身，即占半个汉字位置。

附录四

现代汉语常用字表

1988年1月国家语言文字工作委员会与国家教育委员会联合发布，内收常用字2500个，次常用字1000个，共计3500字。

常用字(2500字)

笔画顺序表

一画

一乙

二画

二十丁厂七卜人
入八九几儿了力
乃刀又

三画

三于干亏士工土
才寸下大丈与万
上小口巾山千乞
川亿个勺久凡及
夕丸么广亡门义
之尸弓己已子卫
也女飞刃习叉
马乡

四画

丰王井开夫天无
元专云扎艺木五
支厅不太犬区历
尤友匹车巨牙屯
比互切瓦止少日
中冈贝内水见午
牛手毛气升长仁
什片仆化仇币仍
仅斤爪反介父从
今凶分乏公仓月
氏勿欠风丹匀乌
凤勾文六方火为
斗忆订计户认心
尺引丑巴孔队办
以允予劝双书幻

五画

玉刊示末未击打
巧正扑扒功扔去
甘世古节本术可
丙左厉右石布龙
平灭轧东卡北占
业旧帅归且旦目
叶甲申叮电号田
由史只映兄叼叫
另叨叹四生失禾
丘付仗代仙们仪
白仔他斥瓜乎丛
令用甩印乐句匆
册犯外处冬鸟务
包饥主市立闪兰
半汁汇头汉宁穴
它讨写让礼训必
议讯记永司尼民
出辽奶奴加召皮
边发孕圣对台矛

纠母幼丝

六画

式刑动扛寺吉扣
考托老执巩圾扩
扫地扬场耳共芒
亚芝朽朴机权过
臣再协西压厌在
有百存而页匠夸
夺灰达列死成夹
轨邪划迈毕至此
贞师尘尖劣光当
早吐吓虫曲团同
吊吃因吸吗屿帆
岁回岂刚则肉网
年朱先丢舌竹迁
乔伟传乒乓休伍
伏优伐延件任伤
价份华仰仿伙伪
自血向似后行舟
全会杀合兆企众
爷伞创肌朵杂危
旬旨负各名多争
色壮冲冰庄庆亦
刘齐交次衣产决
充妄闭问闯羊并
关米灯州汗污江
池汤忙兴宇守宅
字安讲军许论农
讽设访寻那迅尽
导异孙阵阳收阶
阴防奸如妇好她
妈戏羽观欢买红
纤级约纪驰巡

七画

寿弄麦形进戒吞
远违运扶抚坛技
坏扰拒找批扯址
走抄坝贡攻赤折
抓扮抢孝均抛投
坟抗坑坊抖护壳
志扭块声把报却
劫芽花芹芬苍芳
严芦劳克苏杆杠
杜材村杏极李杨
求更束豆两丽医
辰励否还歼来连
步坚旱盯呈时吴
助县里呆园旷围
呀吨足邮男困吵
串员听吩吹呜吧
吼别岗帐财针钉
告我乱利秃秀私
每兵估体何但伸
作伯伶佣抵你住
位伴身皂佛近彻
役返余希坐谷妥
含邻岔肝肚肠龟
免狂犹角删条卵
岛迎饭饮系言冻
状亩况床库疗应
冷这序辛弃冶忘
闲间闷判灶灿弟
汪沙汽沃泛沟没
沈沉怀忧快完宋
宏牢究穷灾良证
启评补初社识诉
诊词译君灵即层
尿尾迟局改张忌
际陆阿陈阻附妙
妖妨努忍劲鸡驱
纯纱纳纲驳纵纷
纸纹纺驴纽

八画

奉玩环武青责现
表规抹拢拔拣担
坦押抽拐拖拍者
顶拆拥抵拘势抱
垃拉拦拌幸招坡
披拨择抬其取苦
若茂苹苗英范直
茄茎茅林枝杯柜
析板松枪构杰述
枕丧或画卧事刺
枣雨卖矿码厕奔

奇奋态欧垄妻轰
顷转斩轮软到非
叔肯齿些虎虏肾
贤尚旺具果味昆
国昌畅明易昂典
固忠咐呼鸣咏呢
岸岩贴罗帜岭凯
败贩购图钓制知
垂牧物乖刮杆和
季委佳侍供使例
版侄侦侧凭侨佩
货依的迫质欣征
往爬彼径所舍金
命斧爸采受乳贪
念贫肤肺肢肿胀
朋股肥服胁周昏
鱼兔狐忽狗备饰
饱饲变京享店夜
庙府底剂郊废净
盲放刻育闸闹郑
券卷单炒炊炕炎
炉沫浅法泄河沾
泪油泊沿泡注泻
泳泥沸波泼泽治
怖性怕怜怪学宝
宗定宜审宙官空
帘实试郎诗肩房
诚衬衫视话诞询
该详建肃录隶居
届刷屈弦承孟孤
陕降限妹姑姐姓
始驾参艰线练组
细驶织终驻驼绍
经贯

九画

奏春帮珍玻毒型
挂封持项垮挎城
挠政赴赵挡挺括
拴拾挑指垫挣挤
拼挖按挥挪某甚
革荐巷带草茧茶
荒茫荡荣故胡南
药标枯柄栋相查
柏柳柱柿栏树要
咸威歪研砖厘厚
砌砍面耐耍牵残
殃轻鸦皆背战点
临览竖省削尝是
盼眨哄显哑冒映
星昨畏趴胃贵界
虹虾蚁思蚂虽品
咽骂哗咱响哈咬
咳哪炭峡罚贱贴
骨钞钟钢钥钩卸
缸拜看矩怎牲选
适秒香种秋科重
复竿段便俩贷顺
修保促侮俭俗俘
信皇泉鬼侵追俊
盾待律很须叙剑
逃食盆胆胜胞胖
脉勉狭狮独狡狱
狠贸怨急饶蚀饺
饼弯将奖哀亭亮
度迹庭疮疯疫疤
姿亲音帝施闻阀
阁差养美姜叛送
类迷前首逆总炼
炸炮烂剃洁洪洒
浇浊洞测洗活派
洽染济洋洲浑浓
津恒恢恰恼恨举
觉宣室宫宪突穿
窃客冠语扁袄祖
神祝误诱说诵垦
退既屋昼费陡眉
孩除险院娃姥姨
姻娇怒架贺盈勇
怠柔垒绑绒结绕
骄绘给络骆绝
绞统

十画

耕耗艳泰珠班素
蚕顽盏匪捞栽捕

振载赶起盐捎捏
埋捉捆捐损都哲
逝捡换挽热恐壶
挨耻耽恭莲莫荷
获晋恶真框桂档
桐株桥桃格校核
样根索哥速逗栗
配翅辱唇夏础破
原套逐烈殊顾轿
较顿毙致柴桌虑
监紧党晒眠晓鸭
晃晌晕蚊哨哭恩
唤啊唉罢峰圆贼
贿钱钳钻铁铃铅
缺氧特牺造乘敌
秤租积秧秩称秘
透笔笑笋债借值
倚倾倒倘俱倡候
俯倍倦健臭射躬
息徒徐舰舱般航
途拿爹爱颂翁脆
脂胸胳脏胶脑狸
狼逢留皱饿恋桨
浆衰高席准座脊
症病疾疼疲效离
唐资凉站剖竞部
旁旅畜阅羞瓶拳
粉料益兼烤烘烦
烧烛烟递涛浙涝
酒涉消浩海涂浴
浮流润浪浸涨烫
涌悟悄悔悦害宽
家宵宴宾窄容宰
案请朗诸读扇袜
袖袍被祥课谁调
冤谅谈谊剥恳展
剧屑弱陵陶陷陪
娱娘通能难预桑
绢绣验继

十一画

球理捧堵描域掩
捷排掉堆推掀授
教掏掠培接控探
据掘职基著勒黄
萌萝菌菜萄菊萍
菠营械梦梢梅检
梳梯桶救副票戚
爽聋袭盛雪辅辆
虚雀堂常匙晨睁
眯眼悬野啦晚啄
距跃略蛇累唱患
唯崖崭崇圈铜铲
银甜梨犁移笨笼
笛符第敏做袋悠
偿偶偷您售停偏
假得衔盘船斜盒
鸽悉欲彩领脚脖
脸脱象够猜猪猎
猫猛馅馆凑减毫
麻痒痕廊康庸鹿
盗章竟商族旋望
率着盖粘粗粒断
剪兽清添淋淹渠
渐混渔淘液淡深
婆梁渗情惜惭悼
惧惕惊惨惯寇寄
宿窑密谋荒祸谜
逮敢屠弹随蛋隆
隐婚婶颈绩绪续
骑绳维绵绸绿

十二画

琴斑替款堪搭塔
越趁趋超提堤博
揭喜插揪搜煮援
裁搁搂搅握揉斯
期欺联散惹葬葛
董葡敬葱落朝辜
葵棒棋植森椅椒
棵棍棉棚棕惠惑
逼厨厦硬确雁殖
裂雄暂雅辈悲紫
辉敞赏掌晴暑最
量喷晶喇遇喊景
践跌跑遗哇蛛蜓

喝喂喘喉幅帽赌
赔黑铸铺链销锁
锄锅锈锋锐短智
毯鹅乘稍程稀税
筐等筑策筛筒答
筋筝傲傅牌堡集
焦傍储奥街惩御
循艇舒番释禽腊
脾腔鲁猾猴然馋
装蛮就痛童阔善
羡普粪尊道曾焰
港湖渣湿温渴滑
湾渡游滋溉愤慌
惰愧愉慨割寒富
窜窝窗遍裕裤裙
谢谣谦属屡强粥
疏隔隙絮嫂登缎
缓骗编缘

十三画

瑞魂肆摄摸填搏
塌鼓摆携搬摇搞
塘摊蒜勤鹊蓝墓
幕蓬蓄蒙蒸献禁
楚想槐榆楼概赖
酬感碍碑碎碰碗
碌雷零雾雹输督
龄鉴睛睡睬鄙愚
暖盟歇暗照跨跳
跪路跟遣蛾蜂嗓
置罪罩错锡锣锤
锦键锯矮辞稠愁
筹签简毁舅鼠催
傻像躲微愈遥腰
腥腹腾腿触解酱
痰廉新韵意粮数
煎塑慈煤煌满漠
源滤滥滔溪溜滚
滨粱滩慎誉塞谨
福群殿辟障嫌嫁
叠缝缠

十四画

静碧璃墙撇嘉摧
截誓境摘摔聚蔽
慕暮蔑模榴榜榨
歌遭酷酿酸磁愿
需弊裳颗嗽晴蜡
蝇蜘赚锹锻舞稳
算箩管僚鼻魄貌
膜膊膀鲜疑馒裹
敲豪膏遮腐瘦辣
竭端旗精歉熄熔
漆漂漫滴演漏慢
寨赛察蜜谱嫩翠
熊凳骡缩

十五画

慧撕撒趣趟撑播
撞撤增聪鞋蕉蔬
横槽樱橡飘醋醉
震霉瞒题暴瞎影
踢踏踩踪蝶蝴嘱
墨镇靠稻黎稿稼
箱箭篇僵躺僻德
艘膝膛熟摩颜毅
糊遵潜潮懂额
慰劈

十六画

操燕薯薪薄颠橘
整融醒餐嘴蹄器
赠默镜赞篮邀衡
膨雕磨凝辨辩糖
糕燃澡激懒壁
避缴

十七画

戴擦鞠藏霜霞瞧
蹈螺穗繁辫赢糟
糠燥臂翼骤

十八画

鞭覆蹦镰翻鹰

十九画

警攀蹲颤瓣爆疆

二十画

壤耀躁嚼嚷籍
魔灌

二十一画
蠢霸露

二十二画
囊

二十三画
罐

次常用字(1000字)

笔画顺序表

二画
匕刁

四画
丐歹戈夭仑讥
冗邓

五画
艾夯凸卢叭叽皿
凹囚矢乍尔冯玄

六画
邦迂邢芋芍吏夷
吁吕吆屹廷迄臼
仲伦伊肋旭匈凫
妆亥汛讳讶讹讼
诀弛阱驮驯纫

七画
玖玛韧抠扼汞扳
抡坎坞抑拟抒芙
芜苇芥芯芭杖杉
巫杈甫匣轩卤肖
吱吠呕呐吟呛吻
吭邑囤吮岖牡佑
佃伺囱肛肘甸狈
鸠彤灸刨庇吝庐
闰兑灼沐沛汰沥
沦汹沧沪忱诅诈
罕屁坠妓姊妒纬

八画
玫卦坷坯拓坪坤
拄拧拂拙拇拗茉
昔苛苫苟苞茁苔
枉枢枚枫杭郁矾
奈奄殴歧卓昙哎
咕呵咙呻咒咆咖
帕账贬贮氛秉岳
侠侥侣侈卑刽刹
肴觅忿瓮肮肪狞
庞疟疙疚卒氓炬
沽沮泣泞泌沼怔
怯宠宛衩祈诡帚
屉弧弥陋陌函姆
虱叁绅驹绊绎

九画
契贰玷玲珊拭拷
拱挟垢垛拯荆茸
茬荚茵茴荞荠荤
荧荔栈柑栅柠枷
勃柬砂泵砚鸥轴
韭虐昧盹咧昵昭
盅勋哆咪哟幽钙
钝钠钦钧钮毡氢
秕俏俄俐侯徊衍
胚胧胎狰饵峦奕
咨飒闺闽籽娄烁
炫洼柒涎洛恃恍
恬恤宦诫诬祠诲
屏屎逊陨姚娜蚤
骇

十画
耘耙秦匿埂捂捍
袁捌挫挚捣捅埃
耿聂荸莽莱莉莹
莺梆栖桦栓桅桩
贾酌砸砰砾殉逞
哮唠哺剔蚌蚜畔
蚣蚪蚓哩圃鸯唁

哼唆峭唧峻赂赃
钾铆氨秫笆俺赁
倔殷耸舀豺豹颁
胯胰脐脓逛卿鸵
鸳馁凌凄衷郭斋
疹紊瓷羔烙浦涡
涣涤涧涕涩悍悯
窍诺诽袒谆祟恕
娩骏

十一画

琐麸琉琅措捺捶
赦埠捻掐掂掖掷
掸掺勘聊娶菱菲
萎菩萤乾萧萨菇
彬梗梧梭曹酝酗
厢硅硕奢盔匾颅
彪眶晤曼晦冕啡
畦趾啃蛆蚯蛉蛀
唬啰唾啤啥啸崎
逻崔崩婴赊铐铛
铝铡铣铭矫秸秽
笙笤偎傀躯兜衅
徘徙舶舷舵敛翎
脯逸凰猖祭烹庶
庵痊阎阐眷焊焕
鸿涯淑淌淮淆渊
淫淳淤淀涮涵惦
悴惋寂窒谍谐裆

袱祷谒谓谚尉堕
隅婉颇绰绷综绽
缀巢

十二画

琳琢琼揍堰揩揽
揖彭揣搀搓壹搔
葫募蒋蒂韩棱椰
焚椎棺榔椭粟棘
酣酥硝硫颊雳翘
凿棠晰鼎喳遏晾
畴跋跛蛔蜒蛤鹃
喻啼喧嵌赋赎赐
锉锌甥掰氮氯黍
筏牍粤逾腌腋腕
猩猬惫敦痘痢痪
竣翔奠遂焙滞湘
渤渺溃溅湃愕惶
寓窖窘雇谤犀隘
媒媚婿缅缆缔
缕骚

十三画

瑟鹉瑰搪聘斟靴
靶蓖蒿蒲蓉楔椿
楷榄楞楣酪碘硼
碉辐辑频睹睦瞄
嗜嗦暇畸跷跺蜈
蜗蜕蛹嗅嗡嗤署
蜀幌锚锥锨锭锰

稚颓筷魁衙腻腮
腺鹏肄猿颖煞雏
馍馏禀痹廓痴靖
誊漓溢溯溶滓溺
寞窥窟寝褂裸谬
媳嫉缚缤剿

十四画

赘熬赫蔫摹蔓蔗
蔼熙蔚兢榛榕酵
碟碴碱碳辕辖雌
墅嘁踊蝉嘀幔镀
舔熏箍箕箫舆僧
孵瘩瘟彰粹漱漩
漾慷寡寥谭褐褪
隧嫡缨

十五画

撵撩撮撬擒墩撰
鞍蕊蕴樊樟橄敷
豌醇磕磅碾憋嘶
嘲嘹蝠蝎蝌蝗蝙
嘿幢镊镐稽篓膘
鲤鲫褒瘪瘤瘫凛
澎潭潦澳潘澈澜
澄憔懊憎翩褥谴
鹤憨履嬉豫缭

十六画

撼擂擅蕾薛薇擎
翰噩橱橙瓢磺霍

霎辙冀踱蹂螟螃
螟噪鹦黔穆篡篷
篙篱儒膳鲸瘾瘸
糙燎濒憾懈窿缰

十七画

壕藐檬檐檩檀礁
磷瞭瞬瞳瞪曙蹋
蟋蟀嚎赡镣魏簇
儡徽爵朦臊鳄糜
癌懦豁臀

十八画

藕藤瞻嚣鳍癞瀑
襟璧戳

十九画

攒孽蘑藻鳖蹭蹬
簸簿蟹靡癣羹

二十画

鬓攘蠕巍鳞糯譬

二十一画

霹躏髓

二十二画

蘸镶瓤

二十四画

矗

后　记

本教材作为浙江大学本科生教材建设项目于2002年初立项，要求于7月份前写出初稿。尽管作为讲义，教材蓝本已经使用多年，但要整理成书，仍嫌匆忙。因此，接到任务后，夜以继日，终于赶在最后日期前将书稿交给出版社，得以在2002级学生上课前出书。

教材面世后，从教学试用情况看，得到了学生的肯定。但同时，作者、读者和学生都发现了一些问题，这其中既有因学识浅疏而造成的罅漏，也有因匆忙不慎和排印等所产生的不当。承蒙读者欢迎，出版社决定再印，趁此机会，我们对所能发现的错漏之处作了修改，少量地增添了新的例证。

本教材在编写过程中融入了自己多年的教学体验和研究心得，但更多地参考了前人和时贤的研究成果，未能一一列出，并非胆敢掠美，只是限于体例不便详举，在此向他们谨致谢忱。另外，还要感谢研究生戴红红，为初稿的核校付出了很多劳动。责任编辑钟仲南先生热情、严谨、高效的工作作风也很令我感动，特此致谢。最后，特别要向给我们提出批评意见的所有朋友表示诚挚的谢意。

虽然对原书作了不少修改，但肯定还有不妥的地方。恳请方家和读者不吝指正。作者的联系方法是：

通信：310028　杭州　浙江大学中文系

电邮：chichanghai001@163.com

池昌海

2003年7月于杭州

再版后记

这本教材自2002年面世以来，已近7年了。其间先后印刷了8次，出乎我的意料。除了本校作为教材有少量使用外，国内其他一些高校也先后将本书列为教材，另外，该教材还拥有不少的社会性读者。这些都说明它有自己的长处，得到了一定的认可。

但是教材的不足随着时间的流逝也渐趋明显：一些错漏亟待修正，其中有些还是认真而热心的读者或学生发现的；过去7年间的学术发展成果也需要充实进来。基于以上考虑，我们决定对教材进行适当的修订。该工作主要包括了以下三个方面：

一、改正错讹，包括一些字、词和标点。

二、充实新的学术成果，如第三章，我们新增了一节内容，简单介绍了“短语结构的语义特点”；另对其他章节的内容和案例分析方面也做了少许增补、修改。

三、补充习题，以更好地检测学习者对课本知识的掌握程度，提高应用能力和分析能力。

参加此次修订的除了著者以外，徐萱春老师也做了不少工作，特致谢忱。

最后，要特别感谢各位学习者使用本教材，欢迎提出宝贵的批评和建议。

池昌海

2009年2月于杭州

第三版后记

首先要衷心地感谢本教材的使用者们，是你们的使用和肯定让这本教材有了葱郁的生命力，也正是你们的督促鞭策我们要不断前行。

第二版出版以来，现代汉语的应用产生了许多新现象，引人注目，语言学研究也有了更大的发展，产生了不少新的方法、观念。基于以上原因，我们觉得需要及时地在内容上作适当吸纳。此次修订，在“语法”和“修辞”两编各增加了一章：语法研究的新视野、网络语体。此外，我们也对原有章节中的错漏作了改正等。

此次修订，我们邀请了三位新编者加盟，为教材编写增添了新鲜的力量。这三位编者分别是：黄晓雪（浙江工业大学）、张龙（温州大学）、周毅（浙江传媒学院），他们分别承担了上述内容的修订任务。王晓辉、周晓君两位博士生做了仔细的校对，纠正了不少讹误，特此致谢。

最后，十分欢迎广大读者对本教材提出宝贵的批评或建议。

池昌海

2014 年 6 月于浙江大学汉语史研究中心

第四版后记

首先我们几位编者要像以前一样，衷心地感谢本教材的使用者们，是你们的使用和肯定让这本教材有了葱郁的生命力。也正是你们的督促促使我们要不断前进。

第三版出版以来，已经过去了近七年。在这七年里，本教材受到了更多的学习者的欢迎，陆续接到一些学习者的邮件、来信或电话，表达他们的谢意，表示该课程的学习让他们在工作、生活等方面获益不少。有的还得到启发，产生了进一步探索汉语现象，打算进一步深造的动力。这些都是很令我们高兴的事情。当然，也收到了一些学习者的热情反馈，就他们在学习中遇到的问题作了多种形式的交流，特别令我们感动的是，还有学习者对教材在内容、编排等方面的疑惑，提出了自己的看法或建议。其中有些是非常有建设性的。在此我们全体编委对他们表示由衷的感谢。

基于以上原因，我们趁此次修订机会，对教材中的一些错讹做了纠正，对一些表述欠妥的地方做了调整，对少量材料和习题做了更换或补充，并尽可能地吸收了最新的研究成果，增添了若干重要的参考文献，以方便学习者进行深入探究。

最后，十分欢迎广大读者对本教材提出宝贵的批评或建议。

主编的联系方式：

通信：310058　浙江大学紫金港校区西区人文楼 11 层中文系 68 号信箱

邮件：chhch@zju.edu.cn

主编记于浙江大学汉语史研究中心

2021 年 2 月

参考答案

第一章

1. 提示：语法的抽象性与层次性都具体表现为语法单位和语法关系两个方面。具体内容可参见课本相关讨论。
2. 提示：可从词语构造手段、词语组合形式等方面作归纳。具体分析可参见课本相关讨论。
3. 运用相同的三个词，只是改变语序，就可以产生结构合理、意义顺通的三个短语：

   不怕辣——述宾结构，“不怕”所支配的对象是“辣”，意指对辣一点不担心；

   怕不辣——述宾结构，“怕”所支配的对象是“不辣”，即担心的是不辣；

   辣不怕——述补结构或主谓，对前者来说，“辣”产生的结果是“不怕”，即再辣也不会让人害怕。对后者来说，“辣”是被陈述“不怕”的对象。

   这充分说明了作为形态化特点较弱的汉语，语序作为一种语法手段的重要意义。
4. 提示：可以从以下方面分析：定语的位置、词性与句子成分之间的关系、语法意义（时态）与语法形式之间的关系等。具体分析可参考课本相关讨论。

5. 词:海带、老师、出尔反尔　短语:海浪、老车、廉价商品
6. 提示:可从以下几个方面考虑:两者性质、语调成分、结构变化和意义变化表现等方面。具体可参考课本相关讨论。
7. 例如"游泳、理发、洗澡、考试"等。

第二章

1. 名词:英雄、弹性、女性;动词:学习、兴奋;形容词:特别、腐败;副词:亲自、莫非、本来;区别词:特等、共同;连词:因为;介词:对于。
2. 提示:(1)"高等"只能做定语、不能做谓语、不受副词修饰,"高级"还可以做补语、受副词修饰等。前者为区别词,后者为形容词。(2)前句末尾"的"依附于"隔壁王家"短语构成一个"的"字结构(短语),它是句法结构的一部分,无法取消。因此,应为结构助词。后句"的"则不同,它不是直接与前面的哪个词或短语构成"的"字短语,而是依附于整个句子,起肯定语气的作用,可以取消而不影响结构和意义。因此,应为语气词。(3)前句中的"给"是动词,可以带宾语;后句中的"给"是介词,后面引进宾语,构成状语修饰"收拾干净"。
3. 两组词的重叠形式确实相同,都为 ABA′B′式,如:漆黑漆黑——研究研究。但这仅仅是外在形式的相同,它们在以下几个方面都不相同:(1)语音特征不同:前组词重叠后,重叠成分保持原来的声音特点,而后组词语重叠后,重叠部分必然音变为轻声;(2)作用不同:前组词重叠后,意义上有加深、强调作用,如"漆黑漆黑"强调"漆黑"的程度深;后组词在重叠后,正好相反,表示行为程度的减轻,动作时量的缩短。综合以上比较可知,前组词所具有的特征说明它们是形容词;后组词所具有的特征说明它们应是动词。

4. 一(张)报纸、一(根)拐杖、一(朵、片)白云、一(汪)秋水、一(轮)红日、一(弯、轮)弦月、一(场)大戏、一(次)失误。

提示:量词与名词在语义关系上有相对固定的联系。

5. 在双方或多方交流中,"我们"可以包括对方(包括式),也可以排除对方(排除式);"咱们"一般都表示包括对方。前者用于普通话或方言,而后者多用于北方某些方言。

例如:

袭人斟了茶来与史湘云吃,一面笑道:"大姑娘,听见前儿你大喜了。"史湘云红了脸,吃茶不答。袭人道:"这会子又害臊了,你还记得十年前,咱们在西边暖阁住着,晚上你同我说的话儿?那会子不害臊。这会子怎么又害臊了?"史湘云笑道:"你还说呢。那会子咱们那么好,后来我们太太没了,我家去住了一程子,怎么就把你派了跟二哥哥,我来了,你就不像先待我了。"(《红楼梦》第32回)

6. 提示:第一组词是兼类词,第二组词是词语的临时活用,第三组词是同音词。具体理由参见课本讨论。

7. "连"有两种理解:做介词用——与"小孩子"构成介词短语,充当"都知道……"的状语,表示限制范围;做助词——起辅助作用,可以删除而不影响结构和意义,此时"小孩子"做全句的主语,"连"起强调作用,相对于一个语境预设。进一步的理解可以参考相关论文。

8. "影像"是名词,一般不能受副词修饰。"优势"是名词,不能受程度副词修饰;"灰色"是名词,不能充当补语;"创新"是动词,不受程度副词修饰;"威慑"是行为动词,不能跟"令人","令人"后一般带心理动词如"高兴、愤怒、痛苦"等;"副主编"是名词性成分,不能带宾语;"高度"是名词,不能受"更"修饰;"帮忙"是不及物动词,不能带宾语;"悬殊"改为"相差";"狭义"改为"狭隘"。

第三章

1. 提示:请参考课本本章相关讨论。
2. 提示:现代汉语里词性与句法成分之间没有严格的对应关系,如名词可以做主语、宾语,也可以做定语、谓语甚至状语;主语可以由名词充当,也可以由动词、形容词充当。但英语里词性与句法成分有严格的对应关系,如名词只能做主语、宾语;而主语也只能由名词性成分充当,如果由动词充当主语,需要转变成动名词等,如 Seeing is believing(眼见为实)。具体事例请参考课本第一章相关讨论。
3. 提示:体词性主语与谓词性主语对谓语的要求是不同的,表现在:体词性主语可以有任何类型的谓语,如例(1)—(4)等句。谓词性主语对谓语则有一定的限制:谓语一般为形容词性,是动词短语以及评价性、描写性的词语,如例(5)—(9)等句。
4. 国庆节那天(同位、体词性)、叫她阿姨(述宾一双宾、谓词性)、给予处分(述宾、谓词性)、歌声阵阵(主谓、谓词性)、苹果一斤(主谓、谓词性)、讨论了三个小时(述补、谓词性)、气氛热烈(主谓、谓词性)、腰酸背痛(联合、谓词性)、值得学习(述宾、谓词性)、积极参加(偏正、谓词性)、买票上车(连动、谓词性)、禁止大声喧哗(述宾、谓词性)。
5. (1) 也许 都 不 是 他的 责任

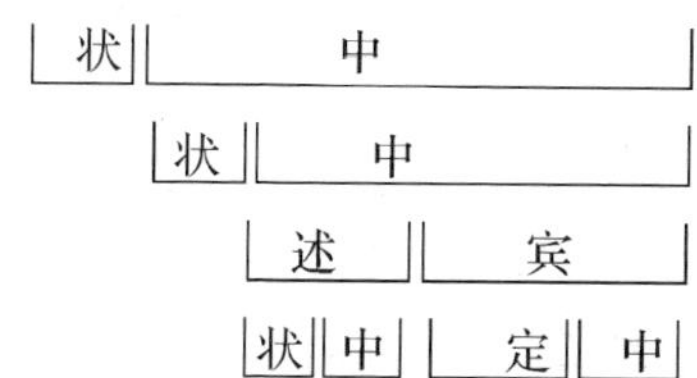

（2）远处 房子 里 住着 一位 年长的 老大爷

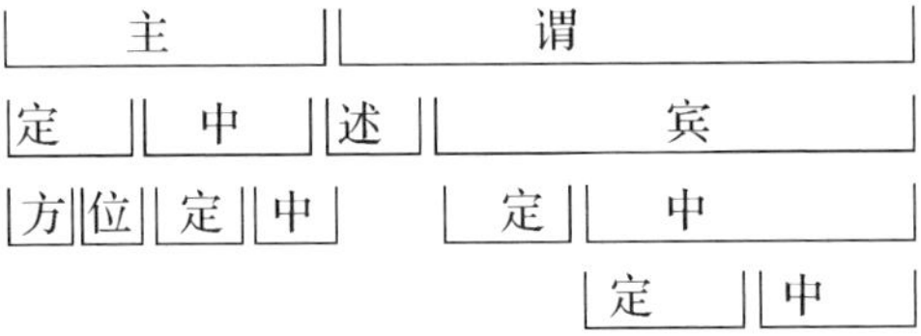

主 | 谓
定 | 中 | 述 | 宾
方 | 位 | 定 | 中 | 定 | 中
定 | 中

（3）说 的 比 唱 的 好听

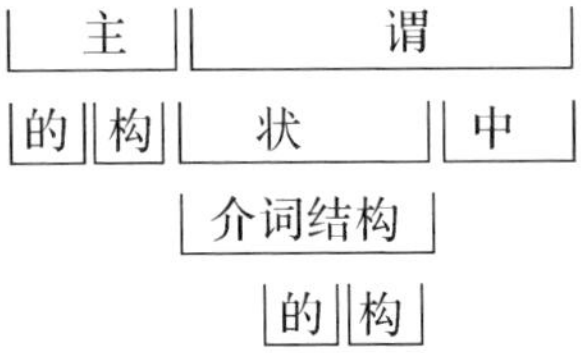

主 | 谓
的 | 构 | 状 | 中 （“的构”＝的字结构）
介词结构
的 | 构

（4）家 里 曾经 富裕过 几 年

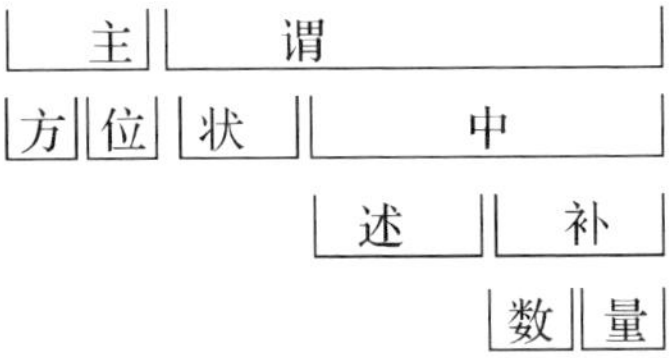

主 | 谓
方 | 位 | 状 | 中
述 | 补
数 | 量

（5）我们 应该 劝 他 快 回 家

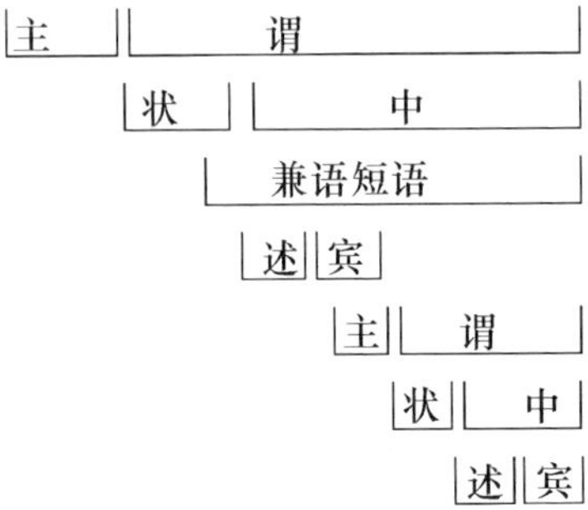

主 | 谓
状 | 中
兼语短语
述 | 宾
主 | 谓
状 | 中
述 | 宾

(6) 我的 朋友 小张 告诉 我 他 今晚 去 上海 参加 交易会

主 | 谓
同 | 位 | 述 | 宾
定 | 中 | 述 | 宾 | 主 | 谓
状 | 中
连 | 动
述 | 宾 | 述 | 宾

(7) 火车 急速地 从 村 边 铁路 上 向 北方 开 去

主 | 谓
状 | 中
状 | 中
介词结构 | 状 | 中
方 | 位 | 介 | 构 | 述 | 补
定 | 中
方 | 位

(8) 全世界 一切 热爱 和平 的 人民的 优秀 之 花

定 | 中
定 | 中 | 定 | 中
定 | 中
定 | 中
述 | 宾

6.(1)“高兴”在句法上修饰“跑了过来”作状语，在语义上与“弟弟”相关；

(2)“酽酽”在句法上修饰“泡了一壶茶”，在语义上与“茶”相关；

(3)“圆圆”在句法上修饰“在黑板上画了一个圈”，语义上与“圈”相关；

(4)“痛”在句法上作“笑”的补语，语义上与“肚皮”相关。

7.(1)“喜滋滋”与“她”；(2)“早早”与“她”；(3)“脆脆地”与“花生米”

8.能进入该结构的名词具有如下特点：(1)有一个相对完整的序列；(2)处于这个序列中的(最)高端(或中、末端)。但“桌子、足球”等不具备这些特点。

9.(1)关系多义：主谓关系，意义是玩就到杭州；述宾结构，意义是一路玩到了杭州。

(2)关系多义：定中关系，意义是炒的鸡蛋；述宾结构，意义是炒制鸡蛋。

(3)词语多义：“难得”有两个意义：不容易、次数少。

(4)层次多义：新/教师宿舍，意义是新建的教师宿舍；新教师/宿舍，意义是新来教师的宿舍。

(5)层次多义：批评/朋友的孩子，意义是朋友的孩子被批评；批评朋友的/孩子，意义是孩子批评了朋友。

(6)词语多义：“得”有两种意义：表能力、结果。

(7)语义关系多义：小王借给了我们(东西)；将小王借调给我们。

(8)语义关系多义：坐在树上画画；将画画在了树上。

10.“看过一本”是述宾关系；“买过一回”是述补关系。具体差异见课本分析。

11.两种分析各有长短。相对来说，后一种分析的标准更为统一、合理。

12.提示：根据前文暗示，很容易将该短语“两个半小时”理解为(1)

两个半/小时，意义是两个小时再加半个小时。实际上，题目利用了“两个半小时”结构层次多义而表达的是另外一个意义：(2)两个/半小时，意义是一个小时。

13. 应为层次划分不同造成的歧义：一种是“一位名叫朱利安·文森特的生物学家”+“一位复合材料专家领导的科研小组”；一种是“一位名叫朱利安·文森特的生物学家和一位复合材料专家领导的”+“科研小组”。

第四章

1. 不拟答案。
2. “把”字句的特点，见课本分析。
3. 不同。(1)是兼语句；(2)是主谓短语作宾语的述宾谓语句。具体区别见课本分析。
4. 它们属于存现句。特点：(1)主语多是表示时间、地点、方位的词语；(2)宾语常常是施事；(3)句意表示出现或消失等类型。
5. (1)他//(承接)用//(承接)合//(承接)仰面/(转折)但

   (2)这/(因果)并//(并列)而

   (3)既然//(并列)而/(因果)那么

   (4)我们//(递进)甚至///(解释)如/(假设)这
6. 不拟答案。
7. 成分分析法具有一定的优点，但也有很大的不足，其中一个表现是它难以科学地解剖很多句子的结构关系，甚至会曲解句子的结构关系或意义。如(1)会得出“分析方法应该被怀疑或摈弃”；(2)去掉“次要成分”后，会得出“她哭嗓子”；(3)会得出“那个想法好”；而(4)是个歧义句，该方法无法解析出来。
8. 不拟答案。
9. 主要原因是对“去了木”作了不同理解：“去了”+“木”与“去”+

"了""木"。

第五章

1. 不拟答案。

2. (1)成分残缺。"李老师"缺少谓语,可在其后加"走"等动词。

(2)结构杂糅。"有……所"混用。可删去"所";或改"有"为"为"。

(3)词性误用。"巨额"为名词,应改为"巨大"。

(4)量词使用不当。"位"不能与带有贬斥色彩的对象搭配,改"位"为"个"。

(5)助词使用不当。主语应为体词性成分,可将"地"改为"的"。

(6)述宾搭配不当。"沉浸在"要求带体词性宾语,可在句末加"(之)中"。

(7)语序不当产生歧义。将"双层"移到"两用"前。

(8)主谓搭配不当。"风"不应是"下了起来"的主语,主语改为"夹着风的豆大的雨点"。

(9)关联词搭配不当。"不管"不能与"再"搭配,改"再"为"多"。

(10)主谓搭配不当。改"解除"为"消除"。

(11)述宾搭配不当。"听"不能与"……草案"组合。改"听"为"读"或"看"。

(12)述宾搭配不当。"要求"不能与"征求"组合。改"征求"为"了解"。

(13)定中搭配不当。"欢乐勤劳"不能修饰"气氛"。在"气氛"前加上"欢快热闹的"。

(14)成分搭配不当。在"向民警"后增加"表示"。

(15)介词使用不当。改"对"为"给"或"为"。

(16)语序不当造成歧义。建议:或在"许多"后加"位",或将"许多”移至“英文”前。

(17)成分多余。删去“的到来”。

(18)结构杂糅。改法之一是：删去“是可想而知的”。

(19)关联词用错。改“反而”为“因而”。因为句意不是表示转折，而是因果。

(20)答：缺少成分。在“文韬武略”前加“有”。

(21)搭配不当。“揭露”不能与褒义词“友善”搭配。

(22)搭配不当。“弑”用于下杀上或子女杀父母，可改为“害”。

(23)缺少成分。在句末加“的道理”之类的成分。

第六章

1. 相同点：隐喻和比喻都是源域与目标域的相似性投射，即用一个概念来表达另一个相似的概念。转喻和借代都是用一个概念来指代另一个相关的概念。

   不同点：认知语言学认为，隐喻和转喻都是很普遍的认知现象和语言表达现象。隐喻的范围比比喻要广，转喻的范围也比借代广。词义由基本义产生的衍生义项现象以及语法上的虚化和搭配的转移现象等也都是隐喻和转喻。

2. 汉语的词类是原型范畴。属于同一词类的词有典型成员和非典型成员之别，典型成员是一类词的原型，是非典型成员归类时的参照标准。其典型成员在分布上往往共有一组分布特征，可以通过典型成员的分布特征来给词分类和给不同的词类下定义。但是，不同词类的典型成员在分布上的差别比较明显，不同词类的非典型成员在分布上的差别比较模糊，这造成了汉语的词可以分类但又难以分类的复杂局面。

3. “这个日子过不下去”是把这个日子看作时间线上的某一个阶段，比喻人在这个阶段中受到某种阻碍而无法在时间线上再延续。“这个日子过不出来”是把这个日子所处的困境看作容器，人在这个困境中无法走出来。

4.(1)铅笔折了——用整体转指部分，即用“铅笔”转指笔尖。

(2)我吃了一个梨子——用整体转指部分，即用“整个梨子”来转指梨子的肉。

5.(1)前后上下中这样的空间概念是从“脚、背、头、脸、心”这些身体部位引申出来的。这是从人自身出发，隐喻到外界事物，再隐喻到空间、时间、性质等等。

(2)这是用表示空间位移的词语来表示时间的推移，即由空间隐喻到时间。

6.“差一点儿没 vp”格式是一个歧义结构，歧义的产生跟人的认知有关。如果是说话人不希望或不期待发生的事(如“他差一点儿没摔倒”表示说话人不希望他摔倒)，那么“差一点儿没 vp”是表示否定，即“没 vp”；如果是说话人希望或期待发生的事(如“他差一点儿没考上大学”表示说话人希望他考上大学)，那么“差一点儿没 vp”是表示肯定，即“vp 了”。“她差一点儿结婚了”既可以是说话人希望或期待的事，又可以说说话人不希望或不期待的事(如对婚姻恐惧或对要结婚的对象并无感情等)，所以，这个句子相应地也有两种理解。

7.“上街购物”体现的是时间顺序原则，即现实世界里先发生的事件在语序上要排在后发生的事件前面。“红色的木桌子”体现的是距离相似性原则，“红色”是表示桌子的颜色属性，“木”是桌子的质料，颜色可以改变，而质料不能改变，所以，在概念上“木”跟“桌子”关系要密切，因而在语序上更靠近“桌子”。

8.蚊子是容易移动的物体，钉子是静态的物体。移动的物体容易被看作图形，静态的物体容易被看作背景。汉语的表达往往是先说背景，后说图形。

9.“语法化”的范围比虚化广，不仅包括实词虚化为语法成分，也包括语法范畴(如量词)的产生和形成。

10. 不拟。

11. 不拟。

12. 不拟。

13. (1)中的"把"是"握持"义动词,(2)的"把"既可以分析为"握持"义动词,又可以重新分析为表处置的介词,(3)中的"把"只能分析为表处置的介词,因为"把"后面的宾语"杭州刺史"指人,"人"不具有可"握持"的语义特征。(2)中"把"处于由"握持"义动词语法化为表处置的介词的中间阶段。

14. (1)中的"被"是"蒙受、遭受"义动词,"被七十创"是"动+宾"格式,(2)中"被"也有"蒙受、遭受"义,但后面带的是动词性宾语,这样,"被+动"就有可能由"动+动词宾语"变为"助动词(表被动)+动词",但这时"被"字后面还不带宾语即动作的施事,所以还不能看作是真正的被动标记。(3)中,"被"带上了动作的施事,形成"被+n+动词"结构,"被"已经语法化为一个表被动的介词了。

15. 这是语法化的滞后原则在起作用,即语形的变化落后于语义的变化。

第七章

1. (1)为了使声韵和谐响亮。

   (2)词语使用更加准确。

   (3)词语选择不同,因为考虑到接受对象的文化水平。

2. 提示:(1)吃吧、快吃饭等;(2)请吃便饭或粗茶淡饭,请别见怪等;(3)请用(餐)等;(4)请入席(座)、请就座等。

3. "热火朝天"加上了引号,表达出特别的含义:从字面上看,那个年代似乎一切都在跃进,各地大炼钢铁,有热火朝天的景象;但根据作者的记录，这个年代给社会和人民生活带来了很多灾难，是虚假的或有害的景象，所以，实际上是借助这个词表达了讽刺的意义。

4. 反映了修辞行为中修辞手段价值决定于修辞语境的特点。“坏话”在一定的交际场合，能很好地实现其交际目的，获得理想的表达效果。

5. 这两段话语反映了修辞活动的民族特征：同一内容，在不同的语言背景中以不同的手段来表达。例(1)记述了汉语语境中人们(尤其是女性)对“爱”的含蓄而温柔的表达形式；而例(2)则记述了西方民族人们对“爱”的直接而大胆的表白方式。

6. (1)语义重复。“过去”与“用过”，可删去“过去”。第二个“一支”数量词，也可删。

(2)语义赘余。“全局意识”与“一盘棋的思想”只需保留一个。

(3)概念类别混用。“硕士生”是“研究生”中的一类，不应将两者并列。可将“研究生”改为“博士生”。

(4)前后内容抵触。“三天内”是无法“接受为期半年的军训”的。可将“接受”改为“开始”。

(5)前后照应不周。李琬若到底属于前面的哪一种情况呢？无法判断。据文意，可将“这”改为“前一”或“后一”。

(6)语义赘余。删去“父亲”“母亲”。

(7)“下嫁”使用不当，即便女方地位较高，也不应自己用这个词，除非她对男方不屑。

(8)“敬献”使用不当般用于自己向别人赠送物品。可改用“惠赐”等。

(9)“抛砖引玉”只能自谦时用。

(10)“蓬荜生辉”用于自谦。

(11)“天伦之乐”只能用于有血缘关系的长辈与小辈之间。

(12)“轩然大波”是贬义词。

(13)“置之度外”为褒义词。

(14)“一诺千金”，表示重承诺，而不是表示奢侈，属意义理解错误，应改作“一掷千金”。

(15)“文学史”与“散文史”有包含关系。

7.(1)信息量不够导致误解;(2)同上;(3)信息量过多导致误解。

8.(1)自谦;(2)通过改用称谓降低自己的身份以自谦。

9.“我”所处的言语语境与话语形式不统一:“我”还在北京，但言语似乎发生在西北农大一样，从“我爬出来了，我再也不回去了……”等言辞中可以看到。

10.对比、反讽、排比等。

11.拟人、委婉等。

第八章

1.(1)音节节奏协调;(2)押韵;(3)词义感情色彩;(4)“把”字句改作“被”字句;(5)成分移位表达不同的强调，“表示”删除更突出动作感。

2.(1)仿词;(2)拆字;(3)反语;(4)反语;(5)易色;(6)移就(惨痛的记忆);(7)易类(挺拔带宾语);(8)仿词(英雌);(9)回环;(10)列锦;(11)曲解。

3.暮。

4.“当作”后面的宾语音节不协调。

5.多个含有韵母“in(jing)”的音节连用，不便念诵。

6.(1)成分缺少，“除计算机室、语言教室外”无着落;主谓搭配不当，“教学设备”与“落成”不能搭配。(2)前两个分句与紧接着的三个分句结构不协调，可将后面三个改作“不断衰退的经济，动荡不安的政局，日益恶化的生存环境”。

7.汉语以单音节表意，音节与汉字具有对应关系以及灵活的语法组织手段，加上聪明敏捷的反应能力，促成了此次言语危机的解决。

第九章

1.(1)暗喻。将“回忆”比作“坟墓”。形象地写出了作者对惨痛过去的认识。

(2)“像……”是明喻，结合小说主题，暗示了无边荷叶的作用；“是……”为暗喻，赋予荷花箭以战士的品质。属辞格连用。

(3)“箭头”借喻溅起的雨水；“瀑布”借喻从房屋上流下的大注的雨水。两个比喻写出雨势的凶猛。属辞格连用。

(4) 拟人。将首都当作“她”来写，对比地展示出前后的变化。

(5)“猫腔狗调”借喻对方说话的腔调，表示出“我”的不屑；“花雕”“加饭”是借商标名代商品——两种老酒。属辞格连用。

(6)借代。借工具“扫帚”与“水桶”代替打扫卫生这一行为。既避免的重复，且更具体形象。

(7)夸张。用“屁股还没有坐热”形容在位时间短；比喻：将运动比作洪水，突出了“运动”的凶猛、残酷。属辞格连用。

(8)“像……”是明喻，描写毛孔出气的状态；将看不见的毛孔透气形容成“火车放气”“飕飕地望外射凉气”又是夸张，写出赵子曰此时的心里活动。属辞格兼用。

(9) 语义双关。“足下”兼指你(您)和脚两层意义。

(10) 谐音双关。杨柳暗指杨开慧(毛泽东夫人)、柳直荀(李淑一丈夫)两位烈士。

(11)排比。连用四个结构相同的句子，形成强大的语势，给人以心灵的震撼；反复：连续七次使用“别忘了”短语，似重锤敲击着读者的神经，让人难忘；借代：用“一滩血”代生命，用“泡在泪水中，都曾泡在血水中”中代抽象意义——生活在悲惨和痛苦中，两个借代用具体的形象写出了“文革”给人民所带来的灾难。属辞格套用。

(12)夸张。

(13)拟人。

2.(1)将朝鲜人因被轰炸奔逃中的哭泣比作“鬼哭狼嚎”,比喻形象色彩不当,所以改为“连哭带叫”。

(2)改“你看”为“瞧”,更突出了表达的口语色彩,也使招呼更加贴近接受者;删去“前呼后拥”,因为它与描写对象状态不吻合;改“两丈高”为“几丈高”更符合夸张的要求,强调浪高的气势;增加“雪”是为了突出浪花的形象色彩——白色,与整个场景的视觉效果相协调。

(3)将“极快地”改为“闪电似的”,运用比喻手法使“快”形象化,同时也强化了速度,有夸张作用。

3.(1)用“便秘后泻了一次肚子”来形容“痛快”,喻体形象欠佳。

(2)用狗的两种生活习性形容繁漪的爱和恨,喻体形象欠妥当。

4.夸张。

第十章

1.对比预设:“本店没有三陪”似乎暗示别的店有三陪。

2.(1)“又”;(2)“再度”;(3)以前的不良资产超过10%。

3.(1)违反方式准则(晦涩不明)(“一个男人”其实是一个小男孩);(2)信息量过多。

4.不拟。

5.(1)故意违反简洁或得体原则,以过多的信息量表示特别的言外之意;(2)违反方式准则。

6.夸张(初期像待开发的火车头);比喻。

7.不拟。

第十一章

1. 第一段话语属于书面中的科技语体，其特点可参考课本分析。第二段话语属于口语中的日常谈话语体。其具体特点可参考课本相关分析。
2. 例(1)属于文艺语体，例(2)属于科技语体。它们的特点请参考课本相关论述。
3. “聘书“属于公文事务语体中的合同类文体。该类文体要求表达规范、准确，语言格式有一定的程式化、书面化的特点。作为官方向个人发出的“聘书”还需要考虑语气的严肃，内容上尽可能严谨、庄重。题目中的聘书不完全合乎规范，可作如下修改：

聘　　书

为进一步抓好我省推广普通话的工作，特聘请×××同志为我省推普工作委员会顾问，并负责编辑《普通话通俗读物》工作。聘期×年。望×××同志认真学好有关文件，深入调查研究，为我省推广普通话工作，作出新的贡献。

省推广普通话工作委员会(章)

主任(章)

年　月　日

4. 不拟。
5. 书面语体——文艺语体。
6. 这里的“违规”是指超常而取得了积极效果的修辞表达手段。该诗中有多处：“迸着血泪”“噩梦悬挂在悬崖”“逼迫八面的风”“拳头擂着大地的赤胸”“呕出一颗心来”。

第十二章

略

图书在版编目(CIP)数据

现代汉语语法修辞教程/池昌海主编．—4版．—杭州：浙江大学出版社，2021.4(2025.5重印)
ISBN 978-7-308-21256-4

Ⅰ.①现… Ⅱ.①池… Ⅲ.①汉代汉语—语法—高等学校—教材②现代汉语—修辞学—高等学校—教材 Ⅳ.①H146②H15

中国版本图书馆CIP数据核字(2021)第062446号

现代汉语语法修辞教程(第四版)
池昌海 主编

责任编辑	王　晴
责任校对	林昌东
封面设计	沈玉莲
出版发行	浙江大学出版社 (杭州市天目山路148号　邮政编码310007) (网址：http：//www.zjupress.com)
排　　版	浙江时代出版服务有限公司
印　　刷	浙江省邮电印刷股份有限公司
开　　本	850mm×1168mm　1/32
印　　张	13.75
字　　数	330千
版 印 次	2021年4月第4版　2025年5月第5次印刷
书　　号	ISBN 978-7-308-21256-4
定　　价	39.00元

浙江大学出版社市场运营中心联系方式：(0571) 88925591；http：//zjdxcbs.tmall.com